O PODER DA PERSUASÃO

VOCÊ PODE SER MAIS INFLUENTE DO QUE IMAGINA

O PODER DA PERSUASÃO

VOCÊ PODE SER MAIS INFLUENTE DO QUE IMAGINA

Tradução
Marcello Lino

18ª tiragem

ELSEVIER

CAMPUS

Do original: *Influence*
Tradução autorizada do idioma inglês da edição publicada por Quill – William Morrow and Company, Inc.

Copidesque: Claudia Amorim
Editoração Eletrônica: Estúdio Castellani
Revisão Gráfica: Mariflor Brenlla Rial Rocha e Edna Rocha

Projeto Gráfico
Elsevier Editora Ltda.
Conhecimento sem Fronteiras
Rua Sete de Setembro, 111 – 16º andar
20050-006 – Centro – Rio de Janeiro – RJ – Brasil

Rua Quintana, 753 – 8º andar
04569-011 – Brooklin – São Paulo – SP – Brasil

Serviço de Atendimento ao Cliente
0800-0265340
sac@elsevier.com.br

ISBN 978-85-352-2180-0
Edição original: ISBN 0-688-12816-5

CIP-Brasil. Catalogação-na-fonte.
Sindicato Nacional dos Editores de Livros, RJ

C492c

Cialdini, Robert B.
O poder da persuasão : você pode ser mais influente do que imagina / Robert C. Cialdini ; tradução de Marcello Lino. – Rio de Janeiro : Elsevier ; São Paulo : HSM, 2006.

Tradução de: Influence
Inclui bibliografia
ISBN 978-85-352-2180-0

1. Persuasão (Psicologia). 2. Influência (Psicologia). I. Título.

06-2138.

CDD 153.852
CDU 159.947

Este livro é dedicado a Chris,
que brilha nos olhos de seu pai.

AGRADECIMENTOS

UMA SÉRIE DE PESSOAS MERECE E TEM MEU APREÇO PELA AJUDA para tornar este livro possível. Muitos de meus colegas acadêmicos leram e fizeram comentários perspicazes sobre os originais em sua versão inicial, o que fortaleceu a versão subsequente. Eles são Gus Levine, Doug Kenrick, Art Beaman e Mark Zanna. Além disso, a primeira versão foi lida por alguns familiares e amigos – Richard e Gloria Cialdini, Bobette Gorden e Ted Hall – que ofereceram não apenas apoio emocional necessário, mas também importantes comentários cheios de insight.

Um segundo grupo, mais amplo, deu sugestões úteis para capítulos específicos ou grupos de capítulos: Todd Anderson, Sandy Braver, Catherine Chambers, Judy Cialdini, Nancy Eisenberg, Larry Ettkin, Joanne Gersten, Jeff Goldstein, Betsy Hans, Valerie Hans, Joe Hepworth, Holly Hunt, Ann Inskeep, Barry Leshowitz, Darwyn Linder, Debbie Littler, John Mowen, Igor Pavlov, Janis Posner, Trish Puryear, Marilyn Rall, John Reich, Peter Reingen, Diane Ruble, Phyllis Sensenig, Roman Sherman e Henry Wellman.

Algumas pessoas foram fundamentais nos estágios iniciais. John Stanley foi o primeiro profissional do mundo editorial a reconhecer o potencial do projeto. Jim Sherman, Al Goethals, John Keating e Dan Wegner forneceram, logo de início, críticas positivas que incentivaram tanto o autor quanto o editor. O então presidente da William Morrow and Company,

Larry Hughes, mandou uma pequena, porém entusiasta, nota que me fortaleceu muito para a tarefa que estava à minha frente. Por fim, mas não menos importante, Maria Guarnaschelli acreditou, junto comigo, desde o início, no livro que eu queria escrever. Graças a ela o produto final é um livro muito melhorado. Sou muito grato por sua perspicaz direção e seus poderosos esforços.

Seria relapso se não reconhecesse a habilidade e a eficiência de Sally Carney na preparação dos manuscritos e o aconselhamento sensato de meu advogado, Robert Brandes.

Por fim, ao longo de todo o projeto, ninguém ficou mais a meu lado do que Bobette Gordon, que viveu cada palavra comigo.

SUMÁRIO

FONTES DAS FIGURAS

Figura 1-1: Cortesia de Dansk International Design
Figura 1-2: The New Yorker
Figura 2-1: Fotografia de grupo cortesia da United Press International; fotografia de mulher e homem de Harry Goodman, *The Washington Star*.
Figura 2-2: Wide World Photos
Figura 2-3: Fotografia da UPI; Dennis the Menace usada sob permissão de Hank Ketcham e Field Enterprises, Inc.
Figura 3-1: Cortesia de Schieffelin & Co.
Figura 3-2: Artista Maria Picardi; copyright © Robert B. Cialdini
Figura 4-1: Charges da *Punch*, editada por William Hewson, St. Martin's Press, Inc. Copyright © 1979 Punch Publications Ltd.
Figura 4-2: Jan Halaska, Photo Researchers Inc.
Figura 4-3: Eric Knoll, Taurus Photos
Figura 4-4: UPI
Figura 5-1: de *Penguin Leunig*, copyright © Michael Leunig, cortesia de Penguin Books Australia
Figura 5-2 David L. Langford, Associated Press
Figura 5-4: UPI
Figura 5-5: Tug McGraw, cortesia de Walter Iooss, Jr./*Sports Illustrated*; parada da vitória cortesia de Heinz Kluetmeier/*Sports Illustrated*
Figura 6-1: Stanley Milgram, 1965; do filme *Obediência*, distribuído por University of Pennsylvania, PCR
Figura 6-2: Marie Fedle, *Oakland Tribune*
Figura 6-3: Cortesia da General Foods Corporation
Figura 7-1: UPI
Figura 7-2: Peter Kerr, *The New York Times*
Figura 7-3: Robert B. Cialdini
Figura 7-4: Boris Yuchenko, Associated Press
Figura 7-5: UPI
Figura 7-6: James Smeal, Galella Ltd.
Figura C-1: Ted Thai, *Time*

INTRODUÇÃO

AGORA POSSO ADMITIR ABERTAMENTE. DURANTE TODA MINHA vida, fui um trouxa. Desde que me entendo por gente, sempre fui alvo fácil para a lábia de vendedores, angariadores de fundos e operadores de um tipo ou de outro. É verdade, apenas algumas dessas pessoas tinham motivos pouco honrosos. Os outros – representantes de certas agências de caridade, por exemplo – tinham as melhores das intenções. Não importa. Com frequência pessoalmente preocupante, sempre me via com assinaturas de revistas indesejadas ou ingressos para o baile dos funcionários da vigilância sanitária. Provavelmente, esse antigo status de otário é responsável por meu interesse pelo estudo da concordância: Quais fatores fazem com que uma pessoa diga sim a outra? E quais técnicas usam com mais eficácia esses fatores para causar tal concordância? Eu me perguntava por que um pedido feito de certa maneira seria rejeitado enquanto um pedido para o mesmo favor feito de maneira levemente diferente seria bem-sucedido.

Então, como psicólogo social experimental, comecei a pesquisar a psicologia da concordância. No início, o estudo assumiu a forma de experiências, realizadas, em sua maior parte, em meu laboratório e por estudantes universitários. Eu queria descobrir quais princípios psicológicos influenciam a tendência a atender uma solicitação. Neste momento, os psicólogos sabem bastante a respeito desses princípios – o que eles são e como funcionam. Caracterizei-os como armas de influência e falarei sobre os mais importantes nos capítulos a seguir.

Depois de um tempo, porém, comecei a perceber que o trabalho experimental, embora necessário, não era suficiente. Ele não me permitia avaliar a importância dos princípios no mundo do lado de fora do prédio do Instituto de Psicologia e do *campus* onde eu os estava examinando. Ficou claro que, se quisesse entender plenamente a psicologia da concordância, precisaria ampliar o escopo de minha investigação. Precisaria me voltar para os profissionais da persuasão – as pessoas que haviam aplicado esses princípios em mim durante toda minha vida. Eles sabem o que funciona e o que não funciona; a lei da sobrevivência do mais apto assegura esse conhecimento. Os que não sabem como fazer com que as pessoas digam sim logo desaparecem; os que sabem, sobrevivem e prosperam.

É claro, os profissionais da persuasão não são os únicos a conhecer e a usar esses princípios para conseguirem o que querem. Todos nós, até certo ponto, os usamos e somos vítimas deles em nossas interações diárias com vizinhos, amigos, amantes e filhos, mas os profissionais da persuasão possuem muito mais do que a compreensão vaga e amadorística que o resto de nós tem a esse respeito. Enquanto eu pensava no assunto, sabia que eles representavam o veio mais rico de informação sobre concordância à minha disposição. Então, durante quase três anos, combinei meus estudos experimentais com um programa decididamente mais divertido de imersão sistemática no mundo dos profissionais da persuasão – vendedores, angariadores de fundos, recrutadores, publicitários etc.

O propósito era observar, de fora, as técnicas e estratégias usadas com mais frequência e maior eficácia por uma gama de profissionais da persuasão. Às vezes, o programa de observação assumia a forma de entrevistas com os próprios profissionais e, certas vezes, com os inimigos naturais (por exemplo, policiais do esquadrão antifraude, agências de proteção ao consumidor) de certos profissionais. Outras vezes, envolvia um exame intensivo dos materiais escritos através dos quais técnicas de persuasão são transmitidas de uma geração para outra – manuais de venda e coisas do gênero.

Porém, na maioria das vezes, ele assumiu a forma da observação participativa. A observação participativa é uma técnica de pesquisa na qual o pesquisador se torna uma espécie de espião. Com identidade e intenção ocultas, o investigador se infiltra no ambiente de interesse e se torna participante integral no grupo a ser estudado. Então, quando eu queria aprender algo sobre as táticas de persuasão de organizações que vendem enciclopédias (ou aspiradores de pó, retratos ou aulas de dança), respondia a um anúncio de jornal para *trainees* de vendas e deixava que elas me ensinassem suas técnicas. Boa parte das provas apresentadas neste livro, portanto, provém de minha experiência de me passar por um profissional da persuasão, ou um aspirante a tal cargo, em uma grande variedade de organizações dedicadas a nos fazer dizer sim.

Um aspecto do que aprendi nesse período de três anos de observação participativa foi o mais instrutivo: apesar de haver milhares de táticas diferentes que os profissionais da persuasão usam para produzir uma resposta positiva, a maioria recai em seis categorias básicas. Cada uma dessas categorias é governada por um princípio psicológico fundamental que direciona o comportamento humano e, ao fazer isso, imprime poder a essas táticas. Este livro está organizado em torno desses seis princípios, cada um em um capítulo. Cada um dos princípios – coerência, reciprocidade, prova social, autoridade, simpatia e escassez – é discutido em termos de sua função na sociedade e de como sua enorme força pode ser comandada por um profissional da persuasão que habilmente os incorpora em suas solicitações de compra, doação, concessão, voto, permissão etc. Vale a pena notar que não incluí entre os seis princípios a regra simples do interesse material próprio – o fato de as pessoas quererem obter o máximo e pagar o mínimo por suas escolhas. Essa omissão não deriva de nenhuma percepção minha de que o desejo de maximizar lucros e minimizar custos é irrelevante para impulsionar as nossas decisões. Nem provém de nenhuma prova em meu poder de que os profissionais da persuasão ignoram o poder dessa regra, pelo contrário: em minhas investigações, muitas vezes vi profissionais usarem (às vezes honestamente, às vezes não) a atraente abordagem do tipo "Posso lhe oferecer um ótimo negócio". Escolhi não tratar separadamente da regra do interesse material próprio neste livro porque a vejo como um dado de fato motivacional, um fator evidente que merece ser reconhecido, mas não amplamente descrito.

Por fim, cada princípio é examinado em sua capacidade de produzir um tipo diferente de concordância automática, impensada, nas pessoas, ou seja, uma disposição a dizer sim sem pensar antes. Os indícios sugerem que o ritmo acelerado e a enorme quantidade de informações que caracterizam a vida moderna irão tornar essa forma específica de concordância impensada cada vez mais prevalente no futuro. Ela será, portanto, ainda mais importante para que a sociedade entenda como e por que a influência automática funciona.

Já se passou algum tempo desde a primeira edição deste livro. Nesse ínterim, aconteceram algumas coisas que, a meu ver, merecem ganhar espaço nesta nova edição. Primeiro, sabemos agora mais a respeito do processo de influência do que antes. O estudo sobre persuasão, concordância e mudança avançou, e as páginas a seguir foram adaptadas para refletir esse progresso. Além de uma atualização geral do material, incluí uma nova parte que foi estimulada pelas reações dos primeiros leitores.

Esse novo ponto destaca as experiências de pessoas que leram *O poder da persuasão*, reconheceram como um dos princípios funcionava neles (ou para eles) em uma situação específica, e me escreveram relatando o evento. As descrições deles, que aparecem na seção Relato do Leitor ao final de cada capítulo, exemplificam com que facilidade e frequência podemos nos tornar uma presa da atração do processo de influência em nossa vida quotidiana.

Gostaria de agradecer às seguintes pessoas que – diretamente ou por intermédio dos instrutores de seus cursos – contribuíram para os relatos dos leitores usados nesta edição: Pat Bobbs, Mark Hastings, James Michaels, Paul R. Nail, Alan J. Resnik, Daryl Retzlaff, Dan Swift e Karla Vasks. Além disso, gostaria de convidar os novos leitores a enviar relatos semelhantes para eventual publicação em uma edição futura. Eles podem ser enviados para mim no endereço: Department of Psychology, Arizona State University, Tempe, AZ 85287-1104, USA.

Robert B. Cialdini

Capítulo 1

ARMAS DE INFLUÊNCIA

Tudo deveria ser simplificado ao máximo, mas não tornado mais simples.

– ALBERT EINSTEIN

UM DIA, RECEBI UM TELEFONEMA DE UMA AMIGA QUE HAVIA aberto uma joalheria indígena no Arizona. Ela estava inebriada por causa de uma novidade curiosa. Algo fascinante tinha acabado de acontecer e ela achava que, como psicólogo, eu poderia explicar o ocorrido. A história envolvia um certo lote de joias com turquesas que ela tinha dificuldades para vender. Estávamos na alta estação turística, a loja vivia cheia de clientes, as peças de turquesa eram de boa qualidade para o preço que ela pedia, porém, não haviam sido vendidas. Minha amiga havia tentado alguns dos truques comuns de vendas para passá-las adiante. Tentou chamar a atenção para aquelas joias mudando sua posição para uma área mais central de exposição, mas não teve sorte. Ela até disse a seus vendedores para "empurrar" aquelas peças, mas também não houve sucesso.

Finalmente, um dia, antes de partir em uma viagem para comprar novas peças, ela deixou uma nota exasperada para a vendedora-chefe: "Tudo o que está neste expositor, preço × ½", esperando se livrar daquelas peças mesmo que perdesse dinheiro. Ao voltar, alguns dias depois, ela não ficou surpresa ao ver que todos os artigos haviam sido vendidos, mas, sim, chocada ao descobrir que, tendo a sua funcionária lido "1/2" em sua mensagem como "2", todo o lote havia sido vendido pelo dobro do preço original!

Foi então que ela ligou para mim. Eu achava que sabia o que tinha acontecido, mas disse que, para que pudesse explicar a situação adequadamente, ela teria de ouvir uma história. Na verdade, não se trata de uma história minha, mas de uma história sobre mamães peruas e que pertence à ciência relativamente nova chamada etologia – o estudo de animais em seus ambientes naturais. As mamães peruas são boas mães – carinhosas, atentas e protetoras. Elas passam boa parte de seu tempo tomando conta, aquecendo, limpando e aconchegando os filhotes embaixo delas, mas *existe* uma coisa estranha a respeito de seu método. Praticamente toda essa atividade materna é desencadeada por uma única coisa: o piar dos filhotes. Outras características identificadoras dos filhotes, tais como o cheiro, o tato ou a aparência, parecem desempenhar papel menos importante no processo maternal. Se um filhote pia, a mãe cuida dele; se não, a mãe o ignora ou, às vezes, até o mata.

A dependência extrema das mamães peruas em relação a esse único som foi dramaticamente exemplificada pelo estudioso do comportamento animal M.W. Fox em sua descrição de uma experiência que envolvia uma mamãe perua e uma doninha empalhada.[1] Para a mamãe perua, a doninha é um inimigo natural cuja aproximação é recebida com gritos, bicadas e arranhões. Na verdade, os pesquisadores descobriram que até mesmo um modelo empalhado de doninha, quando puxado por um fio na direção da mamãe perua, era recebido com um ataque furioso. Todavia, quando a mesma réplica empalhada tinha dentro de si um pequeno gravador que reproduzia o som dos pios dos filhotes de peru, a mãe não apenas aceitava a doninha que estava se aproximando, como a acomodava debaixo de si. Quando o gravador era desligado, o modelo de doninha mais uma vez era alvo de ataque feroz.

Uma perua parece muito ridícula nessas circunstâncias: ela acolhe um inimigo natural porque ele pia e maltrata ou mata um de seus próprios filhotes só porque ele não pia. Ela parece um autômato cujos instintos maternos estão sob o controle automático daquele único som. Os etologistas nos dizem que esse tipo de comportamento não é exclusivo dos perus. Eles começaram a identificar padrões de ação regulares e cegamente mecânicos em uma ampla variedade de espécies.

Chamados de padrões de ação fixa, eles podem envolver sequências intricadas de comportamento, como rituais de cortejo e acasalamento. Uma característica fundamental desses padrões é que os comportamentos que os compõem acontecem praticamente da mesma maneira e na mesma ordem todas as vezes. É quase como se os padrões estivessem gravados em fitas dentro dos animais. Quando a situação pede cortejo, a fita do cortejo é tocada; quando a situação pede cuidados maternos, a fita do comportamento maternal é tocada. *Clique* e a fita apropriada é ativada; *zum* e é executada a sequência padrão de comportamento.

A coisa mais interessante sobre tudo isso é como as fitas são ativadas. Quando um animal macho age para defender seu território, por exemplo, é a intrusão de outro macho da mesma espécie que ativa a fita de defesa territorial e os comportamentos de vigilância rígida, ameaça e, se necessário for, de combate. Contudo, existe um problema no sistema. Não é o macho rival como um todo que é o desencadeador do comportamento, mas alguma característica específica dele, a *característica desencadeadora*. Muitas vezes, a característica desencadeadora é apenas um aspecto ínfimo da totalidade representada pelo intruso que se aproxima. Às vezes, uma nuance de cor é a característica desencadeadora. As experiências dos etologistas mostraram, por exemplo, que um tordo que age como se um tordo rival tivesse penetrado em seu território irá atacar vigorosamente nada mais do que um monte de penas vermelhas do peito de um tordo ali colocadas. Ao mesmo tempo, ele irá praticamente ignorar uma réplica empalhada perfeita de um tordo *sem* as penas vermelhas do peito; resultados semelhantes foram obtidos em outras espécies de aves, como o pisco-de-peito-azul, para o qual o desencadeador da defesa de território parece ser um tom especial de azul nas penas do peito.[2]

Antes de ficarmos muito convencidos e nos divertirmos com a facilidade com que as características desencadeadoras levam os animais inferiores a reagir de maneira inadequada à situação, precisamos observar duas coisas. Primeiro, os padrões automáticos de ação fixa desses animais funcionam muito bem na grande maioria das vezes; por exemplo, como apenas filhotes de peru saudáveis e normais produzem aquele piado peculiar, faz sentido para a mamãe perua reagir maternalmente apenas àquele piado específico. Ao reagir a apenas um estímulo, a mamãe perua irá quase sempre se comportar corretamente. É necessário que haja um malandro como um cientista para fazer com que sua reação automática pareça tola. A segunda coisa importante a entender é que nós também temos nossas fitas pré-programadas e, apesar de elas geralmente funcionarem a nosso favor, as características desencadeadoras que as ativam podem ser usadas para *nos* enganar a fim de que as toquemos nos momentos errados.[3]

Essa forma paralela de ação automática humana é habilmente demonstrada em uma experiência feita pela psicóloga social de Harvard, Ellen Langer. Um princípio conhecido do comportamento humano diz que, quando pedimos a alguém para nos fazer um favor, seremos mais bem-sucedidos se fornecermos um motivo. As pessoas simplesmente gostam de ter motivos para aquilo que fazem. Langer demonstrou esse fato pouco surpreendente pedindo um pequeno favor a pessoas que estavam esperando numa fila para usar a fotocopiadora de uma biblioteca: *Com licença, tenho cinco páginas. Posso usar a fotocopiadora porque estou com pressa?* A eficácia desse "pedido com motivo" foi quase absoluta: 94% das pessoas deixaram que ela passasse à frente na fila. Compare essa taxa de êxito aos resultados de quando ela fez apenas o pedido: *Com licença, tenho cinco páginas. Posso usar a fotocopiadora?* Nessas circunstâncias, apenas 60% das pessoas aceitaram o pedido. À primeira vista, parece que a diferença crucial entre os dois pedidos era a informação adicional fornecida pelas palavras "porque estou com pressa", mas um terceiro tipo de pedido testado por Langer mostrou que não era assim. Parece que não era a série completa de palavras, mas apenas a primeira, "porque", que fazia a diferença. Em vez de incluir um motivo real para que o pedido fosse aceito, o terceiro tipo de pedido de Langer usava a palavra "porque" e depois, sem acrescentar nada de novo, simplesmente reafirmava o óbvio: *Com licença, tenho cinco páginas. Posso usar a fotocopiadora porque tenho de fazer algumas cópias?* O resultado foi que, mais uma vez, quase todos (93%) concordaram, apesar de nenhum motivo real, nenhuma nova informação, ter sido acrescentada para justificar a aceitação. Assim como o piar dos filhotes de peru desencadeou uma reação maternal automática das peruas – mesmo quando emanado de uma doninha empalhada – a palavra "porque" também desencadeou uma aceitação automática por parte dos indivíduos testados por Langer, mesmo quando não lhes era apresentado um motivo subsequente para aceitar o pedido. *Clique, zum!*[4]

Apesar de algumas das outras descobertas de Langer mostrarem que existem muitas situações nas quais o comportamento humano não funciona de maneira mecânica, como se fosse ativado por uma fita, o que é surpreendente é a frequência com que a situação oposta acontece. Por exemplo, considere o comportamento estranho dos clientes da joalheria que compraram avidamente um lote de peças de turquesa só depois de esses itens terem sido erroneamente oferecidos ao dobro do preço original. Não consigo dar um sentido a esse comportamento, a menos que ele seja analisado em termos de *clique, zum!*

Os clientes, em sua maioria turistas abastados com pouco conhecimento sobre turquesas, estavam usando um princípio-padrão – um estereótipo – para guiar suas compras: "caro = bom". Portanto, os turistas que queriam "boas" joias consideraram as peças de turquesa mais valiosas e desejáveis quando apenas o preço delas foi aumentado. O preço tinha se tornado a característica desencadeadora da qualidade; e um aumento drástico no preço por si só levou a um aumento drástico nas vendas entre os compradores ávidos por qualidade. *Clique, zum!*

É fácil culpar os turistas por suas tolas decisões de compra, mas uma análise mais atenta oferece uma visão mais branda. Eram pessoas que foram criadas com a regra "Você recebe aquilo por que paga" e que haviam visto essa regra aparecer várias vezes em suas vidas. Rapidamente elas transformaram a regra para que ela significasse "caro = bom". O estereótipo "caro = bom" havia funcionado bastante bem pera elas no passado, pois, geralmente, o preço de um item aumenta junto com seu valor; um preço mais elevado reflete normalmente uma qualidade mais alta. Então, quando quiseram comprar boas joias de turquesa sem saber muito a respeito dessa pedra, elas compreensivelmente confiaram na velha característica do custo para determinar os méritos das joias.

Apesar de provavelmente não perceberem, ao reagirem exclusivamente à característica do preço das turquesas, elas estavam aplicando uma versão abreviada de uma aposta nas probabilidades. Em vez de acumular probabilidades em seu favor tentando arduamente dominar cada um dos fatores que indicam o valor de joias de turquesa, elas utilizaram apenas um – aquele que elas sabiam que era geralmente associado à qualidade de qualquer item. Elas estavam apostando que apenas o preço iria lhes dizer tudo o que precisavam saber. Dessa vez, devido ao fato de uma pessoa ter trocado um "½" por um "2", elas apostaram errado. No longo prazo, levando em consideração todas as situações passadas e futuras de suas vidas, apostar nessas probabilidades reduzidas pode representar a abordagem mais racional possível.

De fato, o comportamento automático, estereotipado, é prevalente em boa parte das ações humanas, pois, em muitos casos, trata-se da forma mais eficiente de comportamento, e, em outros casos, é simplesmente necessário. Eu e você vivemos em um complexo ambiente de estímulos; sem dúvida, o que muda mais rapidamente e o mais complicado que já existiu neste planeta. Para lidarmos com ele, *precisamos* de atalhos. Não se pode esperar que reconheçamos e analisemos todos os aspectos de cada pessoa, evento e situação com os quais nos deparamos, mesmo no espaço de um único dia.

FIGURA 1-1

Caviar e arte

A mensagem transmitida por este anúncio é, obviamente, a de que o caro é bom.

(CORTESIA DA DANSK INTERNATIONAL DESIGN)

Não temos tempo, energia nem capacidade para tanto. Em vez disso, temos de usar muitas vezes nossos estereótipos, nossas regras de ouro para classificar as coisas de acordo com algumas características-chave e, então, reagir impensadamente quando alguma dessas características desencadeadoras se apresenta.

Às vezes, o comportamento apresentado não é apropriado para a situação porque nem mesmo os melhores estereótipos e características desencadeadoras funcionam sempre, mas nós aceitamos sua imperfeição, desde que realmente não haja outra escolha. Sem eles, ficaríamos congelados – catalogando, avaliando e calibrando – enquanto o tempo de agir passava e ia embora. E, pelo que tudo indica, dependeremos deles ainda mais no futuro. À medida que os estímulos que saturam nossas vidas continuarem a ficar cada vez mais complexos e variáveis, teremos de depender mais de nossos atalhos para dar conta de todos eles.

O renomado filósofo britânico Alfred North Whitehead reconheceu essa inexorável qualidade da vida moderna ao afirmar que "a civilização avança ampliando o número de operações que podemos desempenhar sem pensar". Vejamos, por exemplo, o "avanço" oferecido à civilização pelos cupons de desconto, que permitem aos consumidores supor que terão um preço de compra reduzido ao apresentá-los. Um exemplo de como agimos mecanicamente a partir dessa suposição é fornecido pelo caso de uma empresa de pneus para automóveis. Devido a um erro de impressão, cupons enviados pelo correio não ofereciam desconto algum a quem os recebesse, mas acabaram gerando a mesma resposta por parte dos clientes que cupons sem erros, os quais ofereciam desconto significativo. O argumento óbvio, mas instrutivo, nesse caso, é que esperamos que os cupons de desconto desempenhem papel duplo. Esperamos que eles não apenas nos façam poupar dinheiro, mas também nos façam poupar o tempo e a energia mental necessários para pensarmos no que fazer. No mundo de hoje, precisamos dessa primeira vantagem para controlar o esgotamento de nossos recursos financeiros; mas precisamos da segunda vantagem para controlar algo potencialmente mais importante – o esgotamento mental.

É estranho que, apesar de sua utilização muito difundida e sua provável importância no futuro, a maioria de nós sabe muito pouco a respeito de nossos padrões de comportamento automático. Talvez isso aconteça exatamente por causa da maneira mecânica, impensada, como agem. Seja qual for o motivo, é crucial que reconheçamos claramente uma de suas propriedades: esses padrões nos tornam terrivelmente vulneráveis a qualquer pessoa que sabe como eles funcionam.

Para entender plenamente a natureza de nossa vulnerabilidade, devemos observar mais uma vez o trabalho dos etologistas. Com seus pios gravados e seus montes de penas coloridas, esses estudiosos do comportamento animal não são os únicos que descobriram como ativar as fitas de comportamento de várias espécies. Existe um grupo de organismos, geralmente denominados miméticos, que copiam as características desencadeadoras de outros animais na tentativa de enganá-los e fazer com que eles toquem as fitas de comportamento certas nos momentos errados. O organismo mimético irá, então, explorar a seu favor essa ação totalmente inadequada.

Vejamos, por exemplo, o truque mortal aplicado pelas fêmeas assassinas de um gênero de vaga-lumes (*Photuris*) nos machos de um outro gênero de vaga-lumes (*Photinus*). Compreensivelmente, os machos do gênero *Photinus* evitam escrupulosamente o contato com as fêmeas sanguinárias do gênero *Photuris*, mas, ao longo de séculos de experiência, as fêmeas caçadoras identificaram uma fraqueza em suas presas – um código de lampejos de cortejamento através dos quais os membros da espécie vítima sinalizam uns aos outros que estão prontos para acasalar. De alguma maneira, a fêmea *Photuris* decifrou o código de cortejamento dos vaga-lumes *Photinus*. Ao mimetizar os lampejos de acasalamento de sua presa, a assassina pode devorar os corpos dos machos que são levados a voar mecanicamente para a morte, e não para o amor, por seu comportamento automático de cortejamento.

Os insetos parecem ser os maiores exploradores do automatismo de sua presa; é comum encontrar vítimas que são ludibriadas e acabam morrendo, mas formas menos definitivas de exploração também ocorrem. Existe, por exemplo, um pequeno peixe, o *Plagiotremus azaleus*, que tira proveito de um incomum programa de cooperação desenvolvido por membros de outras duas espécies de peixes. Os peixes cooperadores formam uma dupla; de um lado, uma garoupa grande, do outro, um tipo de peixe muito menor. O peixe menor atua como um limpador do peixe maior, o que lhe permite aproximar-se e até entrar em sua boca para retirar fungos e outros parasitas que ficaram grudados em seus dentes ou em suas guelras. É um belo arranjo. A garoupa tem suas pragas eliminadas e o peixe limpador consegue alimento facilmente. O peixe maior normalmente devora qualquer outro tipo de peixe menor que seja tolo o bastante para se aproximar dele. Contudo, quando o limpador se aproxima, a garoupa interrompe repentinamente todos os movimentos e flutua de boca aberta, quase imóvel, em resposta a uma dança ondulante que o limpador executa. Essa dança parece ser a característica desencadeadora do limpador, que ativa uma passividade dramática na garoupa. Ela também proporciona ao *Plagiotremus azaleus* uma oportunidade – uma chance para tirar proveito do ritual de limpeza dos cooperadores. O *Plagiotremus azaleus* se aproxima do grande predador imitando as ondulações da dança do limpador e produzindo automaticamente a postura tranquila, imóvel do peixe grande. Então, ele rapidamente arranca com os dentes um pedaço da carne do peixe grande e sai correndo antes que sua vítima, espantada, possa se recuperar.[5]

Existe um paralelo forte, mas triste, na selva humana. Nós também temos exploradores que mimetizam características desencadeadoras de nossas ações automáticas. Ao contrário das sequências de reações majoritariamente instintivas dos outros animais, nossas fitas automáticas geralmente se desenvolvem a partir de princípios psicológicos ou estereótipos que aprendemos a aceitar. Apesar de variarem de intensidade, alguns desses princípios possuem uma tremenda capacidade de direcionar a ação humana. Fomos submetidos a eles desde muito cedo em nossa vida, e eles nos guiaram em tantas situações diferentes desde então, que eu e você raramente percebemos o seu poder. Aos olhos dos outros, porém, cada um desses princípios é uma arma detectável e pronta a ser usada – uma arma de influência automática.

Existe um grupo de pessoas que sabe muito bem onde as armas de influência automática estão e essas pessoas as usam com regularidade e experiência para conseguir o que querem. Elas vão de um encontro social a outro solicitando que os outros satisfaçam seus desejos, e a frequência de seu sucesso é surpreendente. O segredo de sua eficácia reside na maneira como elas estruturam seus pedidos, na maneira como elas se munem com uma das armas de influência que existem dentro do ambiente social. Isso pode não exigir mais do que uma palavra escolhida corretamente, que irá ativar um forte princípio psicológico e colocar em movimento uma fita de comportamento automático dentro de nós. E os exploradores humanos aprendem rapidamente como tirar proveito de nossa tendência a reagir mecanicamente de acordo com esses princípios.

Lembram-se de minha amiga que era dona da joalheria? Apesar de ela ter se beneficiado involuntariamente na primeira vez, não demorou muito para ela começar a explorar o estereótipo "caro = bom" de maneira regular e intencional. Agora, durante a temporada turística, ela primeiro tenta acelerar a venda de um item que tem sido difícil de passar adiante, aumentando substancialmente o seu preço. Ela diz que isso é maravilhosamente vantajoso em termos de custo. Quando esse esquema funciona com os turistas desavisados – e costuma funcionar com frequência –, o resultado é uma margem de lucro enorme. E, mesmo quando não obtém êxito logo de cara, ela pode remarcar o artigo dizendo "Preço reduzido de ____ para _____" e vendê-lo por seu preço original, ainda tirando proveito da reação "caro = bom" em relação ao preço inflacionado.

Minha amiga não é nem um pouco original nessa última utilização da regra "caro = bom" para enganar os clientes que estão procurando uma pechincha. O intelectual e escritor Leo Rosten dá o exemplo dos irmãos Sid e Harry Drubeck, que eram proprietários de uma alfaiataria no bairro de Rosten durante a sua infância, nos anos 1930. Sempre que o vendedor, Sid, tinha um novo cliente experimentando ternos na frente do espelho de três lados da loja, ele admitia que tinha um problema de audição e, enquanto conversavam, pedia repetidamente que o homem falasse mais alto com ele. Quando o cliente achava um terno que lhe agradava e perguntava o preço, Sid chamava seu irmão, o alfaiate chefe, que estava no fundo da loja: "Harry, quanto custa este terno?" Levantando os olhos do seu trabalho – e exagerando muito o preço verdadeiro do terno – Harry respondia: "Por esse lindo terno de lã pura, 42 dólares." Fingindo não ter ouvido e levando a mão ao ouvido, Sid perguntava novamente. Mais uma vez Harry respondia: "42 dólares." A essa altura, Sid se virava para o cliente e dizia: "Ele disse 22 dólares." Muitos homens se apressavam em comprar o terno e sair rapidamente da loja com essa pechincha do tipo "caro = bom" antes que o pobre Sid descobrisse o "erro".

Existem vários componentes que são compartilhados pela maioria das armas de influência automática e que serão descritos neste livro. Já analisamos dois deles – o processo quase mecânico através do qual o poder contido nessas armas pode ser ativado e a consequente exploração desse poder por parte de qualquer um que saiba como ativá-las. Um terceiro componente diz respeito à maneira como as armas de influência automática conferem força àqueles que as usam. As armas não representam um conjunto de bastões pesados que constituem um arsenal conspícuo a ser usado por uma pessoa para golpear outra até que ela se torne submissa.

O processo é muito mais sofisticado e sutil. Com uma execução adequada, os exploradores mal precisam flexionar um músculo para conseguir o que querem. Só é necessário ativar os grandes estoques de influência que já existem na situação e direcioná-los para o alvo desejado. Nesse sentido, a abordagem não é muito diferente da usada na arte marcial japonesa chamada jiu-jítsu. Utilizando o jiu-jítsu, uma mulher usaria minimamente a sua própria força contra um adversário. Em vez disso, ela exploraria o poder inerente a princípios naturais tais como gravidade, alavanca, impulso e inércia. Se ela souber como e onde ativar a ação desses princípios, poderá facilmente derrotar um rival fisicamente mais forte. E é isso o que acontece com aqueles que exploram as armas de influência automática que existem naturalmente à nossa volta. Os exploradores podem utilizar o poder dessas armas para usá-lo contra seus alvos enquanto exercem pouca força pessoal. Essa última característica do processo permite que o explorador tenha um enorme benefício adicional – a capacidade de manipular sem parecer que está manipulando. Até mesmo as próprias vítimas tendem a ver a sua concordância como se ela fosse determinada pela ação de forças naturais e não pelas intenções da pessoa que está tirando proveito dela.

É necessário dar um exemplo. Existe um princípio na percepção humana, o princípio do contraste, que afeta a maneira como vemos a diferença entre duas coisas que são apresentadas uma após a outra. Explicando de maneira simples: se o segundo item for razoavelmente diferente do primeiro, tenderemos a vê-lo como mais diferente do que ele realmente é. Então, se levantarmos um objeto leve primeiro e depois levantamos um objeto pesado, acharemos que o segundo objeto é mais pesado do que se o tivéssemos levantado sem ter antes levantado o objeto leve. O princípio do contraste está bem estabelecido no campo da psicofísica e se aplica a todos os tipos de percepção, e não só ao peso. Se estamos falando com uma mulher bonita em um coquetel e, depois, conversamos com uma mulher pouco atraente, a segunda mulher irá nos parecer menos atraente do que realmente é.

De fato, estudos realizados sobre o princípio do contraste nas universidades estaduais do Arizona e de Montana sugerem que podemos ficar menos satisfeitos com a atração física de nossos próprios amantes por causa da maneira como a mídia popular nos bombardeia com exemplos de modelos irrealisticamente atraentes. Em uma pesquisa, estudantes universitários consideraram menos atraente a fotografia de um indivíduo do sexo oposto de aparência média após folhear anúncios em algumas revistas populares. Em outro estudo, estudantes do sexo masculino que residiam nos dormitórios das universidades avaliaram a foto de uma parceira em potencial de um encontro às escuras. Os estudantes que avaliaram a foto enquanto assistiam a um episódio da série de televisão *As Panteras* consideraram a parceira do encontro às escuras como uma mulher menos atraente do que os estudantes que o fizeram enquanto assistiam a um outro programa de televisão. Aparentemente, foi a beleza incomum das estrelas femininas de *As Panteras* que fez com que a parceira em potencial parecesse menos atraente.[6]

Uma boa demonstração do contraste perceptivo é às vezes utilizada nos laboratórios de psicofísica para apresentar em primeira mão o princípio aos estudantes. Um estudante se senta diante de três baldes d'água – um frio, um à temperatura ambiente e outro quente. Depois de colocar uma mão na água fria e outra na água quente, o estudante recebe a instrução de colocar simultaneamente ambas as mãos na água morna. O olhar de surpresa que imediatamente aparece em seu rosto diz tudo: apesar de ambas as mãos estarem no mesmo balde, a mão que estava na água fria parece estar imersa em água quente, enquanto a mão que estava na água quente parece estar imersa em água fria. O argumento é que a mesma coisa – nesse caso, água à temperatura ambiente – pode parecer muito diferente, dependendo da natureza do evento que a precede.

Podemos ter certeza de que a bela arma de influência fornecida pelo princípio do contraste não deixa de ser explorada. A grande vantagem desse princípio é que ele não apenas funciona, mas também é praticamente indetectável. Aqueles que o utilizam podem se aproveitar de sua influência sem parecer que estruturaram a situação a seu favor. Varejistas de roupas são um bom exemplo. Suponha que um homem entre em uma elegante loja de roupas masculinas e diga que quer comprar um terno e um suéter. Se você fosse o vendedor, o que você mostraria para ele primeiro a fim de que ele gastasse mais dinheiro? As lojas de roupas instruem seu pessoal de vendas para vender o item mais caro primeiro. O senso comum pode sugerir o contrário: se um homem acabou de gastar muito dinheiro para comprar um terno, ele pode ficar relutante em gastar muito mais comprando um suéter, mas os comerciantes de roupas são sábios. Eles se comportam de acordo com o que o princípio do contraste sugere: venda o terno primeiro, pois, quando for a hora de ver os suéteres, até mesmo os mais caros, os preços não vão parecer tão altos em comparação. Um homem pode empacar diante da ideia de gastar US$95 em um suéter, mas, se ele acabou de comprar um terno de US$495, um suéter de US$95 não irá parecer excessivamente caro. O mesmo princípio se aplica a um homem que deseja comprar os acessórios (camisa, sapatos, cinto) para combinar com seu terno novo. Ao contrário da visão de senso comum, evidências corroboram a previsão do princípio do contraste. Como afirmam os analistas de motivação de vendas Whitney, Hubin e Murphy, "O aspecto interessante é que, mesmo quando um homem entra em uma loja de roupas com o propósito claro de comprar um terno, ele quase sempre irá *pagar mais* por qualquer acessório se o comprar *após* e não antes do terno".

É muito mais rentável para os vendedores apresentar o item caro primeiro, não apenas porque, se eles não o fizerem, irão perder a influência do princípio do contraste, mas também porque, nesse caso, o princípio irá agir contra eles. Apresentar um produto barato primeiro e, em seguida, um artigo caro fará com que o preço do item caro pareça ainda mais alto – uma consequência indesejável para a maioria das organizações que se ocupam de vendas. Então, assim como é possível fazer com que o mesmo balde d'água pareça mais quente ou mais frio dependendo da temperatura da água apresentada anteriormente, é possível fazer com que o preço de um mesmo item pareça mais alto ou mais baixo dependendo do preço do artigo apresentado antes.

O uso inteligente do contraste perceptivo não se limita aos comerciantes de roupas. Deparei-me com uma técnica que usava o princípio do contraste ao investigar, disfarçado, as táticas de persuasão das imobiliárias. Para "aprender o caminho das pedras", acompanhei um corretor imobiliário durante um fim de semana enquanto ele mostrava casas a possíveis compradores. O vendedor – podemos chamá-lo de Phil – deveria me dar dicas para me ajudar durante o meu período inicial. Uma coisa que logo notei foi que, sempre que Phil começava a mostrar casas a um novo grupo de compradores em potencial, ele começava com algumas casas indesejáveis. Perguntei a ele a respeito e ele riu. Elas eram o que ele chamava de propriedades "fajutas". A empresa mantinha em seu cadastro uma ou duas casas em mau estado com preços inflacionados. Essas casas não deveriam ser vendidas aos clientes, apenas mostradas a eles para que as propriedades que realmente faziam parte do cadastro de venda da empresa se beneficiassem da comparação. Nem todos os profissionais de vendas usavam as casas fajutas, mas Phil as usava. Ele disse que gostava de ver os olhos dos seus compradores em potencial "se iluminarem" quando ele mostrava uma propriedade que realmente queria vender depois de eles terem visto as casas em mau estado. "A casa que eu acho que interessará a eles vai parecer realmente ótima depois de eles terem visto algumas espeluncas."

Vendedores de carros também usam o princípio do contraste e esperam até que o preço de um carro novo tenha sido negociado para só então sugerir uma série de opcionais que podem ser acrescentados. No rastro de um negócio de US$15 mil, os cento e poucos dólares pedidos por um conforto como um belo rádio FM parecem quase triviais. O mesmo acontecerá com as despesas extras com acessórios como vidros coloridos, espelhos retrovisores dos dois lados, pneus com listras brancas ou algum equipamento especial que o vendedor poderá sugerir logo depois. O truque é apresentar os opcionais separadamente para que cada valor pareça pequeno quando comparado ao preço maior já combinado. Como qualquer comprador de carros veterano pode atestar, muitas cifras finais baixas subiram vertiginosamente com a adição de todos aqueles opcionais que pareciam tão irrisórios. Enquanto o cliente fica parado com o contrato assinado em mãos se perguntando o que aconteceu e sem ter ninguém para culpar a não ser a si mesmo, o vendedor exibe o sorriso sábio do mestre de jiu-jítsu.

"Quero que cada um de vocês no caminho para casa esta noite pare, olhe para cima, pense no céu e avalie como as perdas de nosso segundo trimestre foram insignificantes."

FIGURA 1-2

Uma ideia estelar

Existe todo um universo de aplicações para o princípio do contraste.

(*THE NEW YORKER*)

RELATO DO LEITOR

Do pai de uma aluna de uma faculdade mista

"Queridos Papai e Mamãe:

Desde que vim para a faculdade tenho sido relapsa e lamento pelo descaso de não ter escrito antes. Vou contar as novidades agora, mas, antes que vocês continuem a ler, por favor, sentem-se. Vocês não devem continuar lendo a menos que estejam sentados, está bem?

Bem, então, estou bastante bem agora. O traumatismo craniano e a concussão que sofri ao pular da janela de meu dormitório quando ele pegou fogo logo depois de minha chegada já estão quase curados. Fiquei apenas duas semanas no hospital e, agora, estou enxergando quase que normalmente e só tenho aquelas dores de cabeça horríveis uma vez por dia. Felizmente, o incêndio no dormitório e o meu salto foram vistos por um frentista de um posto de gasolina ali perto, e foi ele quem chamou os bombeiros e a ambulância. Ele também me visitou no hospital e, como eu não tinha onde morar por causa do dormitório destruído pelo incêndio, ele teve a bondade de me convidar para dividir o apartamento com ele. Na verdade, trata-se de um quarto num porão, mas é jeitoso. Ele é um ótimo rapaz e nós nos apaixonamos loucamente e estamos planejando nos casar. Ainda não escolhemos a data exata, mas será antes que a minha gravidez comece a aparecer.

Sim, Mamãe e Papai, estou grávida. Sei o quanto vocês queriam ser avós e sei que vocês receberão bem o bebê e darão a ele o mesmo amor, a mesma devoção e o mesmo carinho que me deram quando eu era criança. A razão para o atraso em nosso casamento é que meu namorado está com uma pequena infecção que nos impede de superar os nossos exames de sangue pré-nupciais e que eu, descuidadamente, peguei dele.

Agora que já contei as novidades, quero dizer que não houve incêndio algum no dormitório, eu não tive nenhuma concussão ou traumatismo craniano, não estive no hospital, não estou grávida, não estou noiva, não estou contaminada e não existe namorado algum. Porém, tirei "D" em História Americana e "F" em Química e quero que vocês vejam essas notas em uma perspectiva correta.

Sua querida filha,
Sharon.

Sharon pode vir a ser reprovada em química, mas merece nota 10 em psicologia.

Capítulo 2

RECIPROCIDADE

O velho dar e receber... e receber

Pague todos os seus débitos como se Deus estivesse apresentando a conta.

– Ralph Waldo Emerson

ANOS ATRÁS, UM PROFESSOR UNIVERSITÁRIO FEZ UMA PEQUENA experiência. Enviou cartões de Natal a estranhos. Apesar de esperar alguma reação, a que ele presenciou foi surpreendente – cartões de Boas-festas endereçados a ele chegaram aos borbotões, enviados por pessoas que não o conheciam nem nunca tinham ouvido falar dele. A grande maioria das pessoas que responderam nunca investigou a identidade do professor desconhecido. Elas receberam o cartão de Boas-festas, *clique*, e, *zum*, automaticamente retribuíram com outro. Embora com alcance pequeno, esse estudo mostra a ação de uma das mais potentes armas de influência à nossa volta – a regra da reciprocidade.[1] A regra diz que deveríamos tentar retribuir, na mesma moeda, o que outra pessoa nos proporcionou. Se uma mulher nos faz um favor, devemos retribuir fazendo um favor a ela; se um homem nos manda um presente de aniversário, devemos lembrar o aniversário dele com um presente; se um casal nos convida a uma festa, devemos nos lembrar de convidá-los a uma festa nossa. Por causa da regra da reciprocidade, portanto, somos *obrigados* a retribuir futuramente favores, presentes, convites e coisas desse tipo. A sensação de dívida que acompanha o recebimento dessas coisas é tão típica que um termo como "obrigado" se tornou sinônimo de agradecimento em vários idiomas, como "much obliged" é sinônimo de "thank you" em inglês.

O aspecto impressionante da regra da reciprocidade e da sensação de obrigação que a acompanha é sua universalidade na cultura humana. Ela é tão difundida que, após muitos estudos, sociólogos como Alvin Gouldner podem relatar que não há sociedade humana que não respeite essa regra.[2] E, dentro de cada sociedade, ela também parece muito difundida; permeia trocas de todo tipo. De fato, pode ser que um sistema avançado de dívidas derivado da regra da reciprocidade seja uma característica singular da cultura humana. O renomado arqueólogo Richard Leakey atribui a essência do que nos torna humanos ao sistema de reciprocidade: "Somos humanos porque nossos ancestrais aprenderam a dividir seu alimento e suas habilidades em uma respeitada rede de obrigações",[3] ele afirma. Os antropólogos culturais Lionel Tiger e Robin Fox veem essa "rede de dívidas" como um mecanismo adaptativo singular dos seres humanos, o qual permite a divisão do trabalho, a troca de diferentes tipos de bens, a troca de diferentes serviços (possibilitando o desenvolvimento de especialistas) e a criação de um feixe de interdependências que reúne os indivíduos em unidades altamente eficientes.[4]

A orientação futura inerente a uma noção de obrigação é crucial para sua capacidade de produzir avanços sociais como os descritos por Tiger e Fox. Um sentimento de obrigação futura amplamente compartilhado e fortemente defendido fez enorme diferença na evolução social humana porque significou que uma pessoa podia dar algo (por exemplo, alimento, energia, cuidado) a outra ao confiar que sua doação não era em vão. Pela primeira vez na história da evolução, um indivíduo podia dar uma série de recursos sem realmente desperdiçá-los. O resultado foi a redução das inibições naturais em relação a transações que devem ser *iniciadas* pelo fornecimento de recursos pessoais de um indivíduo para outro. Sistemas sofisticados e coordenados de ajuda, doação de presentes, defesa e comércio tornaram-se possíveis, trazendo enormes benefícios para as sociedades que os possuíam. Com consequências adaptativas tão claras para a cultura, não é de surpreender que a regra da reciprocidade seja implantada tão profundamente em nós pelo processo de socialização ao qual todos nós somos submetidos.

O melhor exemplo que conheço de como as obrigações recíprocas podem afetar fortemente um futuro distante é a surpreendente história dos US$5 mil de ajuda humanitária que circularam entre o México e as pessoas carentes da Etiópia. Em 1985, a Etiópia passava pelo maior sofrimento e privação em todo o mundo. Sua economia estava em ruínas. Seu estoque de alimentos havia sido devastado por anos de seca e guerras internas. Seus habitantes estavam morrendo aos milhares de doenças e fome. Nessas circunstâncias, não teria ficado surpreso se tivesse sabido de uma doação humanitária de US$5 mil do México para aquele país carente, porém, lembro-me de ter dado um pulo quando uma nota no jornal que eu estava lendo insistia em dizer que a doação havia sido feita no sentido inverso. Funcionários locais da Cruz Vermelha da Etiópia haviam decidido enviar o dinheiro para ajudar as vítimas dos terremotos que abalaram a Cidade do México naquele ano.

É um problema pessoal e uma bênção profissional o fato de eu me sentir impelido a investigar mais a fundo sempre que fico confuso com algum aspecto do comportamento humano. Nesse caso, pude encontrar um relato mais completo da história. Felizmente, um jornalista que havia ficado tão espantado quanto eu pela ação dos etíopes havia pedido uma explicação. A resposta que ele recebeu oferece confirmação eloquente da regra da reciprocidade: apesar das enormes carências que prevaleciam na Etiópia, o dinheiro havia sido remetido porque o México enviara ajuda à Etiópia em 1935, quando o país foi invadido pela Itália. Fiquei pasmo com essa informação, mas não fiquei mais intrigado. A necessidade de retribuir havia transcendido as grandes diferenças culturais, as longas distâncias, a carestia aguda e o interesse próprio imediato. Simplesmente, meio século mais tarde, contra todas as forças opostas, a obrigação triunfou.

Não se engane, as sociedades humanas obtêm vantagem competitiva muito significativa da regra da reciprocidade e, por conseguinte, asseguram-se de que seus membros estão treinados para obedecê-la e acreditar nela. Cada um de nós aprendeu a cumprir a regra e conhece as sanções e o menosprezo aplicados a quem a viola. Os rótulos que atribuímos a uma pessoa desse tipo estão carregados de negatividade – aproveitador, ingrato, caloteiro. Como geralmente há aversão em relação às pessoas que recebem e não fazem esforço algum para retribuir, costumamos fazer todo o possível para não sermos considerados uma delas. Geralmente, fazemos grandes esforços e, nesse processo, somos ludibriados por indivíduos que querem se aproveitar dessa nossa sensação de dívida.

Para entender melhor como a regra da reciprocidade pode ser explorada por quem a reconhece como a fonte de influência que ela certamente é, podemos examinar mais de perto uma experiência realizada pelo professor Dennis Regan, da Universidade Cornell.[5] Um indivíduo que participava do estudo começou a classificar, junto com outro, a qualidade de algumas pinturas como parte de uma experiência sobre "apreciação da arte". O outro indivíduo – podemos chamá-lo de Joe – estava apenas se passando por um participante da pesquisa e, na verdade, era o assistente do Dr. Regan. De acordo com nosso intuito, a experiência foi realizada em duas condições diferentes. Em alguns casos, Joe fazia um pequeno favor não solicitado para o participante verdadeiro. Durante um breve período de repouso, ele deixava a sala por alguns minutos e voltava com duas garrafas de Coca-Cola, uma para o participante e outra para si mesmo, e dizia: "Perguntei a ele [o pesquisador] se eu podia pegar uma Coca para mim e ele concordou, então, trouxe uma para você também." Em outros casos, Joe não prestava favor algum ao outro indivíduo; ele simplesmente voltava de uma pausa de dois minutos de mãos abanando. Porém, em todos os outros aspectos, Joe se comportava da mesma maneira.

Mais tarde, depois que todas as pinturas haviam sido classificadas e o pesquisador havia saído da sala, Joe pedia que o outro indivíduo fizesse um favor *para ele*. Dizia que estava vendendo bilhetes para a rifa de um carro novo e que, se vendesse o maior número de bilhetes, ganharia um prêmio de US$50. Joe pedia que o indivíduo comprasse alguns bilhetes da rifa ao preço de US$0,25 cada: "Qualquer coisa já ajudaria; quanto mais, melhor." A maior descoberta do estudo diz respeito ao número de bilhetes que os participantes compraram de Joe nas duas situações. Sem dúvida, Joe obtinha maior êxito na venda de seus bilhetes de rifa com os indivíduos que haviam recebido um favor anteriormente. Sentindo aparentemente que deviam algo a ele, esses indivíduos compraram o dobro de bilhetes em relação aos indivíduos que não haviam recebido favores anteriores. Apesar de o estudo de Regan representar uma demonstração bastante simples de como a regra da reciprocidade funciona, ele exemplifica muitas características importantes desta que, em avaliação mais minuciosa, nos ajudam a entender como ela pode ser usada com bons resultados.

A regra é acachapante

Um dos motivos que faz com que a reciprocidade possa ser usada com tanta eficácia como instrumento para obter a concordância de outra pessoa é seu poder. A regra possui força surpreendente, muitas vezes produzindo resposta positiva a um pedido que, a não ser pela existência de uma sensação de dívida, certamente teria sido recusado. Algumas provas de como a força da regra pode subjugar a influência de outros fatores que normalmente determinam se um pedido será atendido podem ser vistas em um segundo resultado do estudo de Regan. Além de seu interesse no impacto da regra da reciprocidade sobre a concordância, Regan também estava interessado em como a simpatia por uma pessoa afeta nossa tendência a atender um pedido dela. Para medir como a simpatia em relação a Joe afetava a decisão de comprar bilhetes de rifa por parte dos participantes do teste, Regan pediu que eles preenchessem várias escalas de pontuação que indicavam o quanto gostavam de Joe. Depois, comparou as respostas relativas à simpatia com o número de bilhetes que os indivíduos haviam comprado de Joe. Havia tendência significativa nos indivíduos a comprar cada vez mais bilhetes de rifa de Joe à medida que simpatizassem mais com ele, mas só isso dificilmente seria uma descoberta surpreendente. A maioria de nós teria imaginado que as pessoas estão mais dispostas a prestar um favor a alguém que lhes agrade.

O dado interessante a respeito da experiência de Regan, porém, é que a relação entre simpatia e concordância foi completamente eliminada nos casos em que os indivíduos receberam uma Coca-Cola de Joe. Para as pessoas que deviam um favor a Joe, não fazia diferença se gostavam dele ou não; elas sentiam uma obrigação em retribuir, e o faziam. Os indivíduos naquela condição que disseram que não gostavam de Joe compraram o mesmo número de bilhetes que os indivíduos que disseram gostar dele. A regra da reciprocidade era tão forte a ponto de simplesmente suplantar a influência de um fator – simpatia pelo solicitante – que normalmente afeta a decisão de atender um pedido.

Pense nas implicações. As pessoas das quais normalmente não gostamos – vendedores inoportunos ou indesejáveis, conhecidos desagradáveis, representantes de organizações estranhas ou impopulares – podem aumentar em muito sua chance de conseguir com que façamos o que elas desejam simplesmente nos prestando um pequeno favor antes de fazer seus pedidos. Vejamos um exemplo com o qual muitos de nós já se depararam. A Hare Krishna Society é uma seita religiosa oriental com raízes seculares na cidade indiana de Calcutá. Contudo, sua espetacular história nos tempos modernos aconteceu nos anos 1970, quando teve crescimento notável não apenas no número de seguidores, mas também em sua riqueza e de suas propriedades. O crescimento econômico foi custeado por meio de uma série de atividades, das quais a principal e ainda mais visível é o pedido de doações por parte de membros da Hare Krishna Society a transeuntes em locais públicos. Durante a história recente do grupo nos Estados Unidos, a solicitação de contribuições foi tentada de maneira memorável para qualquer pessoa que a tenha visto. Grupos de devotos de Krishna – muitas vezes de cabeça raspada, usando trajes desalinhados, faixas nas pernas, miçangas e sinos – invadiam uma rua, cantando e pulando em uníssono, enquanto pediam dinheiro.

Apesar de ser uma técnica altamente eficaz para chamar a atenção, esse tipo de angariação de fundos não funcionava muito bem. O americano médio considerava os Hare Krishna no mínimo estranhos e relutava em dar dinheiro para apoiá-los. Logo ficou claro para a seita que ela tinha um problema de relações públicas considerável. As pessoas às quais as contribuições eram pedidas não gostavam da aparência, dos trajes nem da atitude de seus membros. Se ela fosse uma organização comercial comum, a solução teria sido simples: mudar as coisas das quais o público não gostava, mas os Hare Krishna são uma organização religiosa e a aparência, os trajes e a atitude de seus integrantes estão em parte ligados a fatores religiosos. Como, em qualquer religião, os fatores religiosos são geralmente difíceis de mudar por motivos mundanos, a liderança dos Hare Krishna enfrentava um verdadeiro dilema. De um lado, as crenças, o modo de vestir e os penteados que tinham um significado religioso. Do outro lado, ameaçando a saúde financeira da organização, estavam os sentimentos negativos do público americano em relação a esses fatores. O que a seita deveria fazer?

A resolução dos Hare Krishna foi brilhante. Eles passaram para uma técnica de angariação de fundos que tornava desnecessário que seus alvos tivessem sentimentos positivos a respeito de seus integrantes. Eles começaram a usar um procedimento de solicitação de doações que utilizava a regra da reciprocidade que, conforme demonstrado pelo estudo de Regan, é forte o bastante para suplantar o fator de antipatia em relação ao solicitante.

FIGURA 2-1

Antes e depois

Nos anos 1960 e no início dos anos 1970 (à esquerda), os Hare Krishna solicitavam contribuições de maneira muito mais conspícua do que hoje (à direita). Note o disfarce da bolsa de viagem carregada pela solicitante moderna para ajudá-la a encurralar o sujeito claramente descontente.

(ESQUERDA, UPI, DIREITA, HARRY GOODMAN, *THE WASHINGTON STAR*)

A nova estratégia ainda envolve a solicitação de contribuições em locais públicos com um grande trânsito de pedestres (os aeroportos são um dos locais favoritos), mas, agora, antes de solicitar uma doação, é dado um "presente" à pessoa-alvo – um livro (geralmente o *Bhagavad Gita)*,* ou a revista *Back to Godhead*,* da seita, ou, na versão com melhor relação custo-benefício, uma flor. Ao transeunte desavisado que de repente sente uma flor sendo pressionada contra suas mãos, ou colocada em sua lapela, não é dada em momento algum a oportunidade de devolvê-la, mesmo se ele disser que não a quer. "Não, é nosso presente para você", diz o solicitante, recusando-se a aceitá-la de volta. Só depois de ter introduzido a força da regra da reciprocidade na situação é que o membro da Hare Krishna Society pede uma

---

**Nota do Tradutor*: Trecho de 701 versos do épico *Mahabharata* considerado texto sagrado da filosofia hindu. O título *Bhagavad Gita* significa "a canção do divino", e Bhagavad é um dos títulos de Krishna.

**Nota do Tradutor*: Literalmente "Retorno à Divindade".

contribuição. Essa estratégia do tipo "benfeitor antes de pedinte" tem sido um grande sucesso para a Hare Krishna Society, produzindo ganhos econômicos de grande escala e financiando a posse de templos, lojas, casas e propriedades em 321 centros urbanos nos Estados Unidos e no exterior.

A título de curiosidade, é instrutivo saber que a regra da reciprocidade começou a perder sua utilidade para os Hare Krishna, não porque a regra em si esteja mais fraca na sociedade, mas porque encontramos maneiras de evitar que os Hare Krishna a apliquem em nós. Depois de terem sido vítimas da tática deles uma vez, muitos agora estão atentos à presença de solicitantes com os trajes da Hare Krishna Society em aeroportos e estações de trem, mudando sua trajetória para evitar um encontro com eles e se preparando de antemão para repelir um "presente". Apesar de a Sociedade ter tentado enfrentar essa vigilância crescente ao instruir os seus membros a se vestir de maneira moderna para evitar reconhecimento imediato (alguns levam sacolas de viagem ou malas, Figura 2-1), nem mesmo o disfarce funcionou muito bem para os Hare Krishna. Muitas pessoas agora não aceitam ofertas não solicitadas em lugares públicos como aeroportos. Ademais, administradores de aeroportos iniciaram uma série de procedimentos cujo objetivo é nos avisar com antecedência da verdadeira identidade e da verdadeira intenção dos Hare Krishna. Portanto, agora é uma prática comum nos aeroportos restringir as solicitações de dinheiro dos Hare Krishna a algumas áreas e anunciar por meio da sinalização visual e do sistema de som que os Hare Krishna estão pedindo contribuições. É uma prova do valor social da reciprocidade o fato de termos escolhido enfrentar os Hare Krishna procurando, sobretudo, evitar a força de suas doações em vez de resistir a ela. A regra da reciprocidade que dá vigor à tática deles é forte – e socialmente benéfica – demais para que nós a violemos.

A política é outra área na qual a força da regra da reciprocidade se faz notar. Táticas de reciprocidade aparecem em todos os níveis:

- No topo, representantes eleitos utilizam o "auxílio mútuo" e a troca de favores, criando alianças estranhas. O voto incoerente de um de nossos representantes eleitos para um projeto de lei pode muitas vezes ser entendido como favor retribuído a quem está defendendo o projeto. Analistas políticos ficaram fascinados com a capacidade de Lyndon Johnson aprovar no Congresso quantida-

FIGURA 2-2

Krishna Noel

Levando a técnica do disfarce até o seu limite extremo, mas ainda utilizando a regra da reciprocidade como aliada, esses integrantes da Hare Krishna Society foram presos por pedir doações sem autorização, pressionando as pessoas que faziam suas compras de Natal para fazerem doações depois de dar-lhes doces.

(WIDE WORLD PHOTOS)

de tão grande de programas durante o início de sua administração. Até mesmo deputados que supostamente eram fortes opositores das propostas estavam votando a seu favor. Um exame mais minucioso por parte de cientistas políticos descobriu que a causa não era tanto o traquejo político de Johnson quanto à grande quantidade de favores que ele havia prestado a outros legisladores durante os vários anos em que esteve no poder tanto na Câmara quanto no Senado. Como presidente, ele pôde promulgar quantidade realmente notável de leis em pouco tempo ao cobrar a retribuição daqueles favores. É interessante que esse mesmo processo pode esclarecer os problemas que Jimmy Carter teve para aprovar seus programas no Congresso durante o início de sua administração, apesar de o Partido Democrata ter ampla maioria tanto na Câmara quanto no Senado. Carter chegou à presidência vindo de fora do *establishment* do Capitólio. Em sua campanha, ele reforçou sua imagem de alguém que vinha de fora de Washington dizendo que não devia nada a ninguém lá. Boa parte de sua dificuldade legislativa no início de seu mandato pode ser atribuída ao fato de ninguém lá dever favores a *ele*.

- Em outro nível, podemos ver o reconhecimento da força da regra da reciprocidade no desejo, por parte de empresas e indivíduos, de dar presentes e prestar favores a representantes do Judiciário e do Legislativo, e em uma série de restrições legais contra esses presentes e favores. Mesmo no caso de contribuições políticas legítimas, a acumulação de obrigações muitas vezes está por trás das propostas declaradas de apoio a um candidato favorito. Uma olhada nas listas de empresas e organizações que contribuem para as campanhas dos *dois* principais candidatos em eleições importantes evidencia tais motivos. Um cético que queira provas diretas do toma lá dá cá esperado pelos doadores de campanha pode prestar atenção na admissão descarada de Charles H. Keating, Jr., que, mais tarde, foi condenado por múltiplas acusações de fraude ao sistema de poupança e empréstimos dos Estados Unidos. Ao falar sobre a possível existência de uma conexão entre as doações que ele havia feito às campanhas de cinco senadores americanos, num total de US$1,3 milhão, e as subsequentes ações desses senadores em seu favor contra reguladores federais, ele afirmou: "Quero dizer da maneira mais clara possível: certamente espero que haja uma ligação."

- Em nível mais popular, organizações políticas locais aprenderam que a principal maneira de manter seus candidatos em seus cargos é certificar-se de que eles prestem uma ampla gama de pequenos favores aos eleitores. Os cabos eleitorais de muitas cidades ainda

> trabalham dessa maneira, com eficiência, mas os cidadãos comuns não estão sozinhos nessa troca de apoio político por pequenos favores pessoais. Durante as primárias para a eleição presidencial de 1992, perguntaram à atriz Sally Kellerman por que ela estava emprestando seu nome e seus esforços ao candidato democrata Jerry Brown. Ela respondeu: "Vinte anos atrás, pedi a dez amigos que ajudassem em minha mudança. Ele foi o único que apareceu."

Obviamente, o poder da reciprocidade também pode ser encontrado no campo da promoção de vendas. Apesar de a quantidade de possíveis exemplos ser grande, examinaremos dois casos conhecidos que derivam da técnica da "amostra grátis". Como técnica de marketing, a amostra grátis tem uma história longa e eficaz. Na maioria dos casos, uma pequena quantidade do produto relevante é fornecida a clientes em potencial para permitir que eles o experimentem e avaliem. E certamente esse é um desejo legítimo do fabricante – mostrar ao público as qualidades do produto. A beleza da amostra grátis, contudo, é que se trata também de um presente e, como tal, pode ativar a regra da reciprocidade. Numa técnica semelhante à do jiu-jítsu, o promotor que dá amostra grátis pode liberar a força natural de endividamento inerente a um presente enquanto aparentemente tem apenas a intenção inocente de informar. Um dos locais favoritos para a distribuição de amostras grátis é o supermercado. Lá, os clientes muitas vezes recebem pequenos cubos de uma certa variedade de queijo ou carne para experimentarem. Muitas pessoas acham difícil aceitar uma amostra de um atendente sempre sorridente, devolver apenas um palito de dentes e ir embora. Em vez disso, elas compram o produto, mesmo sem terem gostado dele. Uma variante altamente eficaz desse procedimento de marketing é exemplificada no caso citado por Vance Packard em *The Hidden Persuaders,* no qual um supermercado de Indiana vendeu 500 quilos de queijo em algumas horas colocando à disposição formas de queijo e convidando os clientes a cortar fatias como amostra grátis.

Uma versão diferente da tática da amostra grátis é usada pela Amway Corporation, uma empresa que cresce rapidamente com a produção e distribuição de produtos de limpeza doméstica e higiene pessoal em vasta rede nacional de vendas em domicílio. A empresa, que surgiu como uma operação dirigida a partir de um porão há alguns anos e se tornou um negócio com faturamento anual de US$1,5 bilhão, utiliza a tática da amostra grátis em um dispositivo chamado BUG. O BUG é uma coleção de produtos da Amway – frascos de lustra-móveis, detergentes ou xampus, sprays de desodorizadores, inseticidas ou limpa-vidros – levada à casa da cliente em uma bandeja especialmente projetada ou em uma simples sacola de polietileno. O Manual de Carreira da Amway instrui os vendedores a deixar o BUG com a cliente "por 24, 48 ou 72 horas, sem custo ou obrigação para ela. Diga apenas que você gostaria que ela experimentasse os produtos... Essa é uma oferta que ninguém pode recusar". Ao final do período de teste, o representante da Amway retorna e anota os pedidos dos produtos que a cliente deseja comprar. Já que poucas clientes usam todo o conteúdo de um frasco em tão pouco tempo, o vendedor pode então levar os produtos restantes do BUG para o próximo cliente em potencial na casa ao lado ou do outro lado da rua, e recomeçar o processo. Muitos representantes da Amway têm vários BUGs circulando ao mesmo tempo em seu bairro.

É claro, a essa altura, eu e você já sabemos que a cliente que aceitou e usou os produtos do BUG caiu na armadilha da regra da reciprocidade. Muitas clientes cedem a uma sensação de obrigação de encomendar os produtos que experimentaram e, portanto, parcialmente consumiram. E, é claro, a essa altura, a Amway Corporation já sabe que isso acontece. Até mesmo em uma empresa com um excelente histórico de crescimento como a Amway, o dispositivo BUG surtiu efeito. Os relatos dos distribuidores estaduais à matriz falam de um efeito notável:

> Incrível! Nunca vimos tanta empolgação. Os produtos estão sendo escoados com um ritmo incrível e apenas começamos... Os distribuidores [locais] pegaram os BUGs e tivemos um aumento incrível nas vendas [do distribuidor de Illinois]. Foi a ideia de varejo mais fantástica que já tivemos!... Em média, os clientes compraram cerca de metade do conteúdo do BUG que lhes foi dado... Resumindo, tremendo! Nunca vimos uma reação como esta dentro de nossa organização [do distribuidor de Massachusetts].

Os distribuidores da Amway parecem estar atônitos – de maneira positiva, mas mesmo assim atônitos – com o surpreendente poder do BUG. É claro, a esta altura, eu e você não devemos estar.

A regra da reciprocidade governa muitas situações de natureza puramente interpessoal, nas quais nem dinheiro nem trocas comerciais estão em jogo. Talvez o meu exemplo favorito da enorme força da reciprocidade como arma de influência seja uma situação desse tipo. Um cientista europeu, Eibl-Eibesfeldt, fornece um relato de um soldado alemão durante a Primeira Guerra Mundial cuja tarefa era capturar soldados inimigos para serem interrogados. Por causa da natureza da guerra de trincheiras na época, era muito difícil para os exércitos cruzar a terra de ninguém entre as linhas adversárias; mas não era tão difícil para um único soldado se arrastar e penetrar numa trincheira inimiga. Os exércitos da Primeira Guerra Mundial tinham especialistas que faziam isso com regularidade para capturar um soldado inimigo que era, então, levado para ser interrogado. O especialista alemão de nosso relato havia completado com sucesso muitas missões desse tipo no passado e foi enviado em mais uma incursão. Mais uma vez, ele habilmente cruzou a área entre as frentes e surpreendeu um soldado inimigo sozinho em sua trincheira. O soldado desavisado, que estava comendo naquele momento, foi facilmente desarmado. O prisioneiro assustado tinha apenas um pedaço de pão em suas mãos e, então, executou o que pode ter sido o ato mais importante de sua vida. Deu ao inimigo um pedaço de seu pão. O alemão ficou tão abalado por esse presente que não conseguiu completar a missão. Ele deu as costas a seu benfeitor e cruzou de volta a terra de ninguém de mãos abanando para enfrentar a ira de seu superior.

Um fato igualmente emocionante acerca do poder da reciprocidade é o relato de uma mulher que salvou a própria vida não por ter *dado* um presente como o soldado capturado, mas por ter *recusado* um presente e as poderosas obrigações nele contidas. A mulher, Diane Louie, morava em Jonestown, na Guiana, em novembro de 1978 quando o seu líder, Jim Jones, conclamou o suicídio em massa de todos os habitantes. A maioria dos habitantes complacentemente bebeu refresco envenenado e morreu, mas Diane Louie rejeitou o comando de Jones, saiu de Jonestown e foi para a selva. Ela atribui essa sua resolução ao fato de ter previamente recusado favores especiais de Jones. Ela recusou sua oferta de comida especial quando estava doente: "Eu sabia que, depois de me conceder aqueles privilégios, ele me teria em suas mãos. Eu não queria ficar devendo nada a ele."

A regra impõe dívidas indesejadas

Anteriormente, sugerimos que o poder da regra da reciprocidade é tão grande que, ao nos fazer um favor primeiro, pessoas estranhas, desagradáveis ou indesejáveis podem aumentar a chance de nos fazer aceitar uma de suas solicitações. Todavia, existe um outro aspecto dessa regra, além do poder, que permite que esse fenômeno ocorra. Outra pessoa pode desencadear uma sensação de dívida em nós fazendo um favor que não pedimos. Lembre-se de que a regra diz apenas que deveríamos proporcionar aos outros os tipos de ação que eles nos proporcionaram; não é necessário que tenhamos pedido o que recebemos para nos sentirmos obrigados a retribuir. Por exemplo, a organização Disabled American Veterans* relata que sua simples solicitação de doações por carta produz uma taxa de reação de 18%. Contudo, quando a correspondência também inclui um brinde não solicitado (etiquetas de endereço individualizadas emborrachadas), a taxa de êxito quase duplica, atingindo 35%. Isso não significa que não sentimos uma sensação de obrigação maior ao retribuir um favor que solicitamos, mas apenas que tal solicitação não é necessária para gerar nossa sensação de dívida.

Se refletirmos por um instante a respeito do propósito social da regra da reciprocidade, poderemos ver o porquê de seu funcionamento. A regra foi estabelecida para promover o desenvolvimento de relações recíprocas entre indivíduos a fim de que uma pessoa pudesse *iniciar* tal relacionamento sem ter medo de perder. Portanto, para que a regra sirva a esse propósito, um primeiro favor não solicitado precisa ser capaz de criar uma obrigação. Lembre-se, também, de que relações recíprocas conferem vantagem extraordinária às culturas que as incentivam e que, consequentemente, haverá pressões mais fortes para assegurar que a regra sirva a seu propósito. Não causa espanto, portanto, que o influente antropólogo francês Marcel Mauss, ao descrever as pressões sociais em torno do processo de oferta de presentes na cultura humana, tenha dito: "Existe uma obrigação de dar, uma obrigação de receber e uma obrigação de retribuir."[6]

Apesar de a obrigação de retribuir constituir a essência da regra da reciprocidade, é a obrigação de receber que torna a regra tão fácil de ser explorada. A obrigação de receber reduz nossa capacidade de escolha em relação a

* *Nota do Tradutor*: Em tradução livre, Veteranos Americanos Deficientes.

com quem queremos nos endividar e coloca o poder nas mãos dos outros. Reexaminaremos alguns dos exemplos apresentados anteriormente para entendermos como esse processo funciona. Primeiro, voltemos ao estudo de Regan, no qual vimos que o favor que fazia com que os indivíduos dobrassem o número de bilhetes de rifa comprados de Joe era um favor não solicitado. Joe havia voluntariamente saído da sala e voltado com uma Coca-Cola para si e outra para o participante do estudo. Nenhum indivíduo recusou a Coca-Cola. É fácil ver por que teria sido estranho recusar o favor de Joe: ele já havia gastado seu dinheiro; um refrigerante era um favor apropriado naquela situação, sobretudo porque Joe tinha comprado um para si mesmo; teria sido considerado grosseria rejeitar a ação gentil de Joe. Contudo, o recebimento daquela Coca-Cola gerou uma dívida que se manifestou claramente quando Joe anunciou seu desejo de vender alguns bilhetes de rifa. Note a importante assimetria – todas as escolhas genuinamente livres eram de Joe. Ele escolheu a forma do favor inicial, assim como escolheu também a forma da retribuição. É claro, poderíamos dizer que o outro indivíduo tinha a opção de recusar as duas ofertas de Joe, mas teriam sido opções difíceis. Para dizer não em qualquer um dos dois momentos, o indivíduo teria que ir contra as forças culturais naturais que favorecem os arranjos de reciprocidade que "Joe Jiu-Jítsu" havia alinhado a seu favor.

A força com que mesmo um favor não solicitado pode, depois de ter sido recebido, gerar uma dívida é habilmente exemplificada pela técnica de solicitação da Hare Krishna Society. Durante a observação sistemática da estratégia de solicitação dos Hare Krishna nos aeroportos, registrei várias reações dos indivíduos-alvo. Uma das mais regulares ocorre da seguinte maneira: um visitante do aeroporto – um homem de negócios, digamos – está andando apressadamente por uma área repleta de pessoas. O Hare Krishna solicitante entra na sua frente e lhe dá uma flor. O homem, reagindo com surpresa, a pega.[7] Quase que imediatamente, tenta devolvê-la, dizendo que não a quer. O integrante da seita responde dizendo que se trata de um presente da Hare Krishna Society para ele... contudo, uma doação para levar adiante as boas obras da sociedade seria bem-vinda. Mais uma vez, o indivíduo-alvo protesta: "Não quero esta flor. Tome, pegue-a." E, mais uma vez, o solicitante a recusa: "É nosso presente para o senhor." Há um conflito visível no rosto do homem: ele deve ficar com a flor e ir embora sem dar nada em troca ou deve ceder à pressão da tão profundamente arraigada regra da reciprocidade e fazer uma contribuição? A essa altura, o conflito já passou do seu rosto para a sua postura. Ele se afasta de seu benfeitor, aparentemente prestes a se libertar, mas é atraído de volta pela força da regra. Mais uma vez, seu corpo se afasta, mas não adianta, ele não consegue se libertar. Com um aceno de resignação, ele enfia a mão no bolso e retira de lá um ou dois dólares que são gentilmente aceitos. Agora, ele pode andar livremente, e o faz, com o "presente" na mão, até achar uma lixeira – na qual joga a flor.

Por puro acaso, testemunhei uma cena que demonstra que os Hare Krishna sabem muito bem o quanto seus presentes são indesejados pelas pessoas que os recebem. Enquanto passava o dia observando um grupo de Hare Krishnas solicitantes no Aeroporto Internacional O'Hare, em Chicago, há alguns anos, notei que uma das integrantes do grupo saía frequentemente do terminal e voltava com mais flores para reabastecer seus colegas. Coincidentemente, eu havia decido fazer uma pausa exatamente no momento em que ela estava saindo em uma de suas missões de reabastecimento. Sem ter aonde ir, eu a segui. Seu itinerário era uma rota de lixeiras. Ela ia de lixeira em lixeira na área adjacente, recuperando todas as flores que haviam sido jogadas fora pelos alvos dos Hare Krishna. Depois, ela voltava com as flores recuperadas (algumas haviam sido recicladas sabe-se lá quantas vezes) e as distribuía para que passassem mais uma vez, e com grande rentabilidade, pelo processo de reciprocidade. O que realmente me impressionou foi que a maioria das flores descartadas havia gerado doações por parte das pessoas que as jogaram fora. A natureza da regra da reciprocidade faz com que até um presente tão indesejado a ponto de ser rejeitado na primeira oportunidade seja eficaz e explorável.

A capacidade dos presentes não solicitados gerarem sentimentos de obrigação é reconhecida por muitas outras organizações além dos Hare Krishna. Quantas vezes já recebemos pequenos brindes pelo correio – etiquetas de endereço personalizadas, cartões de felicitação, chaveiros – de agências de caridade que pedem dinheiro em uma mensagem anexa? Eu recebi cinco só no último ano, dois de grupos de veteranos deficientes e os outros de escolas e hospitais de missionários. Em cada caso, havia um fio condutor comum na mensagem anexa. Os bens que haviam sido enviados deveriam ser considerados um brinde por parte da organização, e qualquer quantia que eu desejasse enviar não deveria ser vista como pagamento, mas como oferta de retribuição. De acordo com a carta de um dos programas de missionários, o lote de cartões de felicitação que eu havia recebido não deveria ser pago diretamente, mas tinha como objetivo "incentivar a sua bondade". Se formos além das vantagens fiscais óbvias, poderemos ver um motivo pelo qual seria vantajoso para a organização que considerássemos os cartões um brinde e não uma mercadoria: existe forte pressão cultural para retribuirmos um presente, mesmo que ele não tenha sido pedido; mas não existe uma pressão desse tipo para comprarmos um produto comercial indesejado.

A regra pode desencadear trocas injustas

Existe mais uma característica da regra da reciprocidade que permite que ela seja explorada para se obter lucro. Paradoxalmente, a regra desenvolvida para promover trocas equânimes entre parceiros pode ser usada para dar origem a resultados claramente desiguais. A regra exige que uma ação seja retribuída com uma ação semelhante. Um favor deve ser retribuído com um favor; ele certamente não deve ser objeto de negligência nem de ataque, mas, dentro dos limites de uma ação semelhante, uma flexibilidade considerável é permitida. Um pequeno favor inicial pode gerar uma sensação de obrigação para que concordemos em retribuir com um favor substancialmente maior. Como já vimos, já que a regra permite que uma pessoa escolha a natureza do primeiro favor gerador da dívida *e* a natureza do favor de retribuição que cancela a dívida, as pessoas que desejam explorar a regra podem facilmente nos manipular, a fim de que aceitemos uma troca injusta.

Mais uma vez, podemos tomar como exemplo a experiência de Regan. Lembre-se de que, nesse estudo, Joe deu a um grupo de indivíduos uma garrafa de Coca-Cola como presente inicial e, mais tarde, pediu a todos os indivíduos que comprassem alguns de seus bilhetes de rifa por 25 centavos cada. O que até agora deixei de mencionar é que o estudo foi realizado no final dos anos 1960, quando o preço da Coca-Cola era 10 centavos. Os indivíduos que haviam recebido uma garrafa de Coca-Cola que custava 10 centavos compraram em média dois bilhetes de rifa, mas alguns chegaram a comprar até sete bilhetes. Mesmo se analisarmos apenas o indivíduo médio, porém, podemos dizer que Joe fez um ótimo negócio. Um retorno de 500% em um investimento é realmente algo respeitável!

Mas, no caso de Joe, até mesmo um retorno de 500% significava apenas 50 centavos. Pode a regra da reciprocidade produzir diferenças significativas na importância dos favores trocados? Nas circunstâncias certas, claro que pode. Vejamos, por exemplo, o relato de uma aluna minha sobre um dia que ela lembra com tristeza:

> Há cerca de um ano, eu não conseguia ligar o meu carro. Enquanto estava lá sentada no estacionamento, um sujeito se aproximou e acabou fazendo uma ligação direta no carro. Enquanto ele ia embora, eu disse "Obrigada" e ele respondeu "De nada". Eu disse que, se um dia ele precisasse de um favor, poderia me procurar. Um mês depois, o sujeito bateu à minha porta e pediu emprestado o meu carro por duas horas porque o dele estava na oficina. Eu me senti de alguma forma obrigada, mas insegura, já que o carro era bastante novo e ele parecia ser bem jovem. Depois, descobri que ele era menor de idade e não tinha seguro. De qualquer maneira, emprestei o carro. Ele o destruiu.

Como uma jovem inteligente pode ter concordado em emprestar o seu carro novo para um estranho (e ainda por cima, um adolescente) porque ele lhe havia prestado um pequeno favor um mês antes? Ou, mais genericamente, por que será que os pequenos favores iniciais muitas vezes estimulam uma retribuição de favores maiores? Uma razão importante diz respeito ao aspecto claramente desagradável de se sentir em dívida. A maioria de nós acha muito desagradável ficar devendo um favor. Trata-se, para nós, de um peso muito grande que precisa ser removido. Não é difícil identificar a origem desse sentimento. Como arranjos recíprocos são vitais para os sistemas sociais humanos, fomos condicionados a nos sentir constrangidos quando temos uma dívida de gratidão. Se ignorássemos tranquilamente a necessidade de retribuir o favor inicial prestado por alguém, interromperíamos uma sequência recíproca e tornaríamos menos provável a possibilidade de nosso benfeitor prestar tal favor no futuro. Portanto, somos treinados desde a infância para nos esfalfarmos emocionalmente sob o peso da obrigação. Então, podemos concordar em prestar um favor maior do que o que recebemos simplesmente para nos livrarmos do fardo psicológico da dívida.

Há uma outra razão. Uma pessoa que viola a regra da reciprocidade ao aceitar os bons atos dos outros sem tentar retribuí-los é antipatizada pelo grupo social. A exceção, é claro, acontece quando uma pessoa é impedida de retribuir por questões circunstanciais ou de capacidade. Contudo, na maioria das vezes, existe uma aversão genuína em relação a indivíduos que não conseguem se adaptar aos ditames da regra da reciprocidade.[8] Ingrato e caloteiro são rótulos desagradáveis que devem ser escrupulosamente evitados. São tão indesejáveis que, às vezes, concordamos com uma troca desigual para nos esquivarmos deles.

A realidade do constrangimento interno e a possibilidade da vergonha externa combinadas podem produzir um custo psicológico alto. Quando vista à luz desse custo, nossa disposição em retribuir mais do que recebemos em nome da reciprocidade não é tão intrigante assim. Nem é tão estranho o fato de, como foi demonstrado em uma experiência na Universidade de Pittsburgh, as pessoas muitas vezes evitarem pedir um favor do qual necessitam se não estiverem em posição de retribuí-lo. O custo psicológico pode simplesmente ser maior do que a perda material.

O risco de outros tipos de perdas também pode persuadir as pessoas a declinar certos presentes e benefícios. As mulheres muitas vezes comentam sobre a desconfortável sensação de obrigação que podem sentir para retribuir os favores de um homem que deu a elas um presente caro ou pagou tudo numa noitada dispendiosa. Até mesmo algo tão pequeno quanto o preço de um drinque pode produzir uma sensação de dívida. Uma aluna expressou isso claramente em um trabalho: "Depois de aprender da maneira mais difícil, não deixo mais que um rapaz que conheço numa boate me ofereça drinques porque não quero que nenhum de nós ache que estou sexualmente comprometida por isso." Pesquisas sugerem que existe razão para a preocupação dela. Se, em vez de pagar os próprios drinques, uma mulher permite que um homem os pague, ela é imediatamente considerada (tanto por homens quanto por mulheres) mais disponível sexualmente para ele.[9]

CONCESSÕES RECÍPROCAS

Existe uma segunda maneira de utilizar a regra da reciprocidade para fazer com que alguém atenda uma solicitação. Ela é mais sutil do que o caminho direto representado por prestar àquela pessoa um favor e depois pedir um outro favor como retribuição; mas, de certa maneira, é muito mais eficaz do que a abordagem direta. Uma experiência pessoal que tive há alguns anos me forneceu provas em primeira mão de como essa técnica de persuasão funciona bem.

Eu estava andando na rua quando fui abordado por um garoto de 11 ou 12 anos. Ele se apresentou e disse que estava vendendo entradas para o circo anual dos Escoteiros, que aconteceria no próximo sábado à noite. Ele perguntou se eu gostaria de comprar uma entrada por US$5. Como um dos últimos lugares onde eu gostaria de passar minha noite de sábado era com Escoteiros, recusei. "Bem", ele disse, "já que você não quer comprar nenhuma entrada, que tal comprar algumas de nossas grandes barras de chocolate? Elas só custam US$1 cada". Comprei duas barras e, imediatamente, percebi que algo digno de nota havia acontecido. Eu sabia disso porque: (a) não gosto de chocolate; (b) gosto de dólares; (c) estava no meio da rua com duas barras de chocolate dele; (d) ele estava indo embora com dois dos meus dólares.

Para tentar entender com precisão o que havia acontecido, fui para meu escritório e convoquei uma reunião com meus assistentes de pesquisa. Ao discutirmos a situação, começamos a ver como a regra da reciprocidade estava envolvida em minha aceitação da solicitação para comprar barras de chocolate. A regra geral diz que uma pessoa que age de certa maneira em relação a nós tem direito a uma ação semelhante em troca. Já vimos que uma consequência da regra é a obrigação de retribuir favores que recebemos. Outra consequência da regra, porém, é uma obrigação de fazer uma concessão a alguém que fez uma concessão para nós. Enquanto meu grupo de pesquisa pensava a respeito, percebemos que essa era exatamente a posição em que o escoteiro havia me colocado. Seu pedido para que eu comprasse algumas barras de chocolate que custavam US$1 havia sido apresentada como concessão da parte dele; ela foi apresentada como um recuo de seu pedido para que eu comprasse algumas entradas de US$5. Para que eu cumprisse os ditames da regra da reciprocidade, teria de haver concessão de minha parte. Como vimos, houve a tal concessão: passei de não concordante a concordante quando mudei de uma solicitação maior para uma menor, apesar de eu não estar realmente interessado em *nenhuma* das coisas que ele oferecia.

Foi um exemplo clássico de como uma arma de influência automática pode dar poder a uma solicitação. Eu havia sido levado a comprar algo não por causa de meus sentimentos favoráveis em relação àquele item, mas porque a solicitação de compra havia sido apresentada de uma maneira que usava a força da regra da reciprocidade. Não importava o fato de eu não gostar de chocolate; o escoteiro havia feito uma concessão para mim. *Clique, zum,* eu reagi com uma concessão de minha parte. É claro, a tendência a retribuir uma concessão não é tão forte a ponto de funcionar invariavelmente em todas as situações com todas as pessoas; nenhuma das armas de influência analisadas neste livro é *tão* forte assim. Todavia, em minha troca com o escoteiro, a tendência havia sido forte o suficiente para me deixar em poder de duas barras de chocolate indesejadas e caras demais.

Por que devo me sentir pressionado a retribuir uma concessão? A resposta, mais uma vez, reside no benefício de uma tal tendência para a sociedade. É do interesse de qualquer grupo humano que seus integrantes trabalhem juntos para alcançar objetivos comuns, porém, em muitas interações sociais, os participantes começam com solicitações e exigências que são mutuamente inaceitáveis. Portanto, a sociedade deve fazer com que esses desejos iniciais e incompatíveis sejam deixados de lado em nome da cooperação socialmente benéfica. Isso é alcançado por meio de procedimentos que promovem concessões. A concessão mútua é um importante procedimento desse tipo.

A regra da reciprocidade realiza a concessão mútua de duas maneiras. A primeira é óbvia: ela pressiona o recipiente de uma concessão já feita a reagir da mesma maneira. A segunda, embora não seja tão óbvia, é crucial. Exatamente como no caso de favores, presentes ou ajuda, a obrigação de retribuir uma concessão incentiva a criação de arranjos socialmente desejáveis fazendo com que qualquer pessoa que queira *iniciar* tal arranjo não seja explorada, afinal, se não houvesse obrigação social para que retribuíssemos a concessão, quem iria querer fazer o primeiro sacrifício? Fazer isso seria se arriscar a abrir mão de algo e não receber nada em troca. Contudo, com a regra em vigor, podemos nos sentir seguros fazendo o primeiro sacrifício para nosso parceiro, que é obrigado a oferecer um sacrifício em troca.

Como a regra da reciprocidade governa o processo de concessão, é possível usar uma concessão inicial como parte de uma técnica de persuasão altamente eficaz. Trata-se de uma técnica simples que podemos chamar de técnica da "recusa e retrocesso posterior". Suponhamos que você queira que eu concorde com um certo pedido. Uma maneira de aumentar suas chances seria fazer antes um pedido maior para mim, um pedido que eu provavelmente irei negar. Então, depois de eu o ter recusado, você faz o pedido menor, no qual você realmente estava interessado. Se você estruturou seus pedidos habilmente, eu deveria encarar seu segundo pedido como uma concessão para mim e deveria me sentir inclinado a responder com uma concessão de minha parte, a única que eu teria imediatamente à minha disposição – atender a sua segunda solicitação.

Foi assim que o escoteiro conseguiu que eu comprasse suas barras de chocolate? O seu recuo de um pedido de US$5 para o pedido de US$1 foi artificial e planejado intencionalmente para que ele vendesse barras de chocolate? Tendo me recusado a jogar fora até mesmo a minha primeira medalha de honra ao mérito dos Escoteiros, espero sinceramente que não, mas, tendo a sequência de "um pedido maior e depois um pedido menor" sido planejada ou não, o seu efeito foi o mesmo. Ela funcionou. E, por funcionar, a técnica de recusa e retrocesso posterior pode ser, e será, usada *intencionalmente* por certas pessoas para que elas atinjam seus objetivos. Primeiro, examinaremos como essa tática pode ser usada como um artifício confiável de persuasão; depois, veremos como ela já está sendo usada. Por fim, podemos mostrar duas características pouco conhecidas da técnica que a tornam uma das táticas de persuasão mais influentes e difusas à nossa disposição.

Lembre-se de que, depois de meu encontro com o escoteiro, reuni meus assistentes de pesquisa para tentar entender o que havia acontecido comigo e, no final, comer as provas. Na verdade, fizemos mais do que isso. Projetamos uma experiência para testar a eficácia do procedimento que consiste em passar a uma solicitação desejada depois da recusa de uma solicitação preliminar de maior vulto. Tínhamos dois propósitos primários na realização dessa experiência: primeiro, queríamos ver se esse procedimento funcionava com outras pessoas além de mim, ou seja, a tática parecia certamente ter sido eficaz quando aplicada a mim anteriormente, mas eu sou conhecido por cair em todos os tipos de truques de manipulação. Então a pergunta persistia: será que a técnica de recusa e retrocesso posterior funciona com um número suficiente de pessoas a ponto de torná-la procedimento útil para obter concordância? Se assim fosse, ela mereceria mais atenção no futuro.

Nossa segunda razão para realizar o estudo era determinar o poder dessa técnica como instrumento de persuasão. Será que ela podia obter a concordância com um pedido de proporções razoáveis? Em outras palavras, será que o pedido *menor* para o qual o solicitante recua tem realmente de ser um pedido *pequeno*? Se nosso raciocínio a respeito do que tornava a técnica eficaz estivesse certo, o segundo pedido não precisava ser realmente pequeno; ele tinha apenas de ser menor do que o pedido inicial. Suspeitávamos de que o ponto crítico a respeito do recuo de um solicitante de um favor maior para outro menor era dar a esse recuo a aparência de uma concessão, portanto, o segundo pedido podia ser objetivamente grande – desde que fosse menor do que o primeiro – e a técnica, ainda assim, funcionaria.

Depois de pensar um pouco, decidimos testar a técnica com um pedido que achamos que poucas pessoas concordariam em atender. Apresentando-nos como representantes do "Programa de Orientação Juvenil do Condado", abordamos estudantes universitários que transitavam pelo *campus* e perguntamos se eles estavam dispostos a acompanhar um grupo de delinquentes juvenis em uma vista ao zoológico. A ideia de ficar responsável por um grupo de delinquentes juvenis de idade não especificada durante horas em um lugar público sem receber nada por isso não era nada atraente para aqueles estudantes. Como esperado, a grande maioria (83%) recusou. Ainda assim, obtivemos resultados muito diferentes com um grupo de estudantes universitários aos quais fizemos a mesma pergunta com uma diferença. Antes de os convidarmos para serem acompanhantes não remunerados na excursão ao zoológico, pedimos a eles um favor ainda maior – passar duas horas por semana como orientadores de um delinquente juvenil durante no mínimo dois anos. Foi só após eles terem recusado esse pedido extremo – e todos recusaram – que fizemos o pedido menor, o da excursão ao zoológico. Ao apresentar a excursão ao zoológico como um recuo a partir de nosso pedido inicial, nossa taxa de sucesso aumentou significativamente. O número de estudantes abordados dessa maneira que aceitou acompanhar o grupo na excursão ao zoológico foi três vezes maior.[10]

Você pode ter certeza de que qualquer estratégia capaz de triplicar o percentual de aceitação de qualquer solicitação substancial (de 17% para 50% em nossa experiência) será usada com frequência em uma série de cenários naturais. Negociadores trabalhistas, por exemplo, muitas vezes usam a tática de começar com pedidos extremos, que eles, na verdade, não esperam alcançar, mas a partir dos quais eles podem recuar com uma série de aparentes concessões cujo objetivo é conseguir concessões reais da parte oposta. Portanto, parece que quanto maior for o pedido inicial mais eficaz será o procedimento, uma vez que haverá mais espaço para concessões ilusórias. Todavia, isso é verdade apenas até certo ponto. Pesquisa realizada na Universidade Bar-Ilan, em Israel, sobre a técnica de recusa e retrocesso posterior mostra que, se a primeira solicitação for tão extrema a ponto de ser considerada irracional, o tiro sai pela culatra.[11] Nesses casos, a parte que fez a primeira solicitação não é vista como se estivesse barganhando em boa-fé. Qualquer retrocesso subsequente a partir daquela posição irreal não é visto como uma concessão sincera e, portanto, não é retribuído. O negociador realmente talentoso, portanto, é aquele que tem uma posição inicial suficientemente exagerada para deixar espaço para uma série de concessões recíprocas que levarão a uma oferta final desejável por parte de seu oponente, mas que não seja tão disparatada a ponto de ser vista como ilegítima desde o início.

Parece que alguns dos produtores de televisão de maior sucesso, como Grant Tinker e Gary Marshall, são mestres dessa arte em suas negociações com os censores das redes. Em uma entrevista franca à revista *TV Guide*, o escritor Dick Russell admitiu que ambos "inseriam deliberadamente falas em roteiros que o censor certamente iria cortar" para que eles pudessem, então, retroceder até chegar às falas que realmente queriam incluir. Marshall parece usar muito essa tática. Leia, por exemplo, os seguintes trechos do artigo de Russell:

> Marshall... não apenas admite os seus truques... mas parece que ele se deleita com eles. Sobre um dos episódios da sua [então] bem-sucedida série *Laverne and Shirley*,* por exemplo, ele diz: "Tínhamos uma situação na qual Squiggy está com pressa para sair de seu apartamento e encontrar umas garotas no andar de cima. Ele diz: 'Quer se apressar antes que eu perca o meu desejo?' Mas, no roteiro, colocamos algo ainda mais forte, sabendo que os censores iriam cortar. Eles cortaram, então, perguntamos inocentemente se podíamos usar 'perder o meu desejo'. Eles disseram: 'Tudo bem.' Às vezes você precisa pegá-los no caminho inverso."

---

* *Nota do Tradutor*: Seriado cômico da televisão americana produzido entre 1976 e 1983.

> No seriado *Happy Days*,* a maior briga com a censura foi a respeito da palavra "virgem". Daquela vez, Marshall disse: "Sabíamos que íamos ter problemas, então, usamos a palavra sete vezes, esperando que eles cortassem seis e deixassem uma. Funcionou. Usamos o mesmo padrão novamente com a palavra 'grávida'."[12]

Testemunhei outra forma da técnica de recusa e retrocesso posterior em minhas investigações sobre operações de venda de porta em porta. Essas organizações usavam uma versão menos complexa e mais oportunista dessa tática. É claro, o objetivo mais importante para um vendedor que vai de porta em porta é realizar a venda. Contudo, os programas de treinamento de cada uma das empresas que investiguei enfatizavam que um objetivo secundário importante era obter dos clientes em potencial indicações de outras pessoas – amigos, parentes ou vizinhos que pudessem ser visitados. Por uma série de razões que analisaremos no Capítulo 5, o percentual de vendas de porta em porta bem-sucedidas aumenta de forma impressionante quando o vendedor pode mencionar o nome de uma pessoa conhecida que "recomendou" sua visita.

Como *trainee* de vendas, nunca me ensinaram a ter meu discurso de vendas recusado para que eu pudesse depois recuar e pedir indicações. Em muitos programas desse tipo, porém, fui treinado para tirar vantagem da oportunidade de conseguir referências após um cliente ter se recusado a realizar uma compra: "Bem, se o senhor acha que uma linda enciclopédia não é de seu interesse no momento, talvez possa me ajudar fornecendo o nome de outras pessoas que talvez queiram aproveitar a excelente oferta de nossa empresa. Quais seriam os nomes de algumas dessas pessoas que o senhor conhece?" Muitos indivíduos, que, de outra maneira, não submeteriam seus amigos a uma apresentação de vendas muito insistente, concordam em fornecer indicações quando o pedido é apresentado como uma concessão feita a partir da solicitação de compra que eles acabaram de recusar.

Já discutimos uma razão para o sucesso da técnica de recusa e retrocesso posterior – sua incorporação da regra da reciprocidade. Essa estratégia de fazer uma solicitação grande e depois uma pequena também é eficaz devido a alguns outros motivos. O primeiro diz respeito ao princípio do contraste

---

* *Nota do Tradutor*: Seriado cômico da televisão americana produzido entre 1974 e 1984.

de percepção que vimos no Capítulo 1. Esse princípio é o responsável, dentre outras coisas, pela tendência de um homem a gastar mais dinheiro com um suéter depois da compra de um terno do que antes: depois de ter sido exposto ao preço do item mais caro, o preço do artigo menos caro *parece* menor. Da mesma maneira, o procedimento de fazer uma solicitação maior e depois uma menor usa o princípio do contraste ao fazer com que o pedido de menor vulto pareça ainda menor em comparação com o maior. Se eu quero que você me empreste US$5, posso fazer com que essa solicitação pareça menor pedindo antes que você me empreste US$10. Um dos pontos fortes dessa tática é que, ao pedir de início US$10 e, depois, recuar para US$5, terei simultaneamente usado a força da regra da reciprocidade e do princípio do contraste. Meu pedido de US$5 não apenas será visto como uma concessão a ser retribuída, mas também irá parecer a você um pedido menor do que se eu o tivesse feito logo de cara.

Combinadas, as influências da reciprocidade e do contaste de percepção podem apresentar força assustadora. Encarnadas na sequência recusa e retrocesso posterior, suas energias reunidas podem surtir efeitos surpreendentes. A meu ver, elas fornecem a única explicação plausível para uma das ações políticas mais desconcertantes dos nossos tempos: a decisão de invadir os escritórios Watergate da Comissão Nacional Democrata que levou à ruína a presidência de Richard Nixon. Uma das pessoas que participou dessa decisão, Jeb Stuart Magruder, ao ouvir que os ladrões de Watergate haviam sido capturados, reagiu com surpresa apropriada: "Como pudemos ser tão burros?" Como, de fato?

Para entender a amplitude do erro que foi para a administração Nixon realizar a invasão, é necessário recordar alguns fatos:

- A ideia foi de G. Gordon Liddy, responsável pelas operações de coleta de informações da Comissão de Reeleição do Presidente (CRP). Liddy havia ganhado a reputação de pessoa pouco confiável entre o alto escalão e sua estabilidade e seu discernimento eram questionados.
- A proposta de Liddy era extremamente dispendiosa, com um orçamento de US$250 mil em dinheiro do qual não se podia provar a origem.

- No final de março, quando a proposta foi aprovada em reunião entre o diretor do CRP, John Mitchell, e seus assistentes, Magruder e Frederick LaRue, a perspectiva de uma vitória de Nixon nas eleições de novembro não poderia ser melhor. Edmund Muskie, o único candidato que, segundo as primeiras pesquisas, tinha alguma chance de substituir o presidente, havia se saído mal nas primárias. Parecia que o candidato que tinha mais chances de ser derrotado, George McGovern, venceria a indicação do partido. Uma vitória dos republicanos parecia certa.
- O plano de invasão em si era uma operação de alto risco que exigia a participação e a discrição de dez homens.
- A Comissão Nacional Democrata e seu presidente, Lawrence O'Brien, cujo escritório em Watergate deveria ser roubado e colocado sob escuta, não tinha informação alguma que pudesse causar a derrota do presidente. E, provavelmente, eles não conseguiriam qualquer informação desse tipo a menos que a administração fizesse algo *muito, muito* tolo.

Apesar das razões expostas, a proposta arriscada, sem propósito e potencialmente calamitosa feita por um homem cujo julgamento era reconhecidamente questionável foi aprovada. Como será que homens inteligentes e com a capacidade de Mitchell e Magruder tenham feito algo *tão* tolo? Talvez a resposta esteja em um fato pouco discutido: o plano de US$250 mil que eles aprovaram não foi a proposta inicial de Liddy. De fato, ele representava uma concessão significativa por parte dele em relação a duas propostas anteriores, de proporções gigantescas. O primeiro desses planos, arquitetado dois meses antes em uma reunião com Mitchell, Magruder e John Dean, descrevia um programa de US$1 milhão que incluía (além da escuta em Watergate) um "avião de perseguição especialmente equipado com aparelhos de comunicação, esquadras de arrombamento, sequestro e roubo, e um iate com garotas de programa de alto nível" para chantagear políticos democratas. O segundo plano de Liddy, apresentado uma semana mais tarde ao mesmo grupo composto por Mitchell, Magruder e Dean, eliminava parte do programa inicial e reduzia o custo para US$500 mil. Foi só depois de essas propostas iniciais terem sido recusadas por Mitchell que

Liddy apresentou seu plano "básico" de US$ 250 mil a Mitchell, Magruder e Frederick LaRue. Dessa vez, o plano – idiota, mas não tanto quanto os anteriores – foi aprovado.

Será que eu, um trouxa de longa data, e John Mitchell, um político experiente e sagaz, fomos manipulados para aceitar acordos ruins pela mesma técnica de persuasão – eu, por parte de um escoteiro que vendia chocolate; e ele, por um homem que vendia um desastre político?

Se analisarmos o testemunho de Jeb Magruder, considerado pela maioria dos investigadores do Watergate como aquele que forneceu o relato mais fidedigno do encontro crucial no qual o plano de Liddy foi finalmente aceito, encontraremos algumas dicas instrutivas. Primeiro, Magruder afirma que "ninguém ficou particularmente impressionado com o projeto"; mas "depois de termos começado com a soma grandiosa de US$1 milhão, achamos que US$250 mil eram uma cifra aceitável... Ficamos relutantes em mandá-lo embora de mãos abanando". Mitchell, às voltas com "o sentimento de que devíamos deixar alguma coisinha para Liddy..." aceitou o plano como que para dizer: "Tudo bem, vamos dar a ele US$250 mil e ver o que ele vai arrumar."

No contexto das solicitações iniciais extremas de Liddy, parece que "US$250 mil" tinham se tornado "alguma coisinha" a ser oferecida como concessão recíproca. Com a clareza proporcionada pela visão em retrospecto, Magruder se referiu à abordagem de Liddy como o mais sucinto exemplo da técnica de recusa e retrocesso posterior que eu jamais ouvi: "Se ele tivesse nos procurado desde o início dizendo 'Tenho um plano para roubar e colocar escutas no escritório de Larry O'Brien', talvez tivéssemos rechaçado a ideia de cara. Em vez disso, ele nos procurou com um plano elaborado que falava de garotas de programa/sequestros/assaltos/sabotagens/escutas... Ele havia nos pedido o bolo inteiro quando, na verdade, se daria por satisfeito com metade ou até mesmo um quarto dele."[13]

Também é instrutivo o fato de, apesar de ele finalmente ter indeferido a decisão de seu chefe, apenas um membro do grupo, Frederick LaRue, expressou oposição direta à proposta. Ele disse com um senso comum óbvio: "Acho que não vale a pena arriscar." Ele deve ter se perguntado por que seus colegas Mitchell e Magruder não eram da mesma opinião. É claro, talvez existissem muitas diferenças entre LaRue e os outros dois homens que pudessem explicar suas opiniões divergentes a respeito da conveniência do plano de Liddy, mas uma delas se destaca: dos três, apenas LaRue não tinha estado presente às duas reuniões anteriores, na qual Liddy havia apresentado seus programas muito mais ambiciosos. Talvez, então, apenas LaRue pudesse ver que porcaria era a terceira proposta e reagir a ela objetiva-

FIGURA 2-3

Dennis, o Pimentinha

Se eu não posso ter um cavalo, posso pegar um biscoito?
Acho que é o mínimo que podemos fazer.

(*DENNIS, O PIMENTINHA* USADO COM PERMISSÃO DE HANK KETCHAMN E FIELD ENTERPRISES, INC.; FOTO: UPI)

mente, sem estar influenciado pelas forças da reciprocidade e do contraste de percepção que agiam sobre os outros.

Anteriormente, dissemos que a técnica de recusa e retrocesso posterior tinha, além da regra da reciprocidade, alguns outros fatores que agiam a seu favor. Já analisamos o primeiro desses fatores, o princípio do contraste de percepção. A vantagem adicional da técnica não deriva, na verdade, de um princípio psicológico; como no caso dos dois outros fatores, trata-se mais de uma característica puramente estrutural da sequência de solicitações. Digamos, mais uma vez, que eu deseje tomar emprestado US$5 de você. Ao começar com um pedido de US$10, eu não tenho como perder. Se você concordar, eu irei receber de você o dobro do que eu teria aceitado. Se, por outro lado, você recusar meu pedido inicial, posso recuar até o favor de US$5 que eu desejava desde o início e, por meio da ação dos princípios da reciprocidade e do contraste, aumentar muito minha probabilidade de sucesso. De qualquer maneira, vou me beneficiar; é um caso do tipo "cara, eu venço; coroa, você perde".

A utilização mais clara dessa sequência do tipo "uma solicitação grande e depois uma pequena" acontece na prática das lojas de varejo de "apresentar o produto topo de linha". Aqui, a perspectiva é invariavelmente mostrar o modelo de luxo primeiro. Se o cliente comprar, estará colocando a cereja na torta da loja. Contudo, se o cliente declinar, o vendedor irá propor com eficácia um modelo com um preço mais razoável. Algumas provas da eficácia desse procedimento estão num relatório da revista *Sales Management*, reproduzido sem comentários na *Consumer Reports*:

> Se você fosse um vendedor de mesas de bilhar, o que anunciaria – o modelo de US$329 ou o modelo de US$3 mil? Provavelmente você promoveria o item mais barato e esperaria convencer o cliente a levar o mais caro quando fosse à loja comprar. Mas G. Warren Kelley, o gerente de promoção de novos negócios da Brusnwick, diz que você pode estar enganado... Para provar seu argumento, Kelley tem os números reais de vendas de um representante... Durante a primeira semana, eram mostrados aos clientes... os produtos mais simples da linha... e, depois, eles eram incentivados a examinar modelos mais caros – a tradicional abordagem de oferta crescente... A venda média naquela semana foi de US$550... Porém, durante a segunda semana, os clientes... eram levados diretamente a uma mesa de US$3 mil, a

despeito do que quisessem ver... e depois podiam analisar o resto da linha em ordem decrescente de preço e qualidade. O resultado da oferta decrescente foi uma venda média de mais de US$1 mil.[14]

Por causa da notável eficácia da técnica de recusa e retrocesso posterior, podemos pensar que ela talvez pudesse também apresentar desvantagem substancial. As vítimas dessa estratégia podiam ficar ressentidas por terem sido manipuladas. O ressentimento poderia se mostrar de duas maneiras: primeiro, a vítima poderia decidir não cumprir o acordo verbal feito com o solicitante; segundo, a vítima poderia vir a desconfiar do solicitante manipulador, decidindo nunca mais negociar com ele. Se uma dessas reações, ou ambas, ocorressem com frequência, o solicitante teria de repensar o uso do procedimento de recusa e retrocesso posterior. Pesquisas indicam, porém, que essas reações das vítimas não ocorrem com mais frequência quando a técnica de recusa e retrocesso posterior é utilizada. Surpreendentemente, parece que elas ocorrem com *menor* frequência! Antes de tentar entender por que isso acontece, vamos, primeiro, analisar as provas.

Um estudo publicado no Canadá esclarece a questão do eventual cumprimento do acordo por parte de uma vítima da tática de recusa e retrocesso posterior para realizar o segundo favor do solicitante. Além de registrar se as pessoas-alvo disseram sim ou não à solicitação desejada (trabalhar duas horas sem remuneração durante um dia em uma agência comunitária de saúde mental), essa experiência também registrou se as pessoas apareceram para realizar suas tarefas como prometido. Como de costume, o procedimento de começar com um pedido maior (ser voluntário durante duas horas por semana na agência durante ao menos dois anos) produziu mais concordância verbal em relação ao pedido menor (76%) do que o procedimento de fazer apenas o pedido menor (29%). O resultado importante, porém, diz respeito à taxa de comparecimento *das pessoas que aceitaram ser voluntárias*; e, mais uma vez, o procedimento de recusa e retrocesso posterior foi o mais eficiente (85% contra 50%).[15]

Uma experiência diferente examinou se a sequência de recusa e retrocesso posterior fazia com que as vítimas se sentissem tão manipuladas a ponto de recusar qualquer solicitação ulterior. Nesse estudo, os alvos eram estudantes universitários aos quais foi pedido que doassem meio litro de sangue como parte da campanha anual de doação no *campus*. A um grupo-alvo foi pedido apenas que doassem meio litro de sangue. Depois, foi perguntado às pessoas dos dois grupos que concordaram em doar meio litro de sangue e depois apareceram no centro de hematologia, se elas estavam dispostas a deixar seu número de telefone para serem chamadas para doar novamente no futuro. Quase todos os estudantes que estavam prestes a doar meio litro de sangue como resultado da técnica de recusa e retrocesso posterior concordaram em doar de novo mais tarde (84%), enquanto menos da metade dos outros estudantes que compareceram ao centro de hematologia concordou com o mesmo pedido (435%). Mesmo para favores futuros, a estratégia de recusa e retrocesso posterior provou ser superior.[16]

Estranhamente, portanto, parece que a tática de recusa e retrocesso posterior incentiva as pessoas não apenas a concordar com uma solicitação desejada, mas a realmente levar a cabo a solicitação e, por fim, se oferecer como voluntárias para realizar outras solicitações. O que pode haver nessa técnica para fazer com que as pessoas que foram manipuladas para aceitar um pedido sejam mais propensas a continuar a aceitar outros pedidos? Para achar uma resposta, podemos analisar o ato de concessão do solicitante, que é o âmago do procedimento. Já vimos que, desde que não seja vista como um truque transparente, a concessão irá provavelmente estimular a retribuição de uma concessão. Mas o que ainda não examinamos são alguns subprodutos positivos pouco conhecidos do ato da concessão: os sentimentos de maior responsabilidade e satisfação em relação ao acordo. É esse conjunto de doces efeitos colaterais que permite que a técnica faça com que suas vítimas cumpram seus acordos e aceitem outros acordos semelhantes.

Os efeitos colaterais desejáveis de fazer uma concessão durante uma interação com outra pessoa são muito bem demonstrados em estudos sobre como as pessoas barganham umas com as outras. Uma experiência realizada por psicólogos sociais da UCLA apresenta uma demonstração particularmente adequada.[17] Nesse estudo, um indivíduo enfrentava um "oponente de negociação" e devia negociar como dividir entre eles uma certa quantia de dinheiro fornecida pelos pesquisadores. Também foi informado ao indivíduo que, se não fosse alcançado um acordo mútuo depois de um certo período de barganha, ninguém receberia dinheiro algum. Sem que os indivíduos soubessem, o oponente era, na verdade, um assistente de pesquisa que havia sido instruído previamente a usar uma dentre três táticas de barganha. Com alguns dos indivíduos, o oponente fazia uma primeira solicitação extrema, atribuindo a si mesmo praticamente todo o dinheiro e insistindo com teimosia nesse pedido ao longo das negociações. Com outro grupo de indivíduos, o oponente começava com um pedido que favorecia moderadamente a si próprio e também se recusava terminantemente a abandonar essa posição durante as negociações. Com um terceiro grupo, o oponente começava com um pedido extremo e, depois, ia gradualmente recuando até um pedido mais moderado durante o curso da barganha.

Foram feitas três descobertas importantes nessa experiência que nos ajudam a entender por que a técnica de recusa e retrocesso posterior é tão eficaz. Primeiro, comparada com as duas outras abordagens, a estratégia de começar com uma solicitação extrema e, depois, retroceder para uma solicitação mais moderada produziu a maior quantia de dinheiro para a pessoa que a usou, mas o resultado não foi muito surpreendente, tendo em vista as provas anteriores que vimos a respeito do poder das táticas de solicitações decrescentes para produzir acordos lucrativos. São as duas descobertas adicionais do estudo que são mais impressionantes.

Responsabilidade. Os indivíduos que enfrentaram o oponente que usava a estratégia do retrocesso se sentiram mais responsáveis pelo acordo final. Muito mais do que os indivíduos que enfrentaram um oponente inflexível, estes afirmaram que haviam sido bem-sucedidos em influenciar o oponente a ficar com menos dinheiro para si mesmo. É claro, sabemos que eles não fizeram isso. O pesquisador havia instruído o oponente deles a retroceder gradualmente a partir de sua solicitação inicial a despeito do que os indivíduos fizessem. Mas estes acharam que fizeram o oponente mudar, que *geraram* suas concessões. O resultado é que eles se sentiam mais responsáveis pelo resultado final das negociações. Não é necessário dar um grande salto de raciocínio para explicar o mistério relativo à razão pela qual a técnica de recusa e retrocesso posterior faz com que seus alvos cumpram seus acordos com frequência tão impressionante. A concessão do solicitante faz com que os alvos não apenas digam sim com mais frequência, mas também faz com que eles se sintam mais responsáveis por terem "ditado" o acordo final. Daí, portanto, a incrível capacidade da técnica de recusa e retrocesso posterior de fazer com que os seus alvos cumpram seus empenhos: uma pessoa que se sente responsável pelos termos de um contrato estará mais propensa a cumprir o contrato.

Satisfação. Apesar de, em média, elas terem dado a maior parte do dinheiro para o oponente que usou a estratégia das concessões, os indivíduos que foram os alvos dessa estratégia foram os que ficaram mais satisfeitos com o acordo final. Parece que um acordo que foi alcançado por meio de concessões de um oponente é bastante satisfatório. Com isso em mente, podemos começar a explicar a segunda característica até então enigmática da tática de recusa e retrocesso posterior – a capacidade de induzir suas vítimas a concordar com solicitações ulteriores. Como a tática usa uma concessão para gerar concordância, a vítima fica propensa a se sentir mais satisfeita com o acordo. E é lógico que pessoas satisfeitas com determinado acordo têm mais propensão a concordar com outros acordos daquele tipo.

COMO DIZER NÃO

Diante de um solicitante que utiliza a técnica da reciprocidade, eu e você estaremos enfrentando um inimigo formidável. Ao nos apresentar um favor ou uma concessão inicial, o solicitante recruta um poderoso aliado em sua campanha por nossa concordância. À primeira vista, nossas chances numa situação desse tipo podem parecer ínfimas. Poderíamos satisfazer o desejo do solicitante e, ao fazer isso, sucumbir à regra da reciprocidade, ou poderíamos nos recusar a aceitar sua solicitação e, assim, sofrer o ataque do poder da regra sobre nossos sentimentos profundamente condicionados de justiça e obrigação. Render-se ou sofrer grandes perdas. De fato, perspectivas desanimadoras.

Felizmente, essas não são nossas únicas opções. Com o entendimento adequado da natureza de nosso oponente, podemos sair do campo de batalha da concordância ilesos e, às vezes, até melhor do que antes. É essencial reconhecer que o solicitante que invoca a regra da reciprocidade (ou qualquer outra arma de influência) para ganhar nossa concordância não é um oponente de verdade. Um solicitante desse tipo optou por se tornar um guerreiro de jiu-jítsu que se alinha com o poder arrebatador da reciprocidade e, depois, simplesmente libera essa força ao fornecer um primeiro favor ou concessão. O oponente real é a regra. Se não quisermos ser objeto de seu abuso, temos de tomar algumas providências para anular sua força.

Mas como podemos neutralizar o efeito de uma regra social como a da reciprocidade? Ela parece difusa demais para que possamos escapar e forte demais para que possa ser subjugada depois de ter sido ativada. Então, talvez a resposta seja evitar sua ativação. Talvez possamos evitar uma confrontação com a regra não permitindo que o solicitante arregimente sua força contra nós em primeiro lugar. Talvez, ao rejeitarmos o favor ou a concessão inicial do solicitante, possamos evitar o problema. Talvez sim, talvez não. Declinar invariavelmente a oferta, o favor ou o sacrifício inicial do solicitante funciona melhor na teoria do que na prática. O maior problema é que, quando essa oferta é apresentada, é difícil saber se ela é sincera ou se é apenas o passo inicial de uma tentativa de exploração. Se sempre supomos o pior, não seria possível receber os benefícios de nenhum favor ou concessão legítima oferecida por indivíduos que não tinham intenção de explorar a técnica da reciprocidade.

Tenho um colega que se lembra com raiva de como a filha de dez anos se sentiu terrivelmente magoada por um homem cujo método para evitar as garras da regra da reciprocidade foi recusar abruptamente a gentileza dela. As crianças de sua turma estavam organizando uma festa na escola para os avós e cabia a ela dar uma flor a cada visitante que entrava na escola. O primeiro homem que ela abordou com uma flor resmungou: "Fique com ela." Sem saber o que fazer, ela a estendeu em direção a ele, que perguntou o que tinha de dar em troca. Quando ela respondeu com a voz fraca, "Nada, é um presente", ele a olhou com desconfiança, insistiu, desvendou "o jogo dela" e continuou em frente. A menina ficou tão abalada pela experiência que não conseguiu se aproximar de mais ninguém e teve de ser retirada daquela tarefa – que ela havia esperado com ansiedade. É difícil saber a quem dar mais culpa nesse caso, o homem insensível ou os exploradores que haviam abusado de sua tendência mecânica a retribuir um presente até sua reação ter se transformado numa recusa mecânica e azeda. Não importa quem você julgue mais culpado, a lição é clara: sempre encontraremos indivíduos autenticamente generosos, assim como muitas pessoas que tentam usar a regra da reciprocidade com justiça em vez de explorá-la. Elas sem dúvida serão insultadas por alguém que sistematicamente recusa seus esforços; o resultado pode ser o atrito social e o isolamento. A política da recusa seca, portanto, parece imprudente.

Outra solução é mais promissora. Ela nos aconselha a aceitar ofertas iniciais desejáveis de outras pessoas, mas apenas por aquilo que elas fundamentalmente são e não por aquilo que elas representam. Se, digamos, uma pessoa se oferece para nos prestar um belo favor, podemos aceitar, reconhecendo que assumimos a obrigação de retribuí-lo em algum momento no futuro. Entrar nesse tipo de acordo com outra pessoa significa não ser explorado por aquela pessoa por meio da regra da reciprocidade. Pelo contrário, significa participar de maneira justa na "honrosa rede de obrigação" que nos foi tão útil, como indivíduos e como sociedade, desde os primórdios da humanidade. Todavia, se o favor inicial se revela uma armadilha, um truque, um artifício planejado especificamente para estimular nossa aceitação de um favor maior, a história é diferente. E é a essa altura que devemos reagir da mesma maneira àquela ação. Depois de determinar que a oferta inicial não era um favor, mas uma tática de persuasão, precisamos apenas reagir a ela adequadamente para nos livrarmos de sua influência. Quando percebemos e definimos a ação de um solicitante como um dispositivo de persuasão em vez de um favor, ele não tem mais a regra da reciprocidade como aliada: a regra diz que favores devem ser retribuídos com favores, não exige que truques sejam retribuídos com favores.

Um exemplo prático pode tornar a situação mais concreta: suponhamos que uma mulher tenha telefonado um dia e se apresentado como integrante da Associação de Prevenção de Incêndios Domésticos de sua cidade. Digamos que ela tenha perguntado se você estava interessado em aprender alguma coisa sobre a prevenção de incêndios domésticos, se queria que sua casa fosse inspecionada para detectar riscos de incêndio e se você queria receber em casa um extintor de incêndio, tudo isso grátis. Suponhamos ainda que você estivesse interessado nessas coisas e tenha marcado uma visita noturna de um dos inspetores da associação. Ao chegar, ele deu a você um pequeno extintor de mão e começou a procurar possíveis riscos de incêndio em sua casa. Depois, ele deu a você algumas informações interessantes, mas assustadoras, a respeito de riscos de incêndio em geral, assim como uma avaliação da vulnerabilidade de sua casa. Por fim, ele sugeriu que você comprasse um sistema de detecção de incêndios e foi embora.

Uma série de eventos desse tipo não é implausível. Várias cidades e lugarejos contam com associações sem fins lucrativos, geralmente compostas por pessoal do Corpo de Bombeiros que trabalha durante seu tempo livre, que realizam inspeções de segurança gratuitas desse tipo nas casas. Se tudo isso acontecesse, o inspetor teria claramente prestado um favor a você. De acordo com a regra de reciprocidade, você estaria mais disposto a retribuir esse favor se o visse numa situação em que ele precisasse de ajuda em algum momento no futuro. Uma troca de favores desse tipo faria parte da melhor tradição da regra da reciprocidade. Porém, um conjunto de eventos semelhantes com um final diferente também seria possível – de fato, até mais provável. Em vez de ir embora após recomendar a instalação de um alarme de incêndio, o inspetor poderia começar uma apresentação de vendas com o objetivo de convencê-lo a comprar um caro sistema de alarmes termossensíveis fabricado pela empresa representada por ele. Em geral, o produto, embora bastante eficiente, teria um preço abusivo. Confiando no fato de você não conhecer os preços de tal sistema e de que, se você decidir comprar um, irá se sentir obrigado em relação à empresa que lhe forneceu um extintor e uma inspeção grátis, essas empresas irão pressioná-lo a realizar uma venda imediata. Usando a armadilha da informação e inspeção grátis, as vendas das organizações de venda de equipamentos contra incêndio prosperaram em todo o país.[18]

Se você se visse em uma situação desse tipo sem perceber que o motivo primário da visita do inspetor era vender a você um sistema de alarme caro, a ação mais eficaz que você poderia tomar seria uma manobra simples e privada. Ela envolveria o ato mental da redefinição. Simplesmente defina o que você recebeu do inspetor – extintor, informação sobre segurança, inspeção de riscos – não como brindes, mas como dispositivos de venda, e você estará livre para recusar (ou aceitar) a oferta dele sem se sentir pressionado de forma alguma pela regra da reciprocidade: um favor sucede um favor – não uma estratégia de venda. E, se ele reagir à sua recusa propondo que você pelo menos forneça o nome de alguns amigos que ele possa visitar, use a manobra mental mais uma vez. Defina o recuo dele para uma solicitação menor como algo que você reconhece claramente (é o que espero depois de você ter lido este capítulo) – uma tática de persuasão. Depois de fazer isso, não há pressão alguma para que você forneça os nomes como retribuição a uma concessão, pois a solicitação menor dele não é vista como uma concessão de verdade. A essa altura, sem o impedimento de nenhuma sensação de obrigação inadequadamente desencadeada, você pode mais uma vez atender ou não os pedidos dele.

Se você tiver essa inclinação, poderá até mesmo virar a sua própria arma de influência contra ele. Lembre-se de que a regra da reciprocidade dá direito a uma pessoa que agiu de certa maneira a receber uma ação semelhante em troca. Se você determinou que os brindes do "inspetor de incêndios" foram usados não como brindes genuínos, mas como artifício para que ele se aproveitasse de você, você talvez queira usá-los para se aproveitar dele. Simplesmente receba qualquer coisa que o inspetor esteja disposto a dar – informações sobre segurança, extintor doméstico –, agradeça educadamente e acompanhe-o até a porta. Afinal, a regra da reciprocidade diz que, para que a justiça seja feita, tentativas de exploração devem ser exploradas.

RELATO DO LEITOR

De um ex-vendedor de aparelhos de som e televisores

"Por um bom tempo, trabalhei no departamento de televisores e aparelhos de som de um grande varejista. Os vendedores desse departamento ganhavam comissão, porém, a permanência no emprego era, e ainda é, baseada na capacidade de vender contratos de manutenção, e não mercadorias. A política da empresa era a de que, para cada dez vendas feitas, você tinha de vender pelo menos quatro contratos de manutenção. Se você não conseguisse elevar suas vendas de serviços de manutenção aos níveis desejados durante dois meses consecutivos, o resultado eram ameaças, transferência ou demissão.

Depois de reconhecer a importância de atingir minha quota de vendas de contratos de manutenção, arquitetei um plano que usava a técnica de recusa e retrocesso posterior, apesar de eu não saber o seu nome na época: o cliente tinha a oportunidade de contratar de um a três anos de manutenção no momento da venda. A maioria dos vendedores tentava apenas vender uma apólice de um ano. Essa também era minha intenção, já que um contrato de um ano valia a mesma coisa que um contrato de três anos para minha quota. No início, porém, quando fazia minha apresentação de venda, eu mostrava as vantagens do plano mais longo e caro, e percebia que a maioria das pessoas não estava disposta a gastar tanto dinheiro (US$140). Mas isso me dava uma excelente oportunidade mais tarde, depois de minha tentativa sincera de vender o plano de três anos ter sido rejeitada, de retroceder para um contrato de um ano e seu preço relativamente pequeno de US$34,95, que eu ficava feliz em conseguir. Essa tática provou ser altamente eficaz, pois eu vendia contratos de manutenção para uma média de 70% de meus clientes, que pareciam muito satisfeitos com a compra, enquanto outros vendedores de meu departamento ficavam na faixa dos 40%. Eu nunca havia contado a ninguém até agora como fazia aquilo."

Note como geralmente o uso da tática de recusa e retrocesso posterior ativa também a ação do princípio do contraste. A solicitação inicial de US$140 não apenas fez com que a solicitação de US$34,95 parecesse um retrocesso, mas fez também com que a segunda solicitação parecesse menor.

Capítulo 3

COMPROMISSO E COERÊNCIA

Bichos-papões da mente

É mais fácil resistir no início do que no fim.

– LEONARDO DA VINCI

UM ESTUDO FEITO POR DOIS PSICÓLOGOS CANADENSES REVELOU algo fascinante sobre as pessoas nas corridas de cavalos: logo após fazer uma aposta, elas estão muito mais confiantes nas chances de vitória de seus cavalos do que imediatamente antes de fazê-la.[1] É claro, nada nas chances do cavalo realmente muda; trata-se do mesmo cavalo, na mesma pista, no mesmo campo; mas, na mente dos apostadores, suas perspectivas melhoram significativamente depois que aquele bilhete foi comprado. Apesar de ser um pouco intrigante de início, o motivo para essa mudança drástica tem a ver com uma arma de influência social bastante comum. Como as outras armas de influência, essa está muito arraigada dentro de nós, dirigindo nossas ações com um poder silencioso. Trata-se, simplesmente, de nosso desejo quase obsessivo de ser (e parecer) coerentes com o que já fizemos. Depois de termos feito uma escolha ou assumido uma posição, iremos nos deparar com pressões pessoais e interpessoais para nos comportarmos de forma coerente em relação àquele compromisso. Essas pressões nos farão ter reações que justifiquem nossa decisão anterior.

Considere os apostadores na experiência da corrida de cavalos. Trinta segundos antes de apostarem seu dinheiro, eles estavam duvidosos e incertos; trinta segundos após a transação, eles estavam bem mais otimistas e confiantes. O ato de tomar uma decisão final – neste caso, comprar um bilhete – foi o fator crítico. Uma vez que uma posição foi tomada, a necessidade de coerência pressionou essas pessoas a alinhar o que elas sentiam e acreditavam ao que já haviam feito. Elas simplesmente convenceram a si mesmas de que haviam feito a escolha certa e, sem dúvida, se sentiram melhor a respeito.

Antes de considerarmos esse autoengano algo próprio dos apostadores habituais das corridas de cavalos, devemos analisar a história de minha vizinha, Sara, e do namorado que morava com ela, Tim. Eles se conheceram em um hospital onde ele trabalhava como técnico de radiologia e ela, como nutricionista. Eles namoraram por um tempo, mesmo depois de Tim ter perdido o emprego, e, no final, foram morar juntos. As coisas nunca foram perfeitas para Sara: ela queria que Tim se casasse com ela e parasse de beber tanto; Tim resistia a ambas as ideias. Depois de um período particularmente difícil de conflito, Sara terminou o relacionamento e Tim saiu de casa. Ao mesmo tempo, um antigo namorado de Sara voltou à cidade depois de anos longe e ligou para ela. Eles começaram a se ver e logo a situação se tornou tão séria a ponto de eles planejarem casamento. Eles tinham chegado até a marcar uma data e a enviar convites quando Tim ligou. Ele havia se arrependido e queria voltar a morar com Sara. Quando Sara contou a ele sobre seus planos de casamento, ele implorou que ela mudasse de ideia; ele queria ficar com ela como antes. Mas Sara recusou-se, dizendo que não queria viver daquela maneira outra vez. Tim até propôs casar-se com ela, mas Sara disse que, ainda assim, preferia o outro namorado. Por fim, Tim disse que pararia de beber se ela cedesse. Sentindo que, nessas circunstâncias, Tim levava vantagem, Sara decidiu romper o noivado, cancelou o casamento, recolheu os convites e deixou que Tim voltasse a morar com ela.

Em um mês, Tim informou a Sara que achava que não precisava parar de beber; um mês mais tarde, decidiu que eles deveriam esperar antes de se casarem. Dois anos se passaram desde então; Tim e Sara continuam morando juntos exatamente como antes. Ele ainda bebe, ainda não há planos de casamento, mas Sara está mais dedicada a Tim do que nunca. Ela diz que o fato de ter sido obrigada a escolher lhe ensinou que Tim realmente é o preferido em seu coração. Então, depois de ter preferido Tim a seu outro namorado, Sara ficou mais feliz com ele, apesar de as condições sob as quais ela fez sua escolha nunca terem sido concretizadas. Obviamente, os apostadores nas corridas de cavalos não estão sozinhos em sua disposição a acreditar na exatidão de uma escolha difícil depois de ela ter sido feita. De fato, todos nós nos enganamos de tempos em tempos para que nossos pensamentos e crenças se mantenham coerentes com o que já fizemos ou decidimos.

Os psicólogos entenderam há muito tempo o poder do princípio da coerência no direcionamento das ações humanas. Teóricos proeminentes como Leon Festinger, Fritz Hieder e Theodore Newcomb viram o desejo de coerência como motivador central de nosso comportamento, mas será que essa tendência a ser coerente é forte o bastante para nos levar a fazer o que normalmente não sentiríamos vontade? Não há dúvida a esse respeito. O impulso para ser (e parecer) coerente é uma arma altamente poderosa de influência social, fazendo com que muitas vezes ajamos de maneira claramente contrária a nossos interesses.

Vejamos, como prova disso, o que aconteceu quando o psicólogo Thomas Moriarty encenou roubos numa praia de Nova York para ver se os espectadores arriscariam se machucar para interromper o crime. No estudo, um cúmplice colocava uma toalha de praia a 1,5 metro da toalha de um indivíduo escolhido aleatoriamente – o sujeito submetido ao teste. Depois de alguns minutos relaxando e ouvindo música com um rádio portátil, deitado na toalha, o cúmplice se levantava e se afastava da toalha para caminhar na praia. Alguns minutos mais tarde, um segundo pesquisador, fingindo ser um ladrão, se aproximava, pegava o rádio e tentava fugir. Como você pode imaginar, em circunstâncias normais, os indivíduos relutavam muito em se arriscar e desafiar o ladrão – apenas quatro pessoas fizeram isso nas vinte encenações de roubo. Contudo, quando o mesmo procedimento foi encenado outras vinte vezes com uma pequena mudança, os resultados foram drasticamente diferentes. Nesses incidentes, antes de caminhar, o cúmplice simplesmente pedia aos indivíduos para fazerem o favor de "ficar de olho em minhas coisas", o que todos eles concordaram em fazer. Agora, impulsionados pela regra da coerência, 19 dos 20 indivíduos se tornaram seguranças virtuais, correram atrás do ladrão e o detiveram, pediram uma explicação e muitas vezes o dominaram fisicamente ou pegaram o rádio de volta.

Para entender por que a coerência é motivador tão poderoso, é importante reconhecer que, na maioria das circunstâncias, a coerência é valorizada e adaptativa. A incoerência é geralmente considerada um traço de personalidade indesejável. A pessoa cujas crenças, palavras e atos não condizem entre si é vista como indecisa, confusa, falsa ou até mesmo doente mental. Por outro lado, um alto nível de coerência é normalmente associado a força pessoal e intelectual. A coerência está no cerne da lógica, da racionalidade, da estabilidade e da honestidade. Uma citação atribuída ao grande químico britânico Michael Faraday sugere até que ponto o fato de ser consistente é louvado – às vezes, até mais do que o fato de estar certo. Quando lhe perguntaram depois de uma palestra se ele quis insinuar que um rival acadêmico estava sempre errado, Faraday olhou fixo para o espectador que havia feito a pergunta e respondeu: "Ele não é tão coerente assim."

Portanto, uma boa coerência pessoal é, sem dúvida, altamente valorizada em nossa cultura. E deveria ser mesmo. Ela nos fornece orientação razoável e proveitosa em relação ao mundo. Na maioria das vezes, estaremos em posição melhor se tivermos uma abordagem permeada pela coerência. Sem coerência, nossa vida seria difícil, sem rumo e desestruturada.

Mas, devido ao fato de a coerência ser geralmente de nosso interesse, criamos facilmente o hábito de ser automaticamente coerentes, mesmo em situações em que isso não é sensato. Quando isso ocorre impensadamente, a coerência pode ser desastrosa. Contudo, até mesmo a coerência cega tem seus atrativos.

Primeiro, como a maioria das outras formas de reação automática, ela oferece um atalho por meio da densa vida moderna. Depois que nos decidimos a respeito de uma questão, a coerência teimosa nos permite um luxo muito atraente: não temos mais de pensar com afinco sobre aquela questão. Não precisamos peneirar a tempestade de informações com a qual nos deparamos todo dia para identificar os fatos relevantes; não temos de gastar energia mental para pesar os prós e os contras; não temos de tomar nenhuma outra decisão difícil. Em vez disso, tudo o que precisamos fazer quando nos confrontamos com um problema é ativar nossa fita da coerência, *zum*, e, assim, saberemos exatamente o que dizer, fazer ou no que acreditar. Só precisamos dizer ou fazer o que é coerente com nossa decisão anterior.

O encanto de um tal luxo não deve ser minimizado. Ele nos fornece um método conveniente, eficaz e relativamente fácil de lidar com as complexas situações diárias, que exigem de nós muita energia e capacidade mental. Portanto, não é fácil entender por que a coerência automática é uma reação difícil de controlar. Ela nos oferece um modo para fugir dos rigores do pensamento contínuo e, como Sir Joshua Reynolds notou: "Não há expediente que um homem deixará de usar para evitar o árduo trabalho de pensar." Com nossas fitas de coerência funcionando, então, podemos ir tocando a nossa vida com alegria, dispensados da obrigação de pensar demais.

Também existe uma segunda e mais perversa atração da coerência mecânica. Às vezes, não é o esforço do difícil trabalho cognitivo que faz com que nos esquivemos da atividade de raciocínio, mas as duras consequências dessa atividade. Às vezes, são as respostas claras e indesejadas fornecidas pelo raciocínio direto que nos tornam mentalmente indolentes. Existem alguns fatos perturbadores dos quais simplesmente preferimos não tomar consciência. Por ser um método de reação pré-programado e impensado, a coerência automática pode nos proporcionar um esconderijo para fugirmos dessas realizações. Fechados atrás dos muros da coerência rígida podemos ficar impenetráveis aos assédios da razão.

Uma noite, em uma palestra introdutória do programa de meditação transcendental (MT), testemunhei um bom exemplo de como as pessoas se escondem dentro dos muros da coerência para se proteger das consequências incômodas do pensamento. A palestra em si foi coordenada por dois jovens sérios e tinha como objetivo recrutar novos participantes para o programa. O programa dizia que podia ensinar um tipo singular de meditação que nos permitiria alcançar várias coisas desejáveis, desde a simples paz interior até a espetacular capacidade de voar ou atravessar paredes nos estágios mais avançados (e caros) do programa.

Decidi ir à reunião para observar os tipos de técnica de persuasão usados nas palestras de recrutamento desse tipo e levei comigo um amigo, um professor universitário cujas áreas de especialização eram estatística e lógica simbólica. À medida que a reunião progredia e os palestrantes explicavam a teoria por trás da MT, notei que meu amigo ficava cada vez mais irrequieto. Parecendo sofrer cada vez mais e se mexendo o tempo todo em sua cadeira, ele finalmente não conseguiu mais resistir. Quando os líderes perguntaram se havia perguntas ao final da palestra, ele levantou a mão e destruiu, de forma educada, mas segura, a apresentação que acabara de ouvir.

Em menos de dois minutos, ele indicou com precisão onde e por que o complexo argumento dos palestrantes era contraditório, ilógico e insustentável. O efeito nos líderes da discussão foi devastador. Depois de um silêncio confuso, cada um deles tentou dar uma resposta fraca e acabou parando no meio do caminho para consultar seu parceiro e, finalmente, admitir que os argumentos de meu colega eram bons e "exigiam mais estudo".

Para mim, o mais interessante foi o efeito no resto da plateia. No final do intervalo para perguntas, os dois recrutadores se viram cercados por muitos integrantes da plateia que lhes entregavam o valor de US$75 da matrícula no programa de MT. Cutucando-se, dando de ombros e sorrindo enquanto recolhiam os pagamentos, os recrutadores deixavam transparecer sinais de vertiginoso espanto. Depois do que pareceu ter sido um colapso constrangedoramente claro de sua apresentação, a reunião havia, de alguma maneira, se tornado grande sucesso, gerando níveis surpreendentemente altos de concordância por parte da plateia. Apesar de bastante intrigado, atribuí a reação da plateia a uma incapacidade de entender a lógica dos argumentos de meu colega. Na verdade, porém, foi exatamente o *contrário* que aconteceu.

Depois da reunião, do lado de fora do auditório, fomos abordados por três membros da plateia que haviam feito suas inscrições logo depois da palestra. Eles queriam saber por que tínhamos ido à reunião. Explicamos e perguntamos a mesma coisa a eles. Um deles era um aspirante a ator que queria desesperadamente ter sucesso em sua carreira e tinha ido ao encontro para saber se a MT lhe permitiria conseguir o autocontrole necessário para dominar sua arte; os recrutadores asseguraram que sim. A segunda dizia que sofria de insônia grave e que esperava que a MT lhe proporcionasse uma maneira de relaxar e adormecer facilmente à noite. O terceiro era um porta-voz não oficial. Ele também sofria de problemas de sono. Estava se dando mal na faculdade porque não tinha tempo suficiente para estudar. Ele tinha ido ao encontro para descobrir se a MT poderia ajudá-lo, treinando-o a precisar de menos horas de sono a cada noite; assim, o tempo adicional poderia ser usado para estudar. É interessante notar que os recrutadores disseram a ele e à mulher insone que as técnicas de Meditação Transcendental poderiam resolver seus respectivos problemas apesar de eles serem opostos.

Ainda pensando que os três deviam ter se matriculado porque não haviam entendido os argumentos apresentados por meu amigo, comecei a questioná-los acerca de certos aspectos de sua exposição. Para minha surpresa, descobri que eles haviam entendido bastante bem os comentários dele; na verdade, bem demais. Foi exatamente a irrefutabilidade da argumentação dele que fez com que eles se matriculassem imediatamente no programa. O porta-voz deu a melhor explicação: "Bem, eu não ia pagar a matrícula esta noite porque estou sem dinheiro no momento; ia esperar até a próxima reunião, mas, quando seu amigo começou a falar, vi que era melhor dar meu dinheiro a eles agora, senão eu iria para casa e começaria a pensar a respeito do que ele disse e *nunca* me matricularia."

De repente, tudo começou a fazer sentido. Aquelas pessoas tinham problemas de verdade e estavam, de alguma forma, procurando desesperadamente uma maneira de resolvê-los. Eram pessoas à procura de algo e que, se acreditamos nos palestrantes, haviam encontrado uma solução em potencial na MT. Impulsionados por suas necessidades, elas queriam muito acreditar que a MT era a resposta.

No entanto, a voz da razão se intrometeu sob a forma de meu colega, mostrando que a teoria na base da solução recém-encontrada por eles não era sólida. Pânico! Algo precisava ser feito imediatamente antes que a lógica cobrasse sua parte e os deixasse desesperados mais uma vez. Depressa, depressa, precisamos de muros contra a razão; e não importa se a fortaleza a ser erigida é tola. "Rápido, temos de nos esconder do pensamento! Pronto, pegue o dinheiro. Ufa, salvos por um triz! Não precisamos mais pensar naqueles problemas. A decisão foi tomada e, de agora em diante, a fita da coerência pode ser tocada sempre que necessário: 'MT? Acho que sem dúvida irá me ajudar; espero certamente continuar; claro que acredito na MT. Já fiz meu primeiro pagamento, não?' Ah, o conforto da coerência impensada! Vou aproveitar e descansar aqui um instante. Isto é muito melhor do que a preocupação e o esforço daquela busca tão árdua e difícil."

Se, ao que parece, a coerência automática funciona como um escudo contra o pensamento, não devemos ficar surpresos por tal coerência também ser explorada por aqueles que prefeririam que não pensássemos muito em resposta às suas solicitações de concordância. Para os exploradores, cujo interesse será atendido por uma reação impensada e mecânica a suas solicitações, nossa tendência à coerência automática é uma mina de ouro. Eles são tão espertos em nos fazer ativar nossa coerência quando isso é benéfico para eles que raramente percebemos que fomos enganados. Como no jiu-jítsu, eles estruturam suas interações conosco para que *nossa* necessidade de ser coerente leve diretamente ao benefício deles.

Alguns grandes fabricantes de brinquedos usam exatamente essa abordagem para reduzir um problema causado por padrões de compras sazonais. É claro, o período de maior venda de brinquedos acontece antes e durante as festas de fim de ano. Os fabricantes de brinquedos obtêm lucros polpudos durante esse período. O problema deles é que as vendas de brinquedos caem vertiginosamente nos dois meses seguintes. Seus clientes já gastaram todo o orçamento para brinquedos e resistem fortemente às súplicas de seus filhos que querem mais. Até as crianças cujos aniversários caem logo depois das festas recebem menos brinquedos por causa dos recentes gastos durante o Natal.

Os fabricantes de brinquedos então enfrentam um dilema: como manter as vendas altas durante a temporada de pico e, ao mesmo tempo, manter uma demanda saudável de brinquedos nos meses imediatamente seguintes? A dificuldade deles certamente não está em convencer nossos insaciáveis filhos a querer um fluxo contínuo de novos divertimentos. Uma série de sofisticados comerciais de televisão apresentados entre os desenhos animados nas manhãs de sábado produzirá a quantidade usual de súplicas, lamentos e adulações a despeito do período do ano em que são veiculados. Não, o problema não é motivar as crianças a querer mais brinquedos depois do Natal, o problema é motivar os pais, que já gastaram muito dinheiro durante as festas, a pagar o preço de outro brinquedo para seus filhos que já têm tudo. O que os fabricantes de brinquedos poderiam fazer para produzir esse comportamento improvável? Alguns tentaram aumentar muito suas campanhas publicitárias, outros reduziram os preços durante o período de baixa, mas nenhuma dessas táticas comuns de venda se revelaram bem-sucedidas. Além de ambas as táticas serem caras, elas também não fazem com que as vendas atinjam os níveis desejados. Os pais simplesmente não estão a fim de comprar brinquedos, e os efeitos da publicidade ou dos preços mais baixos não são suficientes para eliminar essa forte resistência.

Alguns grandes fabricantes de brinquedos, porém, acham que descobriram a solução. Trata-se de um artifício engenhoso, que envolve nada mais além do custo de um comercial normal e da compreensão da forte atração de nossa necessidade de coerência. Tive minha primeira dica de como funciona a estratégia das empresas fabricantes de brinquedos depois de cair como um trouxa pela segunda vez na mesma armadilha.

Era janeiro, e eu estava na maior loja de brinquedos da cidade. Depois de ter comprado presentes demais para meu filho um mês antes, jurei que não entraria naquele lugar ou em qualquer outro semelhante por muito tempo. Mas lá estava eu, não apenas dentro daquele lugar diabólico como também prestes a comprar para meu filho mais um brinquedo caro – um grande autorama. Na frente do mostruário do autorama, encontrei um ex-vizinho que estava comprando o mesmo brinquedo para o filho. A coisa estranha era que quase não nos víamos mais. De fato, a última vez tinha sido um ano antes naquela mesma loja, onde nós dois estávamos comprando para nossos filhos presentes caros depois do Natal – daquela vez um robô que andava, falava e jogava fora o lixo. Rimos de nosso estranho padrão de encontros anuais no mesmo período, no mesmo lugar, fazendo a mesma coisa. Mais tarde, naquele mesmo dia, mencionei a coincidência a um amigo que já havia trabalhado no ramo de brinquedos.

"Não é uma coincidência", ele disse com sabedoria.

"O que você quer dizer com isso?"

"Escute", ele disse, "deixe-me perguntar algumas coisas sobre o autorama que você comprou este ano. Primeiro, você prometeu a seu filho que iria comprá-lo como presente de Natal?"

"Bem, prometi. Christopher tinha visto alguns comerciais no intervalo dos desenhos animados que passam nas manhãs de sábado e disse que era aquilo que queria no Natal. Eu mesmo vi alguns comerciais e achei que parecia divertido, então, concordei."

"Primeiro gol", ele anunciou. "Agora, minha segunda pergunta: quando você foi comprar o brinquedo, descobriu que estava esgotado em todas as lojas?"

"Isso mesmo! As lojas disseram que haviam encomendado alguns, mas que não sabiam quando iriam receber mais. Então, tive de comprar outros brinquedos para o Christopher para compensar a ausência do autorama. Mas como você sabia?"

"Segundo gol", ele disse. "Deixe-me fazer só mais uma pergunta: a mesma coisa não aconteceu no ano anterior com o robô?"

"Espere um minuto... você tem razão. Foi exatamente isso o que aconteceu. Isso é incrível. Como você sabia?"

"Não sou vidente; apenas sei como muitos dos grandes fabricantes de brinquedos alavancam suas vendas em janeiro e fevereiro. Antes do Natal, eles começam a veicular comerciais de televisão de certos brinquedos especiais. As crianças, é claro, querem o que veem e arrancam promessas de presentes de Natal dos pais. É aqui que a genialidade dos planos das empresas entra em ação: elas *subabastecem* as lojas com os brinquedos que os pais prometeram aos filhos. A maioria dos pais encontra esses itens esgotados e é forçada a substituí-los por outros brinquedos de valor equivalente. Os fabricantes de brinquedos, é claro, fazem questão de abastecer as lojas com muitos desses substitutos. Então, depois do Natal, as empresas começam a veicular de novo os comerciais dos outros brinquedos especiais. Isso faz com que as crianças queiram aqueles brinquedos mais do que nunca. Elas vão correndo até os pais choramingando e dizem: 'Você prometeu, você prometeu.' E os adultos vão até a loja para cumprir obedientemente o prometido."

"Onde", eu disse, começando a ficar agitado, "eles encontram outros pais que não viam havia um ano e que caíram no mesmo truque, certo?"

"Certo. Aonde você está indo?"

"Vou devolver o autorama à loja." Minha raiva era tanta que eu estava quase gritando.

"Espere. Pare e pense antes. Por que você comprou isso esta manhã?"

"Porque eu não queria decepcionar o Christopher e porque eu queria ensinar a ele que as promessas devem ser cumpridas."

"Bem, alguma dessas coisas mudou? Veja, se você devolver esse brinquedo agora, ele não entenderá o motivo. Ele saberá apenas que o pai quebrou uma promessa. É isso que você quer?"

"Não", eu disse suspirando. "Acho que não. Então, você está me dizendo que eles dobraram os lucros em cima de mim nos últimos dois anos sem que eu nem mesmo soubesse e, agora que sei, ainda estou numa cilada – armada pelas minhas próprias palavras. Então o que você realmente está me dizendo é: 'Terceiro gol.'"

Ele acenou com a cabeça e disse: "E você sai do jogo."

O COMPROMISSO É A CHAVE

Depois de percebermos que o poder da coerência é formidável para direcionar as ações humanas, surge imediatamente uma questão prática importante: Como essa força é ativada? O que produz o *clique* que ativa o *zum* da poderosa coerência? Os psicólogos sociais acham que conhecem a resposta: compromisso. Se eu conseguir que você assuma um compromisso (ou seja, assuma uma posição abertamente), terei preparado o terreno para sua coerência automática e imprudente em relação àquele compromisso. Depois que você toma uma posição, cria-se uma tendência natural para que você adote comportamentos teimosamente coerentes com essa posição.

Como já vimos, os psicólogos sociais não são os únicos a entender a ligação entre compromisso e coerência. Estratégias de comprometimento são apontadas para nós por profissionais da persuasão de quase todo tipo. Cada uma das estratégias tem como objetivo nos levar a fazer uma ação ou declaração que, por meio das pressões da coerência, irá nos forçar a ser concordantes. Os procedimentos planejados para criar concordância têm várias formas. Algumas são bastante diretas; outras estão entre as táticas mais sutis que encontraremos.

Por exemplo, suponha que você quisesse aumentar o número de pessoas em sua área que concordassem ir de porta em porta para coletar doações para sua obra de caridade favorita. Seria inteligente de sua parte estudar a abordagem usada pelo psicólogo social Steven J. Sherman. Ele simplesmente chamou alguns moradores de Bloomington, Indiana, para participar de uma enquete que ele estava realizando e pediu que eles previssem o que diriam se alguém lhes pedisse para passar três horas coletando dinheiro para a American Cancer Society. É claro, sem querer parecer descaridosas para os pesquisadores ou para si mesmas, muitas dessas pessoas se ofereceram como voluntárias. A consequência desse furtivo método de comprometimento foi um aumento de 700% no número de voluntários quando, alguns dias mais tarde, um representante da American Cancer Society ligou para solicitar angariadores de doações. Usando a mesma estratégia, mas dessa vez pedindo a moradores de Columbus, Ohio, para prever se iriam votar ou não nas eleições, um grupo de pesquisadores liderados por Anthony Greenwald pôde aumentar significativamente o comparecimento dos votantes nas eleições presidenciais americanas.

Talvez uma técnica de comprometimento ainda mais astuciosa tenha sido desenvolvida recentemente por pessoas que solicitam doações para obras de caridade por telefone. Já notou que as pessoas que ligam hoje em dia pedindo alguma contribuição começam sempre perguntando sobre sua saúde e seu bem-estar? "Olá, Senhor/Senhora Alvo", elas dizem. "Como está se sentindo hoje?" "Como vai?" A intenção com esse tipo de introdução não é simplesmente parecer amigável e preocupado. É fazer com que você reaja – como normalmente faz em relação a perguntas educadas e superficiais – com um comentário educado e superficial: "Muito bem", "Tudo bem" ou "Estou ótimo, obrigado". Depois que você já afirmou publicamente que está tudo bem, é muito mais fácil para o solicitante forçar você a ajudar aquelas pessoas para quem não está tudo bem: "Fico feliz em saber, pois estou ligando para perguntar se o senhor estaria disposto a fazer uma doação para ajudar as pobres vítimas de..."

A teoria por trás dessa tática é a de que as pessoas que acabaram de afirmar que estão bem – mesmo que seja parte de uma rotina de troca social – consequentemente ficarão constrangidas se parecerem avarentas, uma vez que elas mesmas afirmaram estar em situação favorável. Se tudo isso parece um pouco fantasioso demais, analise as descobertas do pesquisador Daniel Howard, que testou essa teoria. Moradores de Dallas, Texas, receberam telefonemas nos quais alguém perguntava se eles permitiam que um representante do Hunger Relief Committee* fosse às suas casas para vender biscoitos cujos proventos seriam usados para fornecer refeições às pessoas carentes. Quando esse pedido (chamado de "abordagem padrão de solicitação") era usado sozinho, gerava apenas 18% de respostas afirmativas, porém, se o solicitante perguntasse inicialmente "Como você está hoje?" e esperasse uma resposta antes de proceder à abordagem padrão, muitas coisas dignas de nota aconteciam. Primeiro, dos 120 indivíduos que receberam o telefonema, a maioria (108) deu a costumeira resposta favorável ("Bem", "Muito bem", "Ótimo" etc.). Segundo, 32% das pessoas que ouviram a pergunta "Como você está hoje?" concordaram em receber o vendedor de biscoitos em casa, quase o dobro da taxa de sucesso da abordagem padrão de solicitação. Terceiro, fiéis ao princípio da coerência, quase todas as pessoas que concordaram com a visita do vendedor acabaram, de fato, comprando biscoitos quando foram contactadas em seu domicílio (89%).

---

* *Nota do Tradutor*: Literalmente Comitê de Combate à Fome.

Para ter certeza de que o sucesso dessa tática não é gerado simplesmente porque um solicitante que a usa parece mais preocupado e cortês do que um solicitante que não a usa, Howard realizou um outro estudo. Dessa vez, os operadores começavam com a pergunta "Como você está hoje?" (e esperavam a resposta antes de continuar) ou com a afirmação "Espero que você esteja bem hoje" e, então, procediam com a abordagem padrão de solicitação. Apesar de o operador ter iniciado cada tipo de interação com um comentário gentil e amigável, a técnica do "Como você está hoje?" foi muito superior à outra (33% contra 15% de aceitação) porque só ela gerou um compromisso público explorável em seus alvos. Note que o compromisso foi capaz de gerar o dobro de consentimento nos alvos apesar de, no momento em que aconteceu, ter parecido apenas uma resposta inconsequente a uma pergunta superficial – outro bom exemplo de jiu-jítsu social em funcionamento.

A questão do que torna um compromisso eficaz tem várias respostas. Uma série de fatores afeta a capacidade de um compromisso de compelir nosso comportamento futuro. Um programa de larga escala projetado para produzir concordância nos fornece um bom exemplo de como inúmeros fatores entram em ação. A característica mais notável desse programa é que ele usava sistematicamente esses fatores décadas atrás, bem antes de as pesquisas os terem identificado.

Durante a Guerra da Coreia, muitos soldados americanos capturados eram levados para campos de prisioneiros de guerra organizados pelos comunistas chineses. Ficou claro desde o início do conflito que a maneira como os chineses tratavam seus prisioneiros era bem diferente da maneira como seus aliados, os norte-coreanos, os tratavam, com selvageria e duras punições para ganhar o consentimento deles. Evitando especificamente parecer brutal, o Exército Vermelho usou o que eles mesmos chamavam de "política da leniência", que, na verdade, era um ataque psicológico combinado e sofisticado em seus prisioneiros. Depois da guerra, psicólogos americanos interrogaram os prisioneiros intensivamente para determinar o que havia ocorrido. O intenso interrogatório psicológico aconteceu, em parte, por causa do inquietante sucesso de alguns aspectos do programa chinês; por exemplo, os chineses foram muito eficazes em fazer os americanos revelarem informações sobre si mesmos, ao contrário do comportamento dos prisioneiros americanos na Segunda Guerra Mundial. Por esse motivo, dentre outros, planos de fuga foram rapidamente descobertos e as tentativas de escape foram quase sempre malsucedidas. "Quando ocorria uma fuga", escreveu o Dr. Edgar Schein, um dos principais investigadores americanos do programa de doutrinação chinesa na Coreia, "os chineses geralmente recuperavam o homem oferecendo um saco de arroz a qualquer um que o delatasse". De fato, quase todos os prisioneiros americanos em campos chineses colaboraram com o inimigo de uma forma ou de outra.[2]

Uma análise do programa dos campos de prisioneiros dos chineses revela que seu pessoal dependia muito de pressões de compromisso e coerência para ganhar a desejada concordância dos prisioneiros. É claro, o primeiro problema enfrentado pelos chineses era como conseguir qualquer tipo de colaboração dos americanos. Tratava-se de homens treinados para não fornecer informação alguma exceto nome, patente e número de série. A não ser pela brutalidade física, como os captores poderiam fazer com que esses homens fornecessem informações militares, delatassem prisioneiros amigos ou denunciassem publicamente seu país? A resposta chinesa era elementar: comece com pouco e vá crescendo.

Por exemplo, pedia-se frequentemente aos prisioneiros para fazerem afirmações que eram tão suavemente antiamericanas ou pró-comunistas a ponto de parecerem inconsequentes ("Os Estados Unidos não são perfeitos", "Em um país comunista, o desemprego não é problema"). Contudo, depois que essas pequenas solicitações eram atendidas, os homens se viam forçados a atender solicitações a elas relacionadas, mas mais substantivas. Podia-se pedir a um homem, que havia acabado de concordar com seu interrogador chinês dizendo que os Estados Unidos não eram perfeitos, para fazer uma lista desses "problemas dos Estados Unidos" e assinar o próprio nome embaixo. Depois, talvez pedissem a ele para ler a própria lista em um grupo de discussão com outros prisioneiros. "Afinal, é o que você realmente acha, não é?" Mais tarde ainda, podiam pedir para ele, a partir daquela lista, escrever um ensaio no qual discutisse aqueles problemas mais detalhadamente.

Os chineses podiam então usar o nome e o ensaio dele em uma transmissão de rádio antiamericana difundida não apenas para todo o campo, mas também para outros campos de prisioneiros na Coreia do Norte, assim como para as forças americanas na Coreia do Sul. De repente, ele se via como um "colaborador", tendo ajudado o inimigo. Consciente de que havia escrito o ensaio sem nenhuma forte ameaça ou coerção, muitas vezes o homem mudava sua imagem própria para ser coerente com o novo rótulo de "colaborador", o que muitas vezes resultava em atos mais abrangentes de colaboração. Portanto, enquanto "apenas poucos homens eram capazes de evitar por completo a colaboração", segundo o Dr. Schein, "a maioria colaborava em algum momento, fazendo coisas que lhes pareciam triviais, mas que os chineses eram capazes de usar a seu próprio favor... Isso foi particularmente eficaz para extrair confissões, autocríticas ou informações durante os interrogatórios".[3]

Se os chineses conhecem o poder sutil dessa abordagem, não devemos ficar surpresos com o fato de um outro grupo de pessoas interessadas na coerência também ter consciência de sua utilidade. Muitas organizações empresariais a empregam regularmente.

Para o vendedor, a estratégia é obter uma grande venda começando com uma pequena. Quase toda pequena venda serve, pois o propósito daquela pequena transação não é o lucro; é o compromisso. Espera-se que outras compras, até mesmo bem maiores, derivem naturalmente do compromisso. Um artigo na revista *American Salesman* resume a tática:

> A ideia geral é preparar o caminho para uma distribuição de toda a linha começando com um pequeno pedido... Veja desta maneira: quando uma pessoa assina um pedido de sua mercadoria, apesar de o lucro ser tão pequeno que mal compensa o tempo e o esforço da visita, ela não é mais uma cliente em potencial – mas uma cliente real.[4]

A tática de começar com uma solicitação pequena para, por fim, ganhar a concordância em relação a solicitações maiores tem um nome: a técnica "pé na porta". Cientistas sociais se deram conta de sua eficácia pela primeira vez em meados dos anos 1960, quando os psicólogos Jonathan Freedman e Scott Fraser publicaram um surpreendente conjunto de dados.[5] Eles relataram os resultados de uma experiência na qual um pesquisador, passando-se por voluntário, foi de porta em porta em um bairro residencial da Califórnia fazendo uma solicitação ridícula aos proprietários das casas. Ele pedia que os proprietários permitissem que uma placa do serviço público fosse colocada no gramado na frente de suas casas. Para que eles tivessem ideia de como seria a placa, era mostrada a foto de uma casa atraente cuja vista havia sido quase que totalmente obstruída por um enorme letreiro com os dizeres DIRIJA COM CUIDADO. Apesar de o pedido ter sido normalmente recusado, e com razão, pela grande maioria (83%) dos outros moradores daquela região, um grupo reagiu de maneira bastante favorável. Setenta e seis por cento deles ofereceram os seus jardins.

O primeiro motivo para a surpreendente concordância tinha a ver com algo que havia acontecido com eles cerca de duas semanas antes: eles haviam assumido um pequeno compromisso para com a segurança no trânsito. Um outro voluntário tinha ido às casas deles e pedido que aceitassem expor um pequeno sinal de $20cm^2$ com os dizeres DIRIJA COM SEGURANÇA. Era um pedido tão insignificante que quase todos concordaram, mas os efeitos daquele pedido foram enormes. Por terem inocentemente atendido uma solicitação trivial de segurança no trânsito algumas semanas antes, aqueles proprietários passaram a estar dispostos a aceitar outra solicitação daquele tipo, mas que tinha dimensão gigantesca.

Freedman e Fraser não pararam por aí. Eles tentaram um procedimento ligeiramente diferente com outro grupo de proprietários. Essas pessoas receberam primeiro um pedido para que assinassem uma petição a fim de "manter a Califórnia bonita". É claro, quase todo mundo assinou, já que a beleza do estado, como a eficiência do governo ou cuidados pré-natais consistentes, é uma das questões que quase não tem opositores. Depois de esperar umas duas semanas, Freedman e Fraser mandaram um novo "voluntário" àquelas mesmas casas para pedir aos moradores que permitissem que o grande sinal DIRIJA COM CUIDADO fosse colocado em seus gramados. De certa maneira, a reação deles foi a mais surpreendente de todo o estudo. Aproximadamente metade daquelas pessoas concordou com a instalação do sinal, apesar de o pequeno compromisso que elas haviam assumido semanas antes não ter sido o de dirigir com mais cuidado, mas o de tornar o estado mais bonito, um tópico de serviço público totalmente diferente.

No início, até Freedman e Fraser ficaram espantados com a descoberta. Por que o pequeno ato de assinar uma petição em favor do embelezamento do estado fazia com que as pessoas ficassem tão dispostas a prestar um favor diferente e muito maior? Depois de analisar e descartar outras explicações, Freedman e Fraser se depararam com uma solução ao quebra-cabeça: assinar a petição de embelezamento mudou a visão que aquelas pessoas tinham de si mesmas. Elas se viam como cidadãos com espírito público e que agiam de acordo com seus princípios cívicos. Quando, duas semanas mais tarde, foi pedido que elas prestassem outro serviço público ao exibir o sinal DIRIJA COM CUIDADO, elas aceitaram para serem coerentes com a imagem de si próprias recém-formada. Segundo Freedman e Fraser:

> O que pode acontecer é uma mudança nos sentimentos da pessoa em relação a se envolver ou agir. Depois de ter concordado com uma solicitação, sua atitude pode mudar, ela pode se tornar, a seus próprios olhos, o tipo de pessoa que faz esse tipo de coisa, que concorda com solicitações feitas por estranhos, que age em relação a coisas nas quais acredita, que coopera com boas causas.[6]

O que as descobertas de Freedman e Fraser nos dizem, portanto, é para tomarmos muito cuidado ao concordarmos com solicitações triviais. Um tal acordo pode não apenas aumentar nosso consentimento em relação a uma solicitação semelhante e muito maior, mas também pode nos tornar mais dispostos a prestar uma série de favores maiores muito pouco relacionados ao pequeno favor prestado anteriormente. É esse segundo tipo de influência geral oculta dentro dos pequenos compromissos que me deixa assustado.

Tão assustado a ponto de raramente estar disposto a assinar uma petição, mesmo para algo que apoio. Uma ação desse tipo tem o potencial de influenciar não apenas meu comportamento futuro, mas também minha imagem própria de uma maneira que não quero. Depois que a imagem própria de uma pessoa foi alterada, todos os tipos de vantagens sutis ficam disponíveis para quem quiser explorar essa nova imagem.

Quem, dentre os proprietários de casas do estudo de Freedman e Fraser, teria imaginado que o "voluntário" que pediu que eles assinassem uma petição para o embelezamento do estado estava realmente interessado em fazer com que, duas semanas mais tarde, eles colocassem em seus jardins uma placa? E quem dentre eles poderia ter suspeitado que a decisão de exibir a placa derivava em grande parte da assinatura da petição? Acho que ninguém. Se houvesse algum arrependimento depois de a placa ter sido erguida, quem eles poderiam responsabilizar a não ser *a si mesmos* por seu espírito cívico tão forte? Eles provavelmente nunca nem pensaram no sujeito com a petição para "manter a Califórnia bonita" e todo seu conhecimento de jiu-jítsu.

Note que todos os especialistas na técnica "pé na porta" parecem estar entusiasmados com a mesma coisa: você pode usar pequenos compromissos para manipular a imagem própria de uma pessoa; você pode usá-los para transformar cidadãos em "funcionários públicos", clientes em potencial em "clientes reais", prisioneiros em "colaboradores". Depois de colocar a imagem própria de um homem onde você quer, ele deve atender *naturalmente* toda uma série de solicitações que são coerentes com a visão que ele tem de si mesmo.

Entretanto, nem todos os compromissos afetam a imagem própria. Existem certas condições que devem estar presentes para que um compromisso seja eficaz. Para descobrir quais são, podemos mais uma vez analisar a experiência dos americanos nos campos chineses de prisioneiros na Coreia. É importante entender que o principal intento dos chineses não era simplesmente extrair informações de seus prisioneiros, mas doutriná-los, mudar suas atitudes e percepções a respeito de si mesmos, de seu sistema político, do comunismo e do papel desempenhado por seu país na guerra – e há provas de que o programa muitas vezes funcionou espantosamente bem.

O Dr. Henry Segal, chefe da equipe de avaliação neuropsiquiátrica que examinou os prisioneiros que voltaram ao final da guerra, relatou que as crenças a respeito da guerra haviam sido substancialmente mudadas. A maioria dos homens acreditava na história chinesa de que os Estados Unidos haviam usado germes como armas e muitos achavam que suas próprias forças haviam sido os agressores iniciais que desencadearam a guerra. Transgressões similares haviam sido feitas nas atitudes políticas dos homens:

> Muitos expressavam antipatia pelos comunistas chineses, mas, ao mesmo tempo, os louvavam pelo "belo trabalho que haviam feito na China". Outros afirmavam: "Apesar de achar que o comunismo não funcionaria nos Estados Unidos, acho que é uma boa coisa para a Ásia."[7]

Parece que o objetivo real dos chineses era modificar, pelo menos temporariamente, os corações e mentes de seus prisioneiros. Se medimos o sucesso em termos de "defecção, deslealdade, mudança de atitude e crenças, indisciplina, moral baixo, falta de espírito de equipe e dúvidas sobre o papel dos Estados Unidos", a conclusão do Dr. Segal foi a de que "os esforços deles foram altamente bem-sucedidos". Como as táticas de compromisso foram parte muito importante do eficaz ataque dos chineses aos corações e mentes dos americanos, seria interessante examinarmos as características específicas dessas táticas.

O ato mágico

Nossa melhor prova dos verdadeiros sentimentos e crenças das pessoas provém menos de suas palavras do que de seus atos. Observadores ao tentar descobrir quem realmente é um certo homem olham de perto suas ações. O que os chineses descobriram é que o próprio homem usa essa mesma prova para decidir quem ele mesmo é. Seu comportamento diz algo sobre si mesmo; trata-se de uma fonte primária de informação sobre suas crenças, valores e atitudes. Entendendo plenamente esse importante princípio da autopercepção, os chineses passaram a organizar a experiência dos campos de prisioneiros a fim de que estes *agissem* coerentemente da forma desejada. Os chineses sabiam que essas ações começariam a surtir efeito logo, fazendo com que os homens mudassem sua visão de si mesmos para alinhá-la ao que eles haviam feito.

Escrever era um tipo de ação confirmatória que os chineses insistiam incessantemente que os homens executassem. Nunca era suficiente para os prisioneiros escutar em silêncio ou concordar verbalmente com os argumentos chineses; eles eram forçados a escrever também. Os chineses se dedicavam tanto à obtenção de uma declaração por escrito que, se um prisioneiro não estivesse disposto a escrever livremente a resposta desejada, ele era persuadido a copiá-la. O psicólogo americano Edgar Schein descreve uma sessão de doutrinação padrão dos chineses da seguinte maneira:

> Uma outra técnica era fazer com que o homem escrevesse a pergunta e depois a resposta [pró-comunista]. Se ele se recusasse a escrevê-la voluntariamente, pedia-se que ele a copiasse dos cadernos, o que devia parecer uma concessão bastante inócua.

Ah, essas concessões "inócuas"! Já vimos como compromissos aparentemente insignificantes podem resultar em comportamentos extraordinários no futuro. E os chineses sabiam que, como ferramenta de comportamento, uma declaração escrita tinha algumas grandes vantagens. Primeiro, ela fornecia provas físicas de que o ato havia ocorrido. Depois de um homem ter escrito o que os chineses queriam, era muito difícil para ele acreditar que ele não havia feito aquilo. As oportunidades para esquecer ou negar para si mesmo o que ele havia feito não existiam mais, ao contrário do que acontece no caso de afirmações puramente verbais. Não, estava lá, escrito de seu próprio punho, um ato irrevogavelmente documentado que o levava a tornar suas crenças e sua imagem própria coerentes com o que ele havia incontestavelmente feito.

Uma segunda vantagem de um testemunho escrito é que ele pode ser mostrado a outras pessoas. É claro, isso significa que ele pode ser usado para persuadir essas pessoas. Ele pode persuadi-las a mudar suas próprias atitudes na direção da declaração, mas, ainda mais importante para o propósito do compromisso, ele pode persuadi-las de que o autor sinceramente acredita naquilo que escreveu. As pessoas têm uma tendência natural a achar que uma declaração reflete a verdadeira atitude da pessoa que a fez. O que é surpreendente é que elas continuam a achar isso mesmo quando sabem que a pessoa não optou livremente por fazer a declaração.

Algumas provas científicas a esse respeito provêm de estudo realizado pelos psicólogos Edward Jones e James Harris, que mostraram a algumas pessoas um ensaio favorável a Fidel Castro e pediram que elas adivinhassem os verdadeiros sentimentos do autor.[8] Jones e Harris disseram a algumas dessas pessoas que o autor havia decidido escrever um ensaio pró-Fidel e, a outras pessoas, que havia sido pedido ao autor para escrever a favor de Fidel. O mais estranho é que até mesmo as pessoas que sabiam que o autor tinha sido escolhido para escrever um ensaio pró-Fidel acharam que ele gostava de Fidel. Parece que uma declaração de ponto de vista produz uma reação *clique, zum* nas pessoas que a leem. A menos que haja fortes provas em contrário, os observadores supõem automaticamente que alguém que faz tal declaração está falando sério.

Pense nos efeitos duplos sobre a imagem própria de um prisioneiro que escreveu uma declaração pró-chinesa ou antiamericana. Ela não apenas era um lembrete pessoal duradouro de sua ação, mas também provavelmente convenceria as pessoas à sua volta de que aquelas eram suas verdadeiras opiniões. Como veremos no Capítulo 4, o que as pessoas à nossa volta acham que é verdade a nosso respeito tem importância enorme para determinar o que nós mesmos achamos que é verdade. Por exemplo, um estudo descobriu que, depois de ouvir que elas eram consideradas pessoas caridosas, as donas de casa de New Haven, Connecticut, deram muito mais dinheiro para um angariador de fundos da Multiple Sclerosis Association.[9] Aparentemente, o simples fato de saber que alguém as considerava caridosas fez com que aquelas mulheres agissem de forma coerente com a percepção que o outro tinha delas.

Depois que um compromisso ativo é estabelecido, a imagem própria fica espremida dentro e fora pelas pressões da coerência. Dentro, existe a pressão para alinhar a imagem própria à ação. Fora, existe uma pressão mais sorrateira – uma tendência a ajustar essa imagem de acordo com a visão que os outros têm de nós. Como os outros acham que acreditamos no que escrevemos (mesmo quando não tivemos muita escolha em relação àquela questão), iremos mais uma vez sentir um impulso para alinhar nossa imagem própria à declaração escrita.

Na Coreia, várias ferramentas sutis foram usadas para fazer com que os prisioneiros escrevessem, sem coerção direta, o que os chineses queriam. Por exemplo, os chineses sabiam que muitos prisioneiros estavam ansiosos para avisar suas famílias que eles estavam vivos. Ao mesmo tempo, os homens sabiam que os seus captores estavam censurando a correspondência e que deixavam que apenas algumas cartas saíssem do campo. Para se assegurar de que suas próprias cartas seriam liberadas, alguns prisioneiros começaram a incluir em suas mensagens apelos de paz, relatos de bons tratos e declarações a favor do comunismo. A esperança era que os chineses quisessem que essas cartas aparecessem e, portanto, permitissem sua entrega. É claro, os chineses ficavam felizes em cooperar porque aquelas cartas atendiam os seus interesses maravilhosamente bem. Primeiro, os seus esforços de propaganda em escala mundial se beneficiavam enormemente de declarações aparentemente pró-comunistas feitas por militares americanos. Segundo, para a doutrinação dos prisioneiros, eles haviam, sem ter exercido qualquer força física, conseguido que muitos homens fossem considerados defensores da causa chinesa.

Técnica semelhante envolvia concursos de ensaios políticos que eram regularmente organizados nos campos. Os prêmios eram invariavelmente pequenos – alguns cigarros ou um pouco de fruta –, mas suficientemente escassos para gerarem muito interesse entre os homens. Geralmente, o ensaio vencedor defendia de maneira sólida um argumento pró-comunista... mas nem sempre era assim. Os chineses eram espertos o bastante para perceber que a maioria dos prisioneiros não participaria de um concurso que só pudesse ser vencido por uma defesa do comunismo. E os chineses eram astutos o bastante para saber como plantar pequenos compromissos em relação ao comunismo nos homens que mais tarde poderiam dar bons frutos. Então o prêmio era ocasionalmente dado a um ensaio que apoiava de maneira geral os Estados Unidos, mas que mostrava respeito pela visão chinesa uma ou duas vezes. Os efeitos dessa estratégia eram exatamente o que os chineses queriam. Os homens continuavam a participar voluntariamente dos concursos porque viam que podiam vencer com um ensaio altamente favorável a seu próprio país. Contudo, talvez sem perceber, começaram a dar a seus ensaios uma nuance ligeiramente inclinada para o comunismo a fim de obter maior chance de vitória. Os chineses estavam prontos para se lançar sobre qualquer concessão em relação ao dogma comunista e usar pressões de coerência para repeti-la insistentemente. No caso de uma declaração escrita sob a forma de um ensaio voluntário, eles tinham um compromisso perfeito a partir do qual poderiam construir a colaboração e a conversão.

Outros profissionais da persuasão também conhecem o poder de comprometimento das declarações por escrito. A tão bem-sucedida Amway Corporation, por exemplo, descobriu uma maneira de estimular seu pessoal de vendas a atingir metas cada vez maiores. Eles pedem que alguns colaboradores estabeleçam metas individuais de vendas e se comprometam a atingir aqueles objetivos, colocando-os por escrito.

> Uma última dica antes de você começar: estabeleça uma meta e *anote-a*. Seja qual for a meta, o importante é que você a estabeleceu, então, você tem um objetivo a alcançar – que está escrito. Existe algo mágico em escrever as coisas. Assim, estabeleça uma meta e anote-a. Ao alcançar aquela meta, estabeleça outra e anote-a. Você vai disparar.[10]

Se o pessoal da Amway descobriu "algo mágico ao escrever as coisas", outras organizações empresariais também o fizeram. Algumas empresas de vendas de porta em porta usam a magia dos compromissos escritos para lutar contra certas leis recentemente aprovadas em muitos estados. Essas leis têm por objetivo permitir que os consumidores cancelem uma compra e sejam integralmente reembolsados alguns dias depois de a compra ter sido feita. No início, essa legislação teve um forte impacto negativo sobre as empresas de venda direta. Como elas enfatizam técnicas de alta pressão, seus clientes muitas vezes compram não porque querem o produto, mas porque são persuadidos ou intimidados para comprar. Quando as novas leis entraram em vigor, esses consumidores começaram a cancelar as compras aos montes.

Desde então, as empresas aprenderam um truque muito simples que reduz drasticamente o número desses cancelamentos. Elas simplesmente fazem com que o cliente, e não o vendedor, preencha o contrato de venda. De acordo com o programa de treinamento em vendas de uma famosa empresa de comercialização de enciclopédias, o compromisso pessoal por si só provou ser "um auxílio psicológico muito importante para evitar que os clientes cancelem seus contratos". Como a Amway Corporation, essas organizações descobriram que algo especial acontece quando as próprias pessoas colocam seus compromissos no papel: elas cumprem o que escreveram.

Outra maneira comum para as empresas lucrarem com a "magia" das declarações escritas ocorre por meio do uso de uma ferramenta promocional aparentemente inocente. Antes de começar a estudar as armas de influência social, eu costumava me perguntar por que grandes empresas como a Procter & Gamble e a General Foods organizavam aqueles concursos de depoimentos "de 25, 50, 100 palavras ou menos". Todos parecem iguais. O participante deve redigir uma declaração pessoal que comece com as palavras "O motivo pelo qual gosto de..." e continuar a elogiar as características da mistura para bolo ou da cera para pavimentos em questão. A empresa julga os depoimentos enviados e dá prêmios surpreendentemente grandes para os vencedores. O que me intrigava era que as empresas não faziam parte da jogada. Muitas vezes, o concurso não exige nenhuma compra, qualquer pessoa pode participar, porém, as empresas parecem estar estranhamente dispostas a assumir os altos custos de um concurso depois do outro.

Não estou mais intrigado. O propósito por trás dos concursos de depoimentos é o mesmo que estava por trás dos concursos de ensaios dos comunistas chineses. Em ambos os casos, o objetivo é fazer com que o maior nú-

FIGURA 3-1

Escrever é acreditar

Esse anúncio convida os leitores a participar de um sorteio ao enviar uma mensagem escrita que detalhe as características positivas do produto.

(CORTESIA DA SCHIEFFELIN & CO.)

mero de pessoas declare gostar do produto. Na Coreia, o produto era o comunismo chinês; nos Estados Unidos, pode ser uma marca de removedor de cutícula. O tipo de produto não importa; o processo é o mesmo. Os participantes escrevem voluntariamente ensaios para obter prêmios atraentes que eles só têm pequena chance de ganhar, mas eles sabem que, para ter alguma chance de ganhar, um ensaio deve conter elogios para o produto. Então, eles encontram algumas características louváveis do produto e as descrevem. Como resultado, temos centenas de homens na Coreia ou centenas de milhares de pessoas nos Estados Unidos que testemunham por escrito o apelo do produto e que, consequentemente, sentem o impulso "mágico" para acreditar no que escreveram.

O olho público

Uma razão para os depoimentos escritos serem eficazes para mudanças pessoais sinceras é que eles podem ser facilmente tornados públicos. A experiência dos prisioneiros na Coreia mostrou que os chineses estavam bastante cientes de um importante princípio psicológico: compromissos públicos tendem a ser compromissos duradouros. Os chineses davam um jeito para que os depoimentos pró-comunistas de seus prisioneiros fossem vistos por outros prisioneiros. Um homem que havia escrito um ensaio político do qual os chineses tivessem gostado, por exemplo, podia encontrar cópias dele exibidas no acampamento, ou receber um pedido para lê-lo para um grupo de discussão dos prisioneiros, ou até mesmo no programa de rádio do campo. Do ponto de vista dos chineses, quanto mais público, melhor. Por quê?

Sempre que uma pessoa toma uma posição que é visível para os outros, surge um impulso em manter essa posição a fim de que essa pessoa *pareça* coerente. Lembre-se de que, anteriormente neste capítulo, descrevemos como a desejável coerência pessoal é um traço positivo; como uma pessoa incoerente pode ser julgada volúvel, incerta, inconstante, desmiolada ou instável; como uma pessoa coerente é vista como racional, segura, confiável e sólida. Nesse contexto, não é de surpreender que as pessoas tentem evitar parecer incoerentes. Pelo bem das aparências, então, quanto mais conhecida for uma posição, mais relutante seremos em mudá-la.

Um exemplo de como compromissos públicos podem levar a ações futuras obstinadamente coerentes é fornecido por uma famosa experiência realizada por dois proeminentes psicólogos sociais: Morton Deutsch e Harold Gerard. O procedimento básico era fazer com que estudantes universitários primeiro estimassem mentalmente o comprimento de linhas que lhes eram mostradas. A essa altura, parte dos estudantes tinha de se comprometer publicamente em relação a seu julgamento inicial escrevendo-o, assinando embaixo e entregando-o ao pesquisador. Um segundo grupo de estudantes também se comprometia com suas estimativas iniciais, mas eles o faziam de maneira privada, escrevendo-as em um Quadro Mágico e, depois, apagando-as ao levantar a tampa de plástico do Quadro Mágico antes que alguém visse o que eles haviam escrito. Um terceiro grupo de estudantes não se comprometia em relação a suas estimativas iniciais; simplesmente as memorizavam.

Dessa maneira, Deutsch e Gerard fizeram com que alguns estudantes se comprometessem de maneira pública ou privada ou que não se comprometessem de forma alguma em relação a suas decisões iniciais. O que Deutsch e Gerard queriam descobrir era qual dos três tipos de estudantes estaria mais propenso a manter seus julgamentos iniciais depois de receber a informação de que aquelas estimativas estavam incorretas. Então, todos os estudantes recebiam novas provas que sugeriam que suas estimativas iniciais estavam erradas e tinham a oportunidade de modificá-las.

Os resultados foram bastante claros. Os estudantes que nunca haviam escrito seus primeiros palpites foram os menos leais a eles. Quando novas provas foram apresentadas questionando a precisão das decisões, o grupo de estudantes que nunca havia escrito seus palpites foi o mais influenciado pelas novas informações para mudar o que haviam considerado a decisão "correta". Comparados a esses estudantes que não haviam se comprometido, os que haviam meramente escrito suas decisões por um momento num Quadro Mágico estavam muito menos dispostos a mudar de opinião quando tinham a oportunidade. Apesar de terem se comprometido na mais anônima das circunstâncias, o ato de escrever suas primeiras estimativas fez com que eles resistissem à influência dos novos dados contraditórios e permanecessem coerentes com suas escolhas preliminares. Deutsch e Gerard descobriram que os estudantes que haviam registrado publicamente suas posições iniciais foram, de longe, os que mais obstinadamente se recusaram a mudar de posição mais tarde. O compromisso público os havia transformado nos mais teimosos de todos.

Esse tipo de teimosia pode acontecer mesmo em situações nas quais a precisão deve ser mais importante do que a coerência. Em estudo no qual júris experimentais de seis ou doze pessoas estavam decidindo sobre um caso fechado, as vezes em que o júri não conseguia chegar a um veredicto aumentavam com muito mais frequência quando os jurados tinham de expressar suas opiniões levantando a mão em vez de fazer uma votação secreta. Depois de declarar suas opiniões iniciais publicamente, os jurados ficavam relutantes em se permitir mudá-las publicamente. Se você um dia for o chefe de algum júri nessas condições, poderá reduzir o risco de não se chegar a um veredicto ao escolher o voto secreto em vez do voto aberto.[11]

A descoberta de Deutsch e Gerard de que somos mais leais a nossas decisões se tivermos nos comprometido em relação a elas publicamente pode ser bem explorada. Pense nas organizações dedicadas a ajudar as pessoas a se livrar de maus hábitos. Muitas clínicas de redução de peso, por exemplo, entendem que uma decisão particular de uma pessoa para perder peso é fraca demais para aguentar a atração das vitrines de confeitarias, dos aromas da cozinha e dos comerciais de deliciosos doces veiculados à noite na televisão. Então, elas dão um jeito para que aquela decisão seja sustentada pelos pilares do compromisso público. Elas pedem que seus clientes escrevam uma meta imediata de perda de peso e *mostrem* essa meta para o maior número possível de amigos, parentes e vizinhos. Os operadores de clínicas relatam que, frequentemente, essa técnica simples funciona quando tudo mais falha.

É claro, não é necessário pagar uma clínica especializada para tornar um compromisso público seu aliado. Uma mulher de San Diego descreveu a mim como ela usou uma promessa pública para ajudá-la a, finalmente, parar de fumar:

> Lembro-me de que foi depois de eu ter ouvido falar de mais um estudo científico que demonstrava que fumar causa câncer. Toda vez que um desses estudos era divulgado, eu costumava resolver parar, mas nunca conseguia. Dessa vez, porém, decidi que tinha de fazer algo. Sou uma pessoa orgulhosa. Fico chateada se as outras pessoas me veem de modo desfavorável. Então, pensei: "Talvez eu possa usar esse orgulho para me ajudar a largar esse maldito hábito." Fiz uma lista de todas as pessoas que eu realmente queria que me respeitassem. Depois, saí e comprei alguns cartões de visita em branco e escrevi no verso de cada cartão: "Prometo que nunca mais vou fumar outro cigarro."
>
> Em uma semana, havia dado ou enviado um cartão assinado para todas as pessoas da lista – meu pai, meu irmão que morava no Leste, meu patrão, minha melhor amiga, meu ex-marido – todo mundo exceto uma pessoa: o sujeito que eu estava namorando na época. Eu era louca por ele e realmente queria que ele me valorizasse como pessoa. Acredite, por duas vezes pensei em dar um cartão para ele porque sabia que, se eu não conseguisse manter minha promessa, morreria de vergonha. Mas, um dia no escritório – ele trabalhava no mesmo prédio que eu – fui até ele, dei-lhe um cartão e saí sem dizer nada.
>
> Parar de repente foi a coisa mais difícil que já fiz. Devo ter pensado mil vezes que *precisava* fumar, mas toda vez que isso acontecia, eu simples-

mente imaginava como todas as pessoas na minha lista, especialmente aquele sujeito, me menosprezariam se eu não cumprisse a promessa. E foi assim que consegui. Nunca mais dei um trago sequer.

Sabe, o interessante é que o sujeito se revelou um perfeito idiota. Não sei o que eu tinha visto nele na época. No entanto, sem saber disso, ele me ajudou a atravessar o período mais difícil da coisa mais penosa que eu já tive de fazer. Nem gosto mais dele. Ainda assim, me sinto grata de certa maneira por achar que ele salvou minha vida.

O esforço extra

Mais um motivo para a eficácia dos compromissos escritos é o fato de eles demandarem mais esforço do que os compromissos verbais. E há provas claras de que quanto mais esforço um compromisso demandar, maior será sua capacidade de influenciar as atitudes da pessoa que o assumiu. Podemos encontrar provas disso bem perto de casa ou tão longe quanto as regiões remotas do mundo primitivo; por exemplo, existe uma tribo na África meridional, os tongas, que pede que cada um de seus meninos passe por uma elaborada cerimônia de iniciação antes de ser considerado um homem da tribo. Como no caso de muitos povos primitivos, um menino tonga sofre muito antes de ser admitido como um adulto do grupo. Os antropólogos Whiting, Kluckhohn e Anthony descreveram brevemente esse suplício de três meses com palavras vivazes:

> Quando um menino atinge uma idade entre 10 e 16 anos, é mandado pelos pais para a "escola de circuncisão", que acontece a cada quatro ou cinco anos. Aqui, em companhia de seus coetâneos, ele se submete a severos maus-tratos por parte dos homens adultos da sociedade. A iniciação começa quando cada menino aceita o desafio de passar entre duas filas de homens que batem nele com porretes. Ao final dessa experiência, as roupas dele são arrancadas e seus cabelos são cortados. Depois, ele se encontra com um homem coberto de jubas de leão e fica sentado sobre uma pedra de frente para esse "homem-leão". Então, alguém o golpeia por trás e, quando ele se vira para ver quem o golpeou, seu prepúcio é agarrado e cortado com dois movimentos pelo "homem-leão". Depois,

> ele é isolado por três meses no "jardim dos mistérios", onde ele pode ser visto apenas pelos iniciados.
>
> Durante sua iniciação, o menino passa por seis grandes provações: espancamentos, exposição ao frio, sede, ingestão de alimentos repugnantes, punição e ameaça de morte. Ao menor pretexto, ele pode ser espancado por um dos homens recém-iniciados, tarefa atribuída pelo homem mais velho da tribo. Ele dorme sem coberta e sofre amargamente com o frio do inverno. Ele é proibido de beber uma gota d'água durante todos os três meses. As refeições muitas vezes se tornam repugnantes por causa da grama semidigerida do estômago de um antílope e que é despejada sobre a comida. Se ele é pego infringindo qualquer uma das importantes regras que governam a cerimônia, é punido com severidade. Por exemplo, em uma dessas punições, palitos são colocados entre os dedos do transgressor, depois, um homem forte aperta a mão do novato praticamente esmagando os seus dedos. Ele se torna submisso por meio do medo ao saber que, antigamente, os meninos que tentavam escapar ou revelavam os segredos às mulheres ou aos não iniciados eram enforcados e seus corpos incinerados.[12]

Aparentemente, esses rituais parecem extraordinários e bizarros. Contudo, ao mesmo tempo, seus princípios, e até mesmo seus detalhes, podem parecer muito semelhantes às tão comuns cerimônias de iniciação de irmandades escolares. Durante a tradicional Hell Week,* que acontece anualmente nas universidades, os candidatos à irmandade devem enfrentar com perseverança uma série de atividades projetadas pelos integrantes mais velhos para testar seus limites de esgotamento físico, esforço psicológico e constrangimento social. Ao final dessa semana, os rapazes que persistiram e passaram pelo suplício são aceitos como integrantes plenos do grupo. Na maioria das vezes, as atribulações os deixam apenas muito cansados e um pouco nervosos, mas algumas vezes os efeitos negativos são mais sérios.

---

* *Nota do Tradutor*: Literalmente, Semana Infernal. Semana durante a qual são aplicados trotes nos calouros.

É interessante notar como as características específicas das tarefas da Hell Week se assemelham aos ritos tribais de iniciação. Lembre-se de que os antropólogos identificaram seis grandes provações a serem suportadas pelo iniciando durante sua estada no "jardim dos mistérios". Uma olhada nos relatos dos jornais mostra que essas provações também acontecem nos trotes das irmandades escolares:

- *Espancamentos*. Michael Kalogris, 14 anos, ficou internado durante três semanas em um hospital de Long Island para se recuperar de lesões internas sofridas durante uma cerimônia de iniciação durante uma Hell Night* da irmandade Omega Gamma Delta da sua escola de Ensino Médio. Ele recebeu uma "bomba atômica" de seus irmãos em potencial, que disseram para ele colocar as mãos sobre a cabeça e mantê-las nessa posição enquanto eles se reuniam à sua volta e davam vários socos em sua barriga e nas suas costas ao mesmo tempo.
- *Exposição ao frio*. Em uma noite de inverno, Frederick Bronner, calouro de uma faculdade na Califórnia, foi levado a uma distância de 16km e à altitude de mil metros nas colinas de uma floresta nacional por seus "irmãos" em potencial. Devendo encontrar sozinho seu caminho de volta usando apenas uma malha fina e calças, Fat Freddy, como era chamado, ficou tremendo em meio a um vento gélido até cair de um despenhadeiro íngreme, fraturando ossos e machucando a cabeça. Impossibilitado de continuar devido às lesões sofridas, ele se encolheu ali até morrer de frio.
- *Sede*. Dois calouros da Universidade Estadual de Ohio foram parar no "calabouço" da casa de sua futura irmandade depois de quebrar a regra que exigia que todos os candidatos entrassem rastejando no refeitório antes das refeições durante a Hell Week. Depois de terem sido trancados no almoxarifado da casa, receberam apenas alimentos salgados durante quase dois dias. Nenhuma bebida foi fornecida, apenas dois copos de plástico nos quais eles podiam recolher a própria urina.

* *Nota do Tradutor*: Literalmente, Noite Infernal.

- *Ingestão de alimentos repugnantes*. Na casa Kappa Sigma, no *campus* da Universidade do Sul da Califórnia, 11 candidatos esbugalharam os olhos ao ver a tarefa nojenta que tinham à frente. Onze pedaços de meio quilo de fígado cru estavam sobre uma bandeja. Cortados em fatias grossas e imersos em óleo, cada pedaço deveria ser engolido inteiro, um por cada candidato. Tendo ânsias de vômito e engasgando, o jovem Richard Swanson tentou três vezes, mas não conseguiu engolir o seu pedaço. Determinado a levar a cabo a tarefa, ele finalmente conseguiu fazer com que a carne banhada em óleo fosse parar em sua garganta, onde se alojou e, apesar de todos os esforços para removê-la, o matou.
- *Punição*. Em Wisconsin, um candidato que esqueceu parte do encantamento ritual a ser memorizado foi punido por seu erro. Ele teve de ficar com seus pés embaixo das pernas de uma cadeira dobradiça enquanto o mais pesado dos integrantes da irmandade se sentava e tomava uma cerveja. Apesar de o candidato não ter gritado durante a punição, um osso de cada um de seus pés se fraturou.
- *Ameaças de morte*. Um candidato da irmandade Zeta Beta Tau foi levado para uma zona praiana em Nova Jersey e obrigado a cavar "o seu próprio túmulo". Segundos depois de ele ter obedecido às ordens para se deitar dentro do buraco, as laterais cederam sufocando-o antes que os outros integrantes da irmandade pudessem tirá-lo de lá.

Existe uma outra semelhança notável entre os ritos de iniciação das sociedades tribais e das irmandades: eles simplesmente não deixam de existir. Superando todas as tentativas de eliminá-los ou suprimi-los, esses maus-tratos têm se mostrado muito resistentes. Autoridades, sob a forma de governos coloniais ou administrações universitárias, tentaram usar ameaças, pressões sociais, ações judiciárias, banimentos, suborno e proibições para convencer os grupos a eliminar os riscos e humilhações de suas cerimônias de iniciação. Ninguém obteve êxito. Pode acontecer uma mudança enquanto a autoridade está observando, mas ela geralmente é mais aparente do que real e as provações mais duras acontecem em circunstâncias mais secretas até que a pressão diminua e elas possam emergir novamente.

Em alguns *campi*, funcionários tentaram eliminar trotes perigosos substituindo a Hell Week por serviço cívico ou controlando diretamente os rituais iniciáticos. Quando tais tentativas não são astutamente contornadas pelas irmandades, elas são confrontadas com resistência física. Por exemplo, após o sufocamento de Richard Swanson na USC, o presidente da universidade baixou novas leis que exigiam que todas as atividades relativas a candidaturas às irmandades fossem examinadas pelas autoridades acadêmicas antes de serem colocadas em prática e que conselheiros adultos estivessem presentes durante as cerimônias de iniciação. De acordo com uma revista de circulação nacional, "o novo 'código' desencadeou uma rebelião tão violenta que a polícia municipal e o corpo de bombeiros ficaram com medo de entrar no *campus*".

Resignando-se ao inevitável, representantes de outras universidades desistiram da possibilidade de abolir as degradações da Hell Week. "Se o trote é uma atividade humana universal, e todas as provas apontam para essa conclusão, é muito provável que você não consiga bani-lo de maneira eficaz. Recuse-se a permiti-lo abertamente e ele será feito clandestinamente. Você não pode banir o sexo, proibir o álcool e, provavelmente, também não pode eliminar os trotes!"[13]

O que os trotes e maus-tratos têm que os tornam tão preciosos para essas sociedades? O que faz com que os grupos contornem, sabotem ou contestem qualquer esforço para banir as características degradantes e perigosas de seus ritos de iniciação? Já foi dito que os próprios grupos são compostos por pessoas psicológica ou socialmente depravadas cujas necessidades pervertidas exigem que os outros sejam feridos ou humilhados, mas não há provas que respaldem essa visão. Estudos sobre os traços de personalidade de integrantes de irmandades escolares, por exemplo, mostram que eles são ligeiramente mais saudáveis do que os outros estudantes universitários em termos de ajuste psicológico. Da mesma maneira, as irmandades são conhecidas por sua disposição a se engajar em projetos comunitários que promovem o bem da sociedade em geral, porém, elas não estão dispostas a substituir suas cerimônias de iniciação por esses projetos. Uma enquete realizada na Universidade de Washington descobriu que, das irmandades examinadas, a maioria possuía algum tipo de tradição ligada à Hell Week e que o serviço comunitário era algo adicional. Em apenas um caso, um serviço desse tipo estava diretamente relacionado aos procedimentos de iniciação.[14]

O quadro que emerge em relação aos perpetradores dos trotes mostra indivíduos normais que tendem a ser psicologicamente estáveis e preocupados com a sociedade, mas que se tornam aberrantemente cruéis como grupo apenas uma vez – imediatamente antes da admissão de novos integrantes na sociedade. A prova, portanto, aponta que a culpada é a cerimônia. Deve haver algo em seu rigor que é vital para o grupo. Sua crueldade deve ter alguma função, algo que o grupo luta implacavelmente para manter. O quê?

Minha visão pessoal é a de que a resposta apareceu em 1959, nos resultados de um estudo pouco conhecido fora do campo da psicologia social. Dois jovens pesquisadores, Elliott Aronson e Judson Mills, decidiram testar sua observação de que "as pessoas que passam por muitos problemas ou muita dor para conseguir algo tendem a valorizar sua conquista mais do que as pessoas que alcançam a mesma coisa com um esforço mínimo". O verdadeiro toque de inspiração aconteceu quando eles escolheram a cerimônia inciática como o melhor lugar para analisar essa possibilidade. Eles descobriram que estudantes universitárias que tiveram de suportar uma cerimônia de iniciação muito constrangedora para obter acesso a um grupo de discussão sobre sexo se convenciam de que seu novo grupo e suas discussões eram extremamente valiosas, apesar de Aronson e Mills terem previamente preparado os outros integrantes do grupo para serem o mais "inúteis e desinteressantes" possível. Outras estudantes, que passaram por uma cerimônia de iniciação mais branda ou que não passaram por iniciação alguma, tinham certamente uma opinião menos positiva acerca do grupo "inútil" ao qual haviam se associado. Pesquisas adicionais mostraram os mesmos resultados quando era pedido que outras estudantes suportassem dor em vez de constrangimento para aceder ao grupo. Quanto mais choques elétricos uma mulher recebia como parte de uma cerimônia de iniciação, mais ela se convencia mais tarde de que seu novo grupo e suas atividades eram interessantes, inteligentes e desejáveis.[15]

Agora, os transtornos, esforços e até mesmo os espancamentos dos rituais iniciáticos começam a fazer sentido. O homem da tribo tonga que assiste, com lágrimas nos olhos, a seu filho de dez anos tremendo durante uma noite passada no chão frio do "jardim dos mistérios", o segundanista que pontua a Hell Night de seu "irmão menor" na irmandade com acessos de riso nervoso não são exemplos de sadismo. São exemplos de sobrevivência do grupo. Esses atos servem, por mais estranho que isso pareça, para estimular os futuros membros da sociedade a considerar o grupo mais atraente e valioso. Enquanto as pessoas apreciarem e acreditarem naquilo que lutaram para conseguir, esses grupos irão continuar a promover ritos iniciáticos difíceis e problemáticos. A lealdade e a dedicação daqueles que os superam aumentará muito as chances de o grupo permanecer coeso e sobreviver. De fato, um estudo sobre 54 culturas tribais descobriu que as sociedades com as cerimônias de iniciação mais dramáticas e severas são aquelas cujos grupos são mais solidários.[16] Diante da demonstração de Aronson e Mills de que a severidade de uma cerimônia iniciática aumenta de forma significativa o *compromisso* do novato em relação ao grupo, não é de surpreender o fato de esses grupos se oporem a todas as tentativas de eliminar esse vínculo crucial com a sua força no futuro.

Grupos e organizações militares não estão de forma alguma isentos desse mesmo processo. As agonias das iniciações do "campo de recrutas" nas Forças Armadas são lendárias. O romancista William Styron, um ex-fuzileiro naval, relatou suas próprias experiências em uma linguagem que poderíamos facilmente aplicar aos tongas (ou, se for o caso, às várias irmandades Kappa, Beta ou Alfa): "Os exercícios desumanos hora após hora sob um sol escaldante, o abuso físico e mental, as humilhações, o frequente sadismo nas mãos dos sargentos, todos os insultos claustrofóbicos e aterrorizadores para o espírito podem transformar um posto avançado como Quantico ou Parris Island em uma das coisas mais parecidas com um campo de concentração no mundo livre." Em seu comentário, Styron não apenas relembra a infelicidade de seu "pesadelo de treinamento" – ele reconhece o resultado desejado: "Não conheço nenhum ex-fuzileiro naval, a despeito da direção espiritual ou política que ele tenha seguido depois daqueles dias inexperientes e entusiasmados, que não veja o treinamento como uma provação da qual ele saiu de alguma maneira mais resiliente, corajoso e resistente."

Mas por que devemos acreditar em William Styron, o escritor, em relação a essas questões? Afinal, para contadores de histórias profissionais, a linha entre verdade e ficção muitas vezes é obscura. De fato, por que devemos acreditar nele quando ele alega que o caráter "infernal" de seu treinamento militar foi não apenas bem-sucedido, mas *intencional*, planejado para criar os níveis desejados de orgulho e companheirismo entre aqueles que o suportaram e a ele sobreviveram? Pelo menos uma das razões para aceitar sua afirmação provém de uma realidade não ficcional – o caso de John Edwards, um cadete de West Point que foi expulso da academia em 1988 sob acusações que diziam respeito ao trote autorizado e perpetrado pelos veteranos pelo qual todos os calouros passam a fim de comprovar que os novatos podem suportar os rigores do treinamento na academia. O Sr. Edwards, que era um dos melhores alunos da sua turma de 1.100 alunos, suportou o ritual quando foi a ele submetido. E ele não foi expulso por ter tratado os calouros de forma aberrantemente cruel. Sua transgressão foi não expor os novatos a um tratamento que ele considerava "absurdo e desumano". Portanto, parece mais uma vez que, para grupos preocupados em criar uma sensação duradoura de solidariedade e distinção, a dificuldade de uma iniciação severa oferece uma vantagem da qual elas não abrem mão facilmente – nem em relação aos aspirantes que não estão dispostos a se submeter à crueldade *nem* em relação aos integrantes que a aplicam.

A escolha interior

A análise de atividades tão diversas quanto as práticas de doutrinação dos comunistas chineses e os rituais de iniciação de irmandades universitárias me forneceu algumas informações valiosas sobre compromisso. Parece que os compromissos, quando ativos, públicos e penosos, são muito eficazes para mudar a imagem própria de uma pessoa e seu comportamento futuro, porém existe uma outra propriedade do compromisso que é mais importante do que as outras três juntas. Para entender do que se trata, temos, primeiro, de resolver alguns enigmas nas ações dos interrogadores comunistas e dos integrantes das irmandades.

O primeiro enigma vem da recusa dos integrantes da irmandade em permitir que atividades de serviço público façam parte de suas cerimônias de iniciação. Lembre-se de que um estudo mostrou que os projetos comunitários, apesar de frequentes, estavam quase sempre separados do programa de admissão de novos membros. Por quê? Se um compromisso penoso é o que as irmandades procuram em seus ritos iniciáticos, elas certamente poderiam organizar um número suficiente de atividades cívicas desagradáveis e cansativas para seus candidatos. Existem muitas coisas cansativas e desagradáveis no mundo dos consertos em asilos, dos trabalhos em instituições para doentes mentais e da higiene hospitalar. Além disso, empreitadas com espírito comunitário como essas ajudariam muito a melhorar a imagem altamente desfavorável dos ritos da Hell Week das irmandades perante o público e a mídia. Uma pesquisa mostrou que, para cada matéria de jornal positiva a respeito da Hell Week, existem cinco matérias negativas. Mesmo que apenas por motivos de relações públicas, portanto, as irmandades deveriam incorporar serviços à comunidade às suas práticas de iniciação. Mas isso não acontece.

Para analisar o segundo enigma, precisamos voltar aos campos de prisioneiros dos chineses na Coreia e aos concursos de ensaios regularmente organizados para os prisioneiros americanos. Os chineses queriam que o maior número possível de americanos participasse desses concursos para que, durante esse processo, eles expressassem opiniões favoráveis à posição comunista. Se, todavia, a ideia era atrair um grande número de participantes, por que os prêmios eram tão pequenos? Alguns cigarros a mais ou um pouco de fruta fresca eram geralmente tudo o que o participante de um concurso podia esperar. Naquelas circunstâncias, até mesmo esses prêmios eram valiosos, mas, ainda assim, havia recompensas muito maiores – roupas quentes, privilégios especiais de correspondência, maior liberdade de movimento no campo – que os chineses poderiam ter usado para aumentar o número de redatores. No entanto, eles escolheram usar especificamente as recompensas menores em vez das maiores e mais motivadoras.

Apesar de as circunstâncias serem bastante diferentes, as irmandades pesquisadas se recusavam a permitir que atividades cívicas fizessem parte de suas cerimônias de iniciação pelo mesmo motivo que os chineses escolhiam recompensas menores em vez de prêmios maiores: elas queriam que os homens *reconhecessem* o que haviam feito. Nem desculpas nem escapatórias eram permitidas. Um homem que havia sofrido com um trote cruel não podia ter a chance de acreditar que havia feito aquilo por motivos de caridade. Um prisioneiro que apimentava seu ensaio político com alguns comentários antiamericanos não podia desdenhá-los como se tivessem sido motivados por uma grande recompensa. Não, os integrantes da irmandade e os comunistas chineses queriam algo duradouro. Não era suficiente arrancar compromissos de seus homens; aqueles homens tinham de ser forçados a assumir a responsabilidade interior por suas ações.

Diante da preferência dos comunistas chineses pelos concursos de ensaios políticos como ferramenta de comprometimento, não devemos nos surpreender com o fato de uma onda desses concursos ter surgido após o massacre de 1989 na Praça Tiananmen, no qual manifestantes pró-democracia foram assassinados por soldados do governo. Só em Pequim, nove emissoras de televisão e jornais controlados pelo Estado patrocinaram competições de ensaios sobre "a eliminação da rebelião contrarrevolucionária". Ainda agindo de acordo com sua antiga e perspicaz tática de não dar ênfase às recompensas dos compromissos públicos, o governo de Pequim não especificou quais seriam os prêmios.

Cientistas sociais determinaram que assumimos o compromisso interior em relação a um comportamento quando pensamos ter optado por adotá-lo sem pressões externas fortes. Uma grande recompensa é uma pressão externa desse tipo. Ela pode nos fazer executar uma certa ação, mas não nos fará assumir nossa responsabilidade interior pelo ato. Consequentemente, não nos sentiremos comprometidos em relação a ele. O mesmo acontece no caso de uma forte ameaça; ela pode motivar consentimento imediato, mas provavelmente não produzirá comprometimento de longo prazo.

Tudo isso tem implicações importantes na educação das crianças. Isso sugere que nunca devemos subornar ou ameaçar fortemente nossos filhos para que eles façam as coisas nas quais queremos que eles realmente acreditem. Tais pressões irão provavelmente gerar concordância temporária em relação a nossos desejos. Contudo, se quisermos mais do que apenas isso, se quisermos que as crianças acreditem na retidão do que fizeram, se quisermos que elas continuem a adotar o comportamento desejado quando não estivermos presentes para exercer aquelas pressões externas, devemos, de alguma maneira, fazer com que elas assumam a responsabilidade interior pelos atos que queremos que elas executem. Uma experiência de Jonathan Freedman nos dá algumas dicas acerca do que fazer e do que não fazer a esse respeito.

Freedman queria ver se podia evitar que garotos da segunda à quarta série brincassem com um brinquedo fascinante só porque ele havia dito, seis semanas antes, que aquilo era errado. Qualquer pessoa que conhece garotos entre sete e nove anos de idade deve perceber a dificuldade dessa tarefa, mas Freedman tinha um plano. Se ele conseguisse primeiramente fazer com que os garotos se convencessem de que era errado brincar com o brinquedo proibido, talvez aquela crença impedisse que eles o fizessem mais tarde. A coisa difícil era fazer com que os garotos acreditassem que era errado se divertir com o brinquedo – um robô a pilha extremamente caro.

Freedman sabia que seria bastante fácil fazer um garoto obedecer temporariamente. Tudo o que ele tinha a fazer era ameaçar o garoto com consequências severas se ele fosse pego com o brinquedo. Enquanto ele estivesse por perto para aplicar a severa punição, Freedman imaginou que poucos garotos se arriscariam a brincar com o robô. Ele tinha razão. Depois de mostrar a um garoto cinco brinquedos e avisar "É errado brincar com o robô. Se você brincar com o robô, vou ficar muito zangado e terei de fazer algo a respeito", Freedman saiu da sala por alguns minutos. Durante aquele intervalo, o garoto foi observado secretamente através de um espelho unidirecional. Freedman usou esse procedimento ameaçador com 22 garotos diferentes e 21 deles nunca tocaram no robô enquanto ele estava fora.

Portanto, uma forte ameaça era eficaz enquanto os garotos achavam que podiam ser pegos e punidos. Mas Freedman já havia imaginado isso. Ele estava realmente interessado na eficácia da ameaça para guiar o comportamento do garoto mais tarde, quando ele não estivesse mais por perto. Para descobrir o que aconteceria então, ele enviou uma jovem à escola dos garotos seis semanas depois de ele ter estado lá. Ela tirou os garotos da sala de aula, um de cada vez, para participar de uma experiência. Sem mencionar qualquer ligação com Freedman, ela acompanhou cada um dos garotos até a sala com os cinco brinquedos e deu a cada um deles um teste de desenho. Enquanto estava corrigindo um teste, ela dizia ao garoto que ele podia brincar com qualquer brinquedo que estivesse naquela sala. Obviamente, quase todos os garotos brincaram com algum brinquedo. O resultado interessante foi que, dos garotos que usaram os brinquedos, 77% escolheram brincar com o robô que havia sido proibido anteriormente. A ameaça severa de Freedman, que havia sido tão bem-sucedida seis semanas antes, era quase totalmente inócua quando ele não podia mais respaldá-la com uma punição.

Mas Freedman ainda não havia terminado. Ele mudou ligeiramente seu procedimento com um segundo grupo de garotos. Freedman também mostrou a esses garotos inicialmente uma série de cinco brinquedos e avisou para eles não brincarem com o robô enquanto estivesse fora da sala "Porque é errado brincar com o robô". Dessa vez, Freedman não fez nenhuma forte ameaça para amedrontar os garotos e fazê-los obedecer. Ele simplesmente saiu da sala e observou através de um espelho unidirecional a fim de verificar se sua instrução tinha sido suficiente. E tinha. Como no outro exemplo, apenas um dos 22 garotos tocou no robô durante o breve intervalo em que Freedman esteve fora.

A verdadeira diferença entre os dois grupos de garotos surgiu seis semanas mais tarde, quando eles tiveram a oportunidade de brincar com os brinquedos sem Freedman por perto. Algo surpreendente aconteceu com os garotos que não haviam sofrido anteriormente fortes ameaças para não brincar com o robô: quando teve a liberdade de brincar com qualquer brinquedo que quisesse, a maioria evitou o robô, apesar de ele ser o mais atraente dos cinco brinquedos disponíveis (os outros eram um submarino de plástico vagabundo, uma luva infantil de beisebol sem bola, um rifle de brinquedo descarregado e um trator). Ao brincar com um dos brinquedos, apenas 33% daqueles garotos escolheram o robô.

Algo dramático havia acontecido a ambos os grupos de garotos. Para o primeiro grupo, foi a ameaça severa que eles ouviram de Freedman que reforçou a afirmação de que brincar com o robô era "errado". Aquilo havia sido bastante eficaz de início, quando Freedman podia pegá-los se eles tentassem violar a regra. Mais tarde, porém, quando ele não estava mais presente para observar o comportamento deles, a ameaça era impotente e sua regra, por conseguinte, foi ignorada. Parece claro que a ameaça não havia ensinado aos garotos que operar o robô era errado, apenas que era insensato fazer aquilo quando houvesse a possibilidade de eles serem punidos.

Para os outros garotos, o evento dramático veio de dentro, não de fora. Freedman também os havia instruído que brincar com o robô era errado, mas ele não acrescentou nenhuma ameaça de punição caso eles desobedecessem. Houve dois resultados importantes. Primeiro, a instrução de Freedman por si só foi suficiente para evitar que os garotos operassem o robô enquanto ele ficou fora da sala por pouco tempo. Segundo, os garotos se responsabilizaram pessoalmente por sua escolha de ficar longe do robô durante aquele intervalo de tempo. Eles decidiram que não haviam brincado com o robô porque *eles* não queriam. Afinal, não havia punições severas associadas ao brinquedo para explicar de outra maneira o comportamento deles. Portanto, semanas mais tarde, quando Freedman não estava por perto, eles ainda ignoraram o robô porque haviam sofrido uma mudança interior para acreditar que não queriam brincar com ele.[17]

Adultos que estão passando pela experiência de educar uma criança podem extrair uma dica do estudo de Freedman. Suponha que um casal queira ensinar à filha que mentir é errado. Uma ameaça forte e clara ("Mentir é errado, querida; portanto, se eu pegar você mentindo, vou cortar sua língua") pode ser eficaz quando os pais estiverem presentes ou quando a menina achar que poderá ser descoberta, mas isso não atingirá o objetivo maior de convencê-la de que ela não quer mentir porque *ela* acha que é errado. Para fazer isso, uma abordagem muito mais sutil é necessária. Deve ser apresentado um motivo forte o bastante para que ela seja sincera na maior parte do tempo, mas esse motivo não pode ser tão forte a ponto de ela *o* considerar o motivo óbvio para sua sinceridade. É uma questão complicada, pois esse motivo apenas suficiente mudará de criança para criança. Para uma menina, um simples apelo pode ser suficiente ("Mentir é errado, querida, portanto, espero que você não faça isso"); para outra criança, pode ser necessário acrescentar um motivo um pouco mais forte ("...porque se você fizer isso, vou ficar decepcionado"); para uma terceira criança um aviso brando também pode ser necessário ("...e eu provavelmente terei de fazer algo que não quero fazer"). Os pais sábios conhecem que tipo de motivo funcionará com seus próprios filhos. O importante é usar um motivo que irá produzir inicialmente o comportamento desejado e que, ao mesmo tempo, permitirá à criança se responsabilizar pessoalmente por aquele comportamento. Portanto, quanto menos pressão externa detectável houver nesse motivo, melhor. Selecionar o motivo certo não é uma tarefa fácil para os pais, mas o esforço traz suas recompensas. Provavelmente irá significar a diferença entre um consentimento breve e um compromisso duradouro.

Devido a duas razões sobre as quais já falamos, os profissionais da persuasão adoram compromissos que produzem mudanças internas. Primeiro, essa mudança não é apenas específica à situação na qual ela aconteceu da primeira vez; ela também cobre toda uma série de situações correlatas. Segundo, os efeitos da mudança são duradouros. Então, depois que um homem foi induzido a realizar uma ação que muda sua imagem própria para, digamos, a de um cidadão com forte espírito cívico, é provável que ele aja dessa maneira em várias circunstâncias nas quais sua concordância também será desejada, e é provável que ele continue a ter esse comportamento enquanto sua nova imagem própria durar.

Existe ainda uma outra atração nos compromissos que geram mudanças interiores – eles criam suas próprias pernas. O profissional da persuasão não precisa realizar um esforço custoso e contínuo para reforçar a mudança; a pressão por coerência se encarregará de tudo isso. Depois que nosso amigo passar a se ver como um cidadão com forte espírito cívico, ele irá automaticamente começar a ver as coisas de maneira diferente. Ele irá se convencer de que aquela é a maneira certa de se comportar. Ele começará a prestar atenção a fatos que ele não havia notado antes a respeito do valor dos serviços comunitários. Ele irá se dispor a ouvir argumentos que não havia ouvido antes a favor da ação cívica. E ele irá achar tais argumentos mais persuasivos do que antes. Em geral, por causa da necessidade de ser coerente dentro de seu sistema de crenças, ele irá se assegurar de que sua escolha de agir civicamente foi acertada. O que é importante nesse processo de geração de razões adicionais para justificar o compromisso é que as razões são *novas*. Assim, mesmo que a razão original para o comportamento cívico seja eliminada, essas novas razões recém-descobertas podem, por si só, ser suficientes para respaldar a percepção de que ele se comportou corretamente.

A vantagem para um profissional da persuasão inescrupuloso é enorme. Como nós construímos novos esteios para sustentar as escolhas com as quais nos comprometemos, um indivíduo explorador pode nos oferecer algo que nos induza a fazer tal escolha e, depois de a decisão ter sido tomada, remover essa indução, sabendo que nossa decisão provavelmente irá se sustentar em suas próprias pernas recém-criadas. Vendedores de carros novos muitas vezes tentam se beneficiar desse processo por meio de um truque que eles chamam de "suavizar o preço". Deparei-me pela primeira vez com essa tática enquanto me passava por um *trainee* de vendas em uma concessionária local da Chevrolet. Depois de uma semana de treinamento básico, pude assistir ao desempenho dos vendedores. Um procedimento que logo chamou a minha atenção foi o do "golpe baixo".

Para alguns clientes, um ótimo preço é oferecido em alguns carros, às vezes até US$400 a menos do que o preço dos concorrentes. O bom negócio, porém, não é sincero; o vendedor não tem intenção alguma de levá-lo a cabo. Seu único propósito é fazer com que o cliente em potencial *se decida* a comprar um dos carros da concessionária. Depois de a decisão ter sido tomada, uma série de atividades desenvolvem a noção do cliente de compromisso pessoal em relação ao carro – um monte de formulários de compra são preenchidos, termos de financiamento são acertados, às vezes o cliente é incentivado a dirigir o carro por um dia antes de assinar o contrato "para que você sinta como ele é e o mostre para os vizinhos e colegas de trabalho". Durante esse período, o vendedor sabe que os clientes automaticamente desenvolvem uma série de novas razões para justificar a escolha que acabaram de fazer.

Depois, algo acontece. Ocasionalmente, um "erro" nos cálculos é descoberto – talvez o vendedor tenha esquecido de acrescentar o preço do ar-condicionado e, se o comprador ainda quiser o ar-condicionado, US$400 terão de ser somados ao preço. Para que o cliente não suspeite de extorsão, alguns vendedores deixam que o banco que está fornecendo o financiamento descubra o erro. Outras vezes, o negócio não é autorizado no último momento, quando o vendedor o comunica ao chefe, que o cancela porque "Estaríamos perdendo dinheiro". Por apenas mais US$400 o carro pode ser comprado, o que, no contexto de um negócio de milhares de dólares, não parece muito, já que, como o vendedor enfatiza, o custo é igual ao da concorrência e "Esse foi o carro que você escolheu, não?". Outra forma ainda mais insidiosa da técnica do golpe baixo acontece quando o vendedor faz uma oferta inflacionada para que o cliente em potencial dê o seu carro usado como parte do negócio. O cliente reconhece que a oferta é demasiadamente generosa e se precipita a fechar o negócio. Mais tarde, antes de o contrato ser assinado, o gerente de carros usados diz que a estimativa do vendedor ficou US$400 acima do preço e reduz a oferta pelo carro usado do cliente a seu valor de tabela. O cliente, percebendo que a oferta reduzida é justa, a aceita como apropriada e, às vezes, se sente culpado por tentar tirar vantagem da estimativa mais alta do vendedor. Uma vez, vi uma mulher se desculpar constrangida com um vendedor que havia usado essa última versão da tática do golpe baixo com ela – embora ela estivesse assinando um contrato de compra de um carro novo e dando a ele uma comissão enorme. Ele parecia magoado, mas conseguiu dar um sorriso de perdão.

Seja qual for o tipo de golpe baixo usado, a sequência é a mesma: uma vantagem é oferecida e induz uma decisão de compra favorável; em seguida, algum tempo depois de a decisão ter sido tomada, mas, antes de o negócio ser fechado, a vantagem de compra original é habilmente removida. Parece quase incrível que um cliente compre um carro nessas circunstâncias, mas funciona – não com todo mundo, é claro, mas é suficientemente eficaz para ser um procedimento de persuasão usado comumente em muitas concessionárias de automóveis. Vendedores de carros entenderam a capacidade que um compromisso pessoal tem de criar seu próprio sistema de apoio, um sistema de novas justificativas para o compromisso. Muitas vezes, essas justificativas criam tantas pernas fortes para que a decisão se sustente que, quando o vendedor retira apenas uma dessas pernas, a original, a decisão não desmorona. A perda pode ser desprezada pelo cliente que fica consolado, até feliz, com as outras boas razões a favor de sua escolha. Nunca ocorre ao comprador que essas razões adicionais talvez jamais tenham existido se a escolha não tivesse sido feita em primeiro lugar.[18]

O que é impressionante acerca da técnica do golpe baixo é sua capacidade de fazer com que uma pessoa se sinta feliz com uma escolha ruim. As pessoas que têm apenas escolhas ruins a nos oferecer, portanto, gostam particularmente dessa técnica. Podemos vê-las usando variações dessa tática em situações profissionais, sociais e pessoais. Um exemplo é o do meu vizinho Tim, um aficionado dessa tática. Lembre-se de que foi ele quem, ao prometer mudar seu comportamento, fez com que sua namorada, Sara, cancelasse seu futuro casamento com outro homem e o aceitasse de volta. Desde que se decidiu por Tim, Sara se tornou mais dedicada a ele do que nunca, apesar de ele não ter cumprido suas promessas. Ela explica esse fato dizendo que se permitiu ver todos os tipos de qualidades positivas em Tim que ela nunca havia reconhecido anteriormente.

Eu sei muito bem que Sara é uma vítima da tática do golpe baixo. Assim como eu vi compradores serem enganados pela estratégia do golpe baixo nas concessionárias de automóveis, também a vi ser enganada por Tim, que usou o mesmo truque. De sua parte, Tim continua a ser o cara que sempre foi, mas, como os novos atrativos que Sara descobriu (ou criou) nele são bastante reais para ela, agora ela parece satisfeita com a mesma situação que era inaceitável antes de seu enorme comprometimento. A decisão de escolher Tim, por pior que tenha sido objetivamente, gerou seus próprios apoios e parece ter tornado Sara realmente feliz. Nunca contei a Sara o que sei sobre a tática do golpe baixo. A razão de meu silêncio não é o fato de eu achar que ela ficará melhor se não souber de nada. Em geral, mais informação é sempre melhor do que menos informação. É só que, se eu dissesse uma palavra, acho que ela me odiaria.

Dependendo dos motivos da pessoa que está querendo usá-las, qualquer uma das técnicas de persuasão analisadas neste livro pode ser utilizada para o bem ou para o mal. Não é uma surpresa, portanto, que a tática do golpe baixo possa ser usada para outros propósitos socialmente benéficos além de vender carros novos ou reatar relacionamentos com ex-amantes. Um projeto de pesquisa realizado em Iowa, por exemplo, mostra que o procedimento do golpe baixo pode influenciar proprietários de imóveis a poupar energia.[19] O projeto, liderado pelo Dr. Michael Pallak, começou no início do inverno em Iowa, quando os moradores que aqueciam suas casas com gás natural foram contatados por um entrevistador que entregou a eles algumas dicas de economia de energia e pediu que tentassem poupar combustível no futuro. Apesar de todos terem concordado em tentar, quando os pesquisadores examinaram os registros dos serviços públicos daquelas famílias um mês mais tarde e no final do inverno, ficou claro que nenhuma economia real havia ocorrido. Os moradores que haviam prometido tentar economizar usaram tanto gás natural quanto um grupo escolhido aleatoriamente que não havia sido contatado por um entrevistador. Apenas boas intenções e informações sobre economia de combustível não eram, portanto, suficientes para acarretar mudança de hábitos.

Mesmo antes do início do projeto, Pallak e sua equipe de pesquisadores haviam reconhecido que algo mais seria necessário para modificar antigos padrões de consumo de energia. Então, tentaram um procedimento ligeiramente diferente com um grupo equivalente de consumidores de gás natural em Iowa. Essas pessoas também foram contactadas por um entrevistador, que forneceu dicas de economia de energia e pediu que elas poupassem, mas, no caso dessas famílias, o entrevistador ofereceu algo mais: os moradores que concordassem em poupar energia teriam seus nomes publicados em artigos de jornal como cidadãos com grande espírito cívico e poupadores de combustível. O efeito foi imediato. Um mês mais tarde, quando as concessionárias de serviços públicos verificaram seus contadores, cada um dos proprietários de imóveis daquele grupo havia economizado em média 12m^3 de gás natural. A oportunidade de ter seus nomes publicados no jornal havia motivado aqueles moradores a realizar esforços substanciais de conservação de energia durante um mês.

Depois, o tapete foi puxado. Os pesquisadores eliminaram a razão que havia inicialmente feito com que as pessoas poupassem combustível. Cada uma das famílias às quais havia sido feita a promessa inicial recebeu uma carta dizendo que não seria possível publicar seu nome no jornal.

No final do inverno, a equipe de pesquisadores examinou o efeito que a carta havia provocado sobre o consumo de gás natural das famílias. Será que elas haviam retomado seus velhos hábitos de desperdício depois que a oportunidade de aparecer no jornal havia sido eliminada? Improvável. Nos outros meses de inverno, elas haviam economizado *mais* combustível do que no período em que pensavam que teriam sido publicamente homenageadas por aquele motivo! Em termos de porcentagem de economia de energia, elas conseguiram uma economia de gás de 12,2% no primeiro mês porque esperavam ser elogiadas no jornal. Entretanto, depois de terem recebido a carta que informava o contrário, elas não voltaram a seus níveis anteriores de consumo de energia; em vez disso, pouparam ainda mais, chegando a 15,5% de economia durante o resto do inverno.

Apesar de nunca podermos ter certeza sobre coisas desse tipo, uma explicação para esse comportamento persistente das famílias se apresenta imediatamente. A tática do golpe baixo havia feito com que aquelas pessoas assumissem um compromisso de economia de energia por causa da promessa de publicação de seus nomes no jornal. Uma vez assumido, o compromisso começou a gerar seu próprio apoio: os moradores começaram a adquirir novos hábitos de consumo de energia, a se sentir bem a respeito de seus esforços cívicos, a se convencer da necessidade vital de reduzir a dependência dos Estados Unidos em matéria de combustível importado, a apreciar as economias em suas contas de gás, a se sentir orgulhosos da capacidade de se sacrificar e, mais importante, começaram a ver a si mesmos como pessoas preocupadas com a economia de energia. Com todas essas novas razões para justificar o compromisso de usar menos energia, não é surpresa que o compromisso tenha sido mantido mesmo depois de a razão original, a publicação de seus nomes no jornal, ter sido colocada de lado.

Mas é estranho que, quando a publicação de seus nomes não era mais uma possibilidade, essas famílias não apenas mantiveram, mas aumentaram seus esforços de economia de combustível. Várias interpretações poderiam ser apresentadas para esse esforço ainda maior, mas eu tenho uma favorita. De certa forma, a oportunidade de ter seu nome publicado no jornal havia evitado que os proprietários de imóveis se sentissem plenamente responsáveis por seu compromisso de economia de combustível. De todas as razões que respaldavam a decisão de tentar poupar combustível, essa era a única que vinha de fora; era a única que evitava que os proprietários de imóveis pensassem que estavam poupando gás porque acreditavam naquilo. Então, quando a carta que cancelava a publicação chegou, ela removeu o único impedimento para que aqueles moradores vissem a si mesmos como cidadãos preocupados e conscientes em relação à energia. Essa imagem própria nova e qualificada os levou então a poupar ainda mais. A despeito de essa explicação ser correta ou não, uma repetição desse estudo feita por Pallak indica que esse benefício oculto da tática do golpe baixo não é mera casualidade.

A experiência foi realizada durante o verão com os habitantes de Iowa cujas propriedades eram refrescadas por aparelhos de ar-condicionado central. Os moradores aos quais foi prometida a publicação de seus nomes no jornal reduziram o consumo de eletricidade em 27,8% em julho em relação aos moradores aos quais não foi feita promessa alguma ou que nem mesmo foram contactados. Em vez de voltar a seus velhos hábitos, os moradores aos quais foi apresentada uma suposta recompensa aumentaram sua economia de energia em agosto, chegando ao surpreendente nível de 41,6%. Assim como Sara, parece que eles ficaram comprometidos com uma escolha por meio de indução inicial e se tornaram ainda mais dedicados a ela depois de a indução ter sido removida.

COMO DIZER NÃO

"A coerência é o bicho-papão das mentes pequenas." Ou, pelo menos, é o que diz uma citação atribuída a Ralph Waldo Emerson. Mas que coisa mais estranha de se dizer! Se olharmos em volta, é óbvio que, ao contrário do que Emerson parece ter sugerido, a coerência interior é uma marca distintiva da lógica e da força intelectual, enquanto sua ausência caracteriza as pessoas intelectualmente dispersas e limitadas dentre nós. O que, então, será que um pensador do calibre de Emerson queria dizer quando atribuiu o traço da coerência às pessoas de mente pequena? Fiquei suficientemente intrigado a ponto de voltar à fonte original de sua afirmação, o ensaio "Self-Reliance", no qual era claro que o problema não estava em Emerson, mas na versão popular do que ele havia dito. Na verdade, ele escreveu: "Uma coerência *tola* é o bicho-papão das mentes pequenas." Por alguma

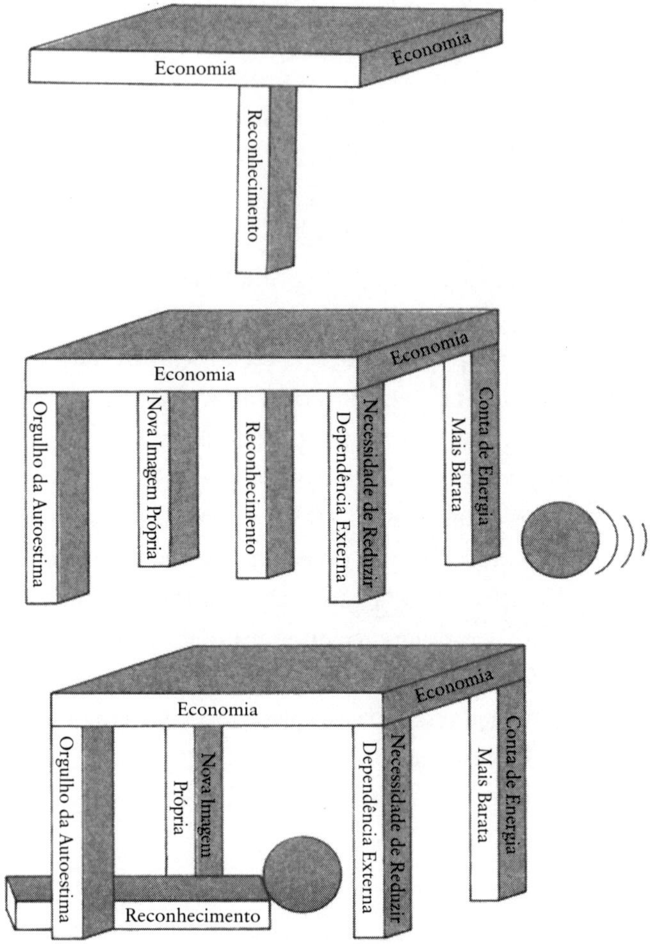

FIGURA 3-2

O golpe baixo a longo prazo

Nesta ilustração da pesquisa sobre energia em Iowa, podemos ver como o esforço original de economia de energia se baseava na promessa de reconhecimento (alto). Contudo, esse compromisso com a economia de energia logo levou ao surgimento de novos suportes autogerados, permitindo que a equipe de pesquisa fizesse uma jogada para derrubar a sustentação inicial (centro). A consequência foi um nível de economia que se manteve estável sobre as próprias pernas depois de a sustentação inicial, sob a forma de reconhecimento, ter sido derrubada (embaixo).

(ARTISTA: MARIA PICARDI; COPYRIGHT © ROBERT B. CIALDINI)

razão obscura, uma distinção vital havia se perdido à medida que os anos erodiram a versão correta de sua afirmação, tornando seu significado totalmente diferente e, quando examinado de perto, completamente tolo.[20]

Todavia, não devemos esquecer essa distinção porque ela é vital para a única defesa eficaz que conheço contra as armas de influência representadas pelos princípios combinados do compromisso e da coerência. Apesar de a coerência ser geralmente boa, até mesmo vital, existe uma versão tola e rígida que deve ser evitada. É dessa tendência a ser automática e impensadamente coerente que Emerson estava falando. E é contra essa tendência que devemos nos precaver, pois ela nos deixa vulneráveis às manobras daqueles que querem explorar para proveito próprio a sequência compromisso → coerência.

Mas, já que a coerência automática é tão útil para nos permitir um comportamento econômico e apropriado na maior parte do tempo, não podemos decidir simplesmente eliminá-la totalmente de nossas vidas. Os resultados seriam desastrosos. Se, em vez de seguir em frente de acordo com nossas decisões e acordos anteriores, parássemos para avaliar os méritos de cada nova ação antes de levá-la a cabo, jamais teríamos tempo de realizar algo significativo. Precisamos até mesmo daquele tipo de coerência perigosa e mecânica. A única saída para o dilema é saber quando essa coerência provavelmente nos levará a uma escolha ruim. Existem certos sinais – dois tipos de sinais diferentes, na verdade – para nos alertar. Registramos cada tipo em uma parte diferente de nossos corpos.

O primeiro tipo de sinal é fácil de reconhecer. Ele ocorre na boca do fundo de nosso estômago quando percebemos que caímos numa cilada armada para nos fazer atender uma solicitação que *sabemos* que não queremos atender. Isso já aconteceu comigo centenas de vezes. Uma ocasião particularmente memorável, porém, aconteceu em uma noite de verão muito antes que eu começasse a estudar as técnicas de persuasão. Atendi a campainha de minha casa e vi uma linda jovem que estava usando um short e uma camiseta reveladora. Notei, ainda assim, que ela levava consigo uma prancheta e estava me pedindo para participar de uma pesquisa. Querendo causar uma impressão positiva, concordei e, admito, alterei a verdade em minhas respostas para me apresentar sob a luz mais positiva possível. Nossa conversa foi assim:

ENTREVISTADORA: Oi, estou fazendo uma pesquisa sobre os hábitos de lazer dos moradores da cidade e queria saber se você poderia responder algumas perguntas para mim.

CIALDINI: Pode entrar.

ENTREVISTADORA: Obrigada. Vou me sentar aqui mesmo e começar. Quantas vezes por semana você diria que sai para jantar fora?

CIALDINI: Ah, provavelmente, três, talvez quatro vezes por semana. Sempre que posso, na verdade. Adoro bons restaurantes.

ENTREVISTADORA: Que legal! E você geralmente pede vinho com o seu jantar?

CIALDINI: Só se for importado.

ENTREVISTADORA: Entendo. E quanto a cinema? Você vai muito ao cinema?

CIALDINI: Cinema? Não me canso de ver bons filmes. Gosto especialmente daqueles sofisticados, com palavras na parte inferior da tela. E você? Gosta de ver filmes?

ENTREVISTADORA: Ahn... gosto, sim. Mas vamos voltar à entrevista. Você vai a muitos concertos?

CIALDINI: Sem dúvida. Na maioria das vezes, música sinfônica, é claro, mas também gosto de grupos pop de qualidade.

ENTREVISTADORA *(escrevendo rapidamente)*: Ótimo! Só mais uma pergunta. E quanto a turnês de companhias de teatro ou de balé? Você as assiste quando elas vêm à cidade?

CIALDINI: Ah, o balé – movimento, graça, forma – Eu adoro! Pode escrever que eu *amo* balé. Vou sempre que posso.

ENTREVISTADORA: Muito bem. Deixe-me apenas conferir meus números aqui um instante, Sr. Cialdini.

CIALDINI: Na verdade, é Dr. Cialdini. Mas isso soa muito formal. Por que você não me chama de Bob?

ENTREVISTADORA: Certo, *Bob*. Pelas informações que você já me forneceu, tenho o prazer de dizer que você poderia economizar até US$1.200 por ano se filiando ao Clubamerica! Uma pequena taxa de adesão lhe dará direito a descontos na maioria das atividades que você mencionou. Sem dúvida, uma pessoa com uma vida social tão intensa como você gostaria de aproveitar a grande economia que nossa empresa pode oferecer em todas as atividades que você já me disse que faz.

CIALDINI *(preso numa armadilha como um rato)*: Bem... ahn... eu... ahn... acho que sim.

Lembro-me muito bem de sentir meu estômago se contrair enquanto eu balbuciava minha aceitação. Era um aviso claro para meu cérebro: "Ei, você está sendo enganado aqui!" Mas eu não conseguia ver uma saída. Eu havia sido acuado por minhas próprias palavras. Declinar a oferta dela àquela altura teria significado duas alternativas desagradáveis: se eu tentasse dar para trás alegando que não era o homem do mundo que eu havia dito durante a entrevista, passaria por mentiroso; mas, se eu tentasse recusar a oferta sem dar essa explicação, passaria por um tolo que não quer economizar US$1.200. Então, comprei o pacote de entretenimento, apesar de saber que eu havia sido ludibriado para que a necessidade de ser coerente com o que eu já havia dito me fizesse cair numa cilada.

Não mais, porém. Hoje em dia, ouço meu estômago. E descobri uma maneira de lidar com as pessoas que tentam aplicar em mim o princípio da coerência. Eu simplesmente digo a elas exatamente o que elas estão fazendo. Funciona perfeitamente. Na maioria das vezes, elas não me entendem; apenas ficam suficientemente confusas a ponto de querer me deixar sozinho. Acho que elas consideram louco qualquer um que reage a seus pedidos explicando o que Ralph Waldo Emerson queria dizer ao fazer distinção entre coerência e coerência tola. Geralmente, elas já começaram a se afastar quando eu mencionei os "bichos-papões da mente" e já estão longe antes que eu descreva o caráter *clique, zum* do compromisso e da coerência. Ocasionalmente, porém, elas percebem que estou fazendo o jogo delas. Sempre sei quando isso acontece – é tão claro quanto a recusa. Elas sempre ficam vermelhas, saem por uma tangente e tomam o rumo da porta.

Essa tática se tornou o contra-ataque perfeito para mim. Sempre que meu estômago me diz que eu seria um otário se atendesse um pedido simplesmente para ser coerente com um compromisso que assumi anteriormente porque caí numa armadilha, transmito essa mensagem ao solicitante. Não tento negar a importância da coerência; simplesmente saliento o absurdo da coerência tola. Seja qual for a reação do solicitante – partir se sentindo culpado ou recuar atônito – me dou por satisfeito. Eu venci; um explorador perdeu.

Às vezes, penso no que teria acontecido se aquela linda jovem de anos atrás tivesse tentando me vender uma afiliação a um clube de entretenimento hoje. Já tenho tudo na cabeça. A interação toda seria a mesma, exceto o final:

ENTREVISTADORA: Sem dúvida, uma pessoa com uma vida social tão intensa como você gostaria de aproveitar a grande economia que nossa empresa pode oferecer em todas as atividades que você já me disse que faz.

CIALDINI *(com muita autoconfiança)*: Errado. Reconheço o que aconteceu aqui. Sei que sua história de fazer uma pesquisa era apenas um pretexto para fazer com que as pessoas dissessem a você com que frequência elas saem e que, nessas circunstâncias, existe uma tendência natural a exagerar. Também percebo que seus patrões a selecionaram para esse trabalho por causa da sua beleza física e disseram para você usar roupas que mostrassem bastante o seu resiliente tecido corporal porque uma mulher bonita e sumariamente vestida provavelmente faz com que os homens se gabem de ter uma vida social intensa para impressioná-la. Portanto, não estou interessado no seu clube de entretenimento por causa do que Emerson disse a respeito da coerência tola e dos bichos-papões da mente.

ENTREVISTADORA *(com um olhar vazio)*: Ahn?

CIALDINI: Ouça. O que eu disse a você durante a sua falsa pesquisa não interessa. Recuso-me a ficar preso numa sequência mecânica de compromisso e coerência quando sei que isso é bobagem. Nada de *clique, zum* comigo.

ENTREVISTADORA: Ahn?

CIALDINI: Tudo bem, deixe-me explicar desta maneira: (1) Seria tolo de minha parte gastar dinheiro em algo que eu não quero. (2) Sei muito bem, já que é meu próprio estômago que está me dizendo, que não quero seu plano de entretenimento. (3) Portanto, se você ainda acredita que eu quero comprá-lo, você provavelmente ainda acredita em Papai Noel. Sem dúvida, uma pessoa tão inteligente quanto você seria capaz de entender isso.

ENTREVISTADORA *(acuada como uma linda ratinha)*: Bem... ahn... eu... ahn... acho que sim.

O estômago não é um órgão particularmente perceptivo ou sutil. Só quando é óbvio que estamos prestes a sermos enganados é que ele registra e transmite essa mensagem. Nas outras vezes, quando não está claro se estamos sendo enganados, nosso estômago talvez nunca se manifeste. Nessas circunstâncias, temos de procurar pistas em outro lugar. A situação de minha vizinha Sara nos fornece um bom exemplo. Ela assumiu um importante compromisso em relação a Tim ao cancelar seus planos de casamento. Esse compromisso desenvolveu seus próprios apoios de maneira que, apesar de as razões originais do compromisso terem sumido, ela continua em harmonia com ele. Ela se convenceu, por meio de razões recém-formadas, de que fez a coisa certa e, portanto, fica com Tim. Não é difícil ver por que Sara não sente um aperto no estômago. O estômago nos alerta quando estamos fazendo algo que achamos que é errado para nós. Sara não *acha* nada disso. Para a mente dela, ela fez a escolha certa e está se comportando de maneira coerente em relação àquela escolha.

Porém, a menos que meu palpite esteja muito errado, há uma parte de Sara que considera sua escolha um erro e sua situação de vida atual uma espécie de coerência tola. Não podemos ter certeza de onde essa parte de Sara está localizada, mas nosso idioma dá um nome a esse lugar: o fundo do coração. Trata-se, por definição, de um lugar no qual não podemos enganar a nós mesmos. É o lugar no qual nenhuma de nossas justificativas ou racionalizações penetram. A verdade de Sara esta lá, apesar de, neste momento, ela não conseguir ouvir seu sinal com clareza através do barulho e da estática do aparato de apoio que ela erigiu.

Se Sara errou ao escolher Tim, quanto tempo ela pode seguir sem reconhecer claramente o seu erro, sem sofrer um ataque no fundo do coração? Não dá para dizer. Porém, uma coisa é certa: à medida que o tempo passa, as várias alternativas a Tim estão desaparecendo. É melhor ela determinar logo se está cometendo um erro.

É claro, falar é fácil, difícil é fazer. Ela precisa responder uma pergunta extremamente complexa: "Sabendo o que sei agora, se eu pudesse voltar no tempo, faria a mesma escolha?" O problema reside na parte da pergunta que diz "Sabendo o que sei agora". O que ela sabe com exatidão sobre Tim? Em que medida a opinião que ela tem sobre ele é o resultado de uma tentativa desesperada de justificar o compromisso que ela assumiu? Ela afirma que, desde que se decidiu a aceitá-lo de volta, ele a está tratando melhor, está se empenhando mais em parar de beber, aprendeu a fazer uma ótima omelete etc. Experimentei algumas de suas omeletes e tenho lá minhas dúvidas. A questão importante, porém, é se *ela* acredita nessas coisas não apenas intelectualmente – podemos usar esses jogos mentais em nós mesmos – mas também no fundo de seu coração.

Talvez haja um pequeno dispositivo que Sara possa usar para descobrir em que medida sua atual satisfação em relação a Tim é real e em que medida é coerência tola. Um número cada vez maior de evidências psicológicas indica que nossos sentimentos em relação a alguma coisa surgem frações de segundo antes de podermos racionalizar a respeito dessa mesma coisa.[21] Minha suspeita é a de que a mensagem enviada pelo fundo do coração é um sentimento puro e básico. Logo, se nos treinarmos para ficarmos atentos, devemos registrá-lo antes da ativação de nosso aparato cognitivo. Segundo essa abordagem, se Sara fizesse a si mesma a pergunta crucial "Será que eu faria a mesma escolha outra vez?", ela estaria bem preparada para procurar o primeiro lampejo de sentimento que sentisse como reação e confiar nele. Provavelmente o sinal do fundo de seu coração seria transmitido sem distorções antes que entrassem em ação os meios pelos quais ela poderia se iludir.[22]

Eu mesmo comecei a usar o mesmo dispositivo toda vez que suspeitava que pudesse estar agindo de maneira tolamente coerente. Uma vez, por exemplo, eu havia parado na bomba de autosserviço de um posto de gasolina que anunciava um preço por litro alguns centavos mais baixo do que o dos outros postos da região, mas, com a mangueira na mão, percebi que o preço marcado na bomba estava dois centavos acima do que estava escrito no letreiro. Quando mencionei a diferença a um atendente de passagem, que depois eu vim a saber que era o dono, ele murmurou de maneira pouco convincente que os preços haviam mudado alguns dias antes, mas que não houve tempo para corrigir o letreiro. Tentei decidir o que fazer. Algumas razões para ficar surgiram em minha mente – "Preciso muito colocar gasolina", "Esta bomba está disponível e eu estou com um pouco de pressa", "Acho que meu carro tem um desempenho melhor com essa marca de gasolina".

Eu precisava determinar se aquelas razões eram sinceras ou meras justificativas para minha decisão de parar ali. Então, fiz a mim mesmo a pergunta crucial: "Sabendo o que sei sobre o verdadeiro preço desta gasolina, se eu pudesse voltar no tempo, faria a mesma escolha outra vez?" Concentrando-me na primeira impressão que percebi, a resposta era clara. Eu teria seguido adiante. Não teria nem mesmo reduzido a velocidade. Eu sabia então que, sem a vantagem do preço, aquelas outras razões não teriam me levado até ali. Elas não haviam criado a decisão; a decisão as havia criado.

Com isso resolvido, havia outra decisão a ser encarada. Como eu já estava lá segurando a mangueira, não seria melhor usá-la do que sofrer a inconveniência de ir a outro lugar para pagar o mesmo preço? Felizmente, o atendente/dono do posto se aproximou e me ajudou a tomar uma decisão. Ele me perguntou por que eu não estava colocando a gasolina. Eu disse que não gostava da discrepância no preço e ele respondeu com um sorriso sarcástico: "Ouça, ninguém vai me dizer como administrar o meu negócio. Se você acha que está sendo enganado, ponha a mangueira de volta *imediatamente* e saia de minha propriedade o mais rápido que puder, companheiro." Já certo de que ele era um trapaceiro, fiquei feliz em agir de maneira coerente em relação à minha crença e ao desejo dele. Larguei a mangueira ali mesmo... e passei por cima dela enquanto me dirigia para a saída mais próxima. Às vezes, a coerência pode trazer recompensas maravilhosas.

RELATO DO LEITOR

De uma mulher que mora em Portland, Oregon

"Eu estava andando pelo centro de Portland para ir almoçar quando um homem jovem e atraente me parou com um sorriso amistoso e uma frase forte: 'Com licença, estou participando de um concurso e preciso de uma mulher bonita para me ajudar a vencê-lo.' Fiquei muito desconfiada, pois sei que existem muitas mulheres bem mais atraentes do que eu por aí; porém, fui pega despreparada e fiquei curiosa para saber o que ele queria. Ele explicou que receberia pontos em um concurso se conseguisse que mulheres estranhas lhe dessem um beijo. Bem, eu me considero uma pessoa razoavelmente sensata, que não deveria acreditar naquela conversa, mas ele era bastante persistente e, como eu estava quase atrasada para o meu almoço, pensei: 'Dane-se, vou dar um beijo nele e cair fora.' Então, fiz algo completamente contrário a meu senso comum e dei um beijo no rosto daquele estranho no meio do centro de Portland!

Achei que seria o fim daquela história, mas logo soube que era apenas o início. Depois do beijo, fiquei preocupada, pois ele disse: 'Você beija muito bem, mas, na verdade, o concurso do qual estou participando é para vender assinaturas de revistas. Você deve ser uma pessoa muito ativa. Algumas destas revistas a interessariam?' A essa altura, eu deveria ter dado um soco no rapaz e ido embora; mas, como eu havia atendido o seu pedido inicial, senti uma necessidade de ser coerente e atendi o seu segundo pedido. Sim, inacreditavelmente, assinei a revista *SKI* (que gosto de ler ocasionalmente, mas que eu não tinha intenção de assinar), dei a ele US$5 como taxa de início da assinatura e fui embora o mais rápido possível, sentindo-me bastante frustrada com o que eu havia acabado de fazer e sem entender por que havia feito aquilo.

Apesar de ainda me sentir mal quando penso a respeito, ao refletir sobre esse incidente depois de ter lido o seu livro, percebi o que aconteceu. A razão que fez com que essa tática funcionasse com tanta eficácia é que, depois que pequenos compromissos são assumidos (nesse caso, dar um beijo), as pessoas tendem a acrescentar justificativas para respaldar seu compromisso e, depois, ficam dispostas a se comprometer ainda mais. Nessa situação, eu justifiquei o fato de atender seu segundo pedido porque isso era algo coerente com minha ação inicial. Se eu tivesse ouvido os 'sinais de meu estômago', poderia ter me livrado de muita humilhação."

Ao conseguir um beijo, o vendedor explorou o princípio da coerência de duas maneiras. Primeiro, quando pediu ajuda no concurso das revistas, sua cliente em potencial já havia concordado – com um beijo – em ajudá-lo a vencer um concurso. Segundo, parece natural (isto é, coerente) que, se uma mulher tem uma reação tão positiva em relação a um homem a ponto de beijá-lo, ela deverá ter uma reação positiva em relação ao fato de ajudá-lo.

Capítulo 4

PROVA SOCIAL

A verdade somos nós

Onde todos pensam igual, ninguém pensa muito.

– WALTER LIPPMAN

NÃO CONHEÇO NINGUÉM QUE GOSTE DE RISADAS GRAVADAS. De fato, quando fiz uma pesquisa com pessoas que entraram em meu gabinete um dia – vários estudantes, dois técnicos da companhia telefônica, vários professores universitários e o inspetor – a reação foi invariavelmente crítica. A televisão, com seu sistema incessante de risadas gravadas e sua hilaridade tecnicamente incrementada, recebeu muitas reclamações. As pessoas que questionei odiavam as risadas gravadas. Elas as acham estúpidas, falsas e óbvias. Apesar de minha amostragem ser pequena, aposto que ela reflete fielmente os sentimentos negativos da maioria do público americano em relação às risadas gravadas.

Por que, então, essas risadas fazem tanto sucesso com os executivos das redes de televisão? Eles conseguiram seus altos cargos e seus esplêndidos salários sabendo dar ao público o que ele quer, porém, usam religiosamente as risadas gravadas que o público considera de mau gosto. E fazem isso a despeito das objeções de muitos de seus artistas mais talentosos. Não é raro que diretores, roteiristas ou atores peçam que as reações gravadas sejam eliminadas dos projetos dos quais estão participando. Esses pedidos só algumas vezes dão certo e, mesmo assim, não antes que seja travada uma batalha.

O que as risadas gravadas têm de tão atraente para os executivos das redes de televisão? Por que esses homens de negócios astutos e experientes defendem uma prática que seus espectadores em potencial acham desagradável e que os seus talentos mais criativos acham pessoalmente insultante? A resposta é ao mesmo tempo simples e intrigante: eles sabem o que as pesquisas dizem. Experiências descobriram que o uso de risadas gravadas faz com que a plateia ria por mais tempo e com mais frequência quando assiste a um programa humorístico, além de considerar o próprio material mais engraçado. Além disso, algumas evidências indicam que o riso gravado é mais eficiente para piadas ruins.[1]

À luz desses dados, as ações dos executivos da televisão fazem muito sentido. A introdução de trilhas de risadas na programação cômica irá aumentar as respostas bem-humoradas e apreciativas da plateia, até mesmo – e especialmente – quando o material é de baixa qualidade. Portanto, é surpreendente que a televisão, repleta de tentativas toscas de criar seriados cômicos, esteja saturada de risos gravados? Os executivos sabem exatamente o que estão fazendo.

Mas, com o mistério sobre o uso disseminado de risadas gravadas resolvido, nos resta uma pergunta ainda mais desconcertante: por que as risadas gravadas têm esse efeito sobre nós? Não são mais os executivos das redes de televisão que nos parecem estranhos; eles estão agindo de maneira lógica e protegendo seus próprios interesses. É o comportamento da plateia, eu e você, que parece estranho. Por que devemos rir mais de um material cômico quando ele está no meio de risadas fabricadas mecanicamente? E por que devemos achar aquelas bobagens mais engraçadas? Na verdade, os executivos não nos estão tapeando. Qualquer um pode reconhecer risadas gravadas. Elas são tão óbvias, tão falsas, que não há como confundi-las com risadas de verdade. Sabemos muito bem que a hilaridade que ouvimos é irrelevante para a qualidade humorística da piada que a precedeu, que ela não é criada espontaneamente por uma plateia de verdade, mas artificialmente por um técnico que controla uma mesa de som, porém, apesar de ser uma farsa transparente, ela funciona conosco!

Para descobrir por que o riso gravado é tão eficaz, primeiro precisamos entender a natureza de outra poderosa arma de influência: o princípio da prova social. Ele afirma que uma maneira que usamos para determinar o que está certo é descobrir o que as outras pessoas acham que é correto. O princípio se aplica especialmente à maneira como decidimos o que constitui um comportamento correto. Consideramos que um comportamento é mais correto em dada situação de acordo com a frequência com que vemos as outras pessoas terem aquele mesmo comportamento. Seja qual for a questão – desde o que fazer com um saco de pipoca vazio no cinema até a que velocidade dirigir em um certo trecho de uma estrada ou como comer galinha em um jantar – as ações das pessoas à nossa volta serão importantes para definir nossa resposta.

A tendência a ver uma ação como mais apropriada quando os outros a estão executando normalmente funciona bastante bem. Em geral, cometeremos menos erros se agirmos de acordo com os indícios sociais, e não contra eles. Geralmente, quando um monte de pessoas está fazendo algo, aquela é a coisa certa a se fazer. Essa característica do princípio da prova social é, ao mesmo tempo, sua maior força e sua maior fraqueza. Como as outras armas de influência, esse princípio nos proporciona um atalho conveniente para determinar como nos comportar, mas, ao mesmo tempo, torna a pessoa que usa esse atalho vulnerável aos ataques de aproveitadores que estão à espera ao longo do caminho.

No caso do riso gravado, o problema surge quando começamos a reagir à prova social de maneira tão impensada e reflexa a ponto de sermos enganados por indícios parciais ou falsos. Nossa loucura não é usar o riso dos outros para decidir o que é engraçado e quando a hilaridade é apropriada; isso está de acordo com o bem fundado princípio da prova social. A loucura é que fazemos isso em reação a um riso claramente fraudulento. De alguma maneira, uma característica desincorporada do humor – um som – funciona como a essência do humor. O exemplo do Capítulo 1, da perua e da doninha, é instrutivo nesse caso. Você se lembra de que, sendo o pio peculiar dos filhotes de peru normalmente associado a perus recém-nascidos, suas mães dispensam ou negam cuidados maternais baseando-se apenas naquele som? E lembra-se de que, consequentemente, era possível fazer com que uma perua dispensasse cuidados maternos a uma doninha empalhada enquanto a réplica reproduzia o pio gravado de um filhote de peru? O som simulado de um filhote era suficiente para fazer com que os cuidados maternos da perua entrassem em ação.

A lição da perua e da doninha exemplifica bem o relacionamento entre o espectador e o executivo das redes de televisão que usa as risadas gravadas. Ficamos tão acostumados a aceitar as reações de hilaridade dos outros como prova de que algo merece nosso riso a ponto de nós também podermos ser induzidos a reagir ao som, e não à substância, de algo real. Assim como o som de pios tirado da realidade de um filhote pode estimular uma perua a dispensar cuidados maternos, uma risada gravada tirada da realidade de uma plateia de verdade nos estimula a rir. Os executivos das redes de televisão estão explorando nossa preferência por atalhos, nossa tendência a reagir automaticamente com base em provas parciais. Eles sabem que suas fitas irão disparar as nossas. *Clique, zum.*

Os executivos das redes de televisão não são os únicos a usar as provas sociais em benefício próprio. Nossa tendência a supor que uma ação é mais correta se outros a estão executando é explorada em uma série de cenários. Os *barmen* geralmente "incrementam" sua jarra das gorjetas com algumas notas no início da noite para simular gorjetas deixadas por clientes anteriores e, assim, dar a impressão de que dar gorjetas polpudas é um comportamento adequado em um bar. As pessoas que indicam os lugares nas igrejas às vezes dão uma incrementada na cesta de coletas pelo mesmo motivo e conseguem o mesmo efeito positivo. Pastores evangélicos são conhecidos por colocar em suas plateias "impostores" que são treinados para se levantar em dado momento para dar testemunhos e fazer doações. Por exemplo, uma equipe de pesquisa da Universidade Estadual do Arizona que se infiltrou na organização de Billy Graham relatou essas preparações antes de uma visita de sua Cruzada. "Quando Graham chega na cidade e faz seu chamado para o altar, um exército de seis mil pessoas já está à espera com instruções sobre quando se apresentar em vários intervalos para criar a impressão de uma maciça manifestação espontânea."[2]

Anunciantes adoram nos informar quando um produto é o que "mais cresce" ou "mais vende" porque, assim, não precisam nos convencer diretamente de que o produto é bom, eles só precisam dizer que essa é a opinião de muitas outras pessoas, o que parece ser uma prova suficiente. Os produtores de maratonas de caridade na televisão ficam o tempo todo informando os espectadores que já prometeram doações. A mensagem que está sendo comunicada aos indecisos é clara: "Vejam todas as pessoas que já decidiram fazer uma doação. Essa *deve* ser a coisa certa a se fazer." No auge da febre das discotecas, alguns donos de casas noturnas fabricaram um tipo de prova social visível da qualidade de seus clubes criando longas filas do lado de fora quando havia muito espaço dentro. Vendedores aprendem a apimentar seus discursos de vendas com inúmeros relatos de indivíduos que compraram os produtos. O consultor de vendas e motivação Cavett Robert resume bem o princípio em seu conselho a seus *trainees* de vendas: "Como 95% das pessoas são imitadoras e apenas 5% são iniciadoras, elas são convencidas mais pelas ações dos outros do que por qualquer prova que possamos oferecer."

Os pesquisadores também utilizaram procedimentos baseados no princípio da prova social – às vezes, com resultados impressionantes. Um psicólogo em particular, Albert Bandura, abriu o caminho para o desenvolvimento desses procedimentos para a eliminação de comportamentos indesejáveis. Bandura e seus colegas demonstraram como as pessoas que sofrem de fobias podem se livrar desses medos extremos de maneira muito simples. Por exemplo, em um estudo, crianças em idade pré-escolar que haviam sido escolhidas porque morriam de medo de cachorros assistiam durante vinte minutos diariamente a um garotinho que brincava alegremente com um cão. Isso causou mudança tão forte nas reações das crianças com medo que, depois de apenas quatro dias, 67% delas estavam dispostas a entrar em um cercadinho com um cachorro e ficar confinadas lá, acariciando o animal enquanto todas as outras pessoas saíam da sala. Além disso, quando os pesquisadores testaram novamente os níveis de medo das crianças um mês mais tarde, descobriram que a melhoria não havia evaporado durante aquele intervalo; de fato, as crianças estavam mais dispostas do que nunca a interagir com cachorros.

Uma importante descoberta prática foi feita em um segundo estudo sobre crianças que tinham um medo exagerado de cachorros: para eliminá-lo, não era necessário fornecer demonstrações ao vivo de outra criança que brincava com um cachorro; trechos de filmes surtiam o mesmo efeito. E os trechos de filme mais eficazes eram aqueles que mostravam não uma, mas uma série de outras crianças interagindo com seus cachorros. Aparentemente, o princípio da prova social funciona melhor quando a prova é dada pelas ações de muitas outras pessoas.[3]

A poderosa influência dos exemplos filmados para mudar o comportamento das crianças pode ser usada como terapia para vários problemas.

Algumas provas impressionantes estão na pesquisa do psicólogo Robert O'Connor sobre crianças em idade pré-escolar introvertidas. Todos nós já vimos crianças desse tipo, terrivelmente tímidas, solitárias, à margem das brincadeiras e dos grupinhos de colegas. O'Connor se preocupou, achando que, mesmo em uma idade precoce, estava se formando um padrão duradouro de isolamento que criaria dificuldades persistentes para o conforto e a adequação social ao longo da vida adulta. Em uma tentativa de reverter esse padrão, O'Connor fez um filme com 11 cenas diferentes que tinham uma escola maternal como cenário. Cada cena começava mostrando uma criança solitária assistindo a alguma atividade social e, depois, participando ativamente da atividade, para a felicidade de todos. O'Connor formou um grupo com as crianças mais seriamente introvertidas de quatro pré-escolas e mostrou a elas o filme. O impacto foi impressionante. As crianças isoladas começaram imediatamente a interagir com os colegas em um nível igual ao das outras crianças nas escolas. Ainda mais surpreendente foi o que O'Connor descobriu quando retornou para observar as crianças seis semanas mais tarde. Enquanto as crianças introvertidas que não haviam assistido ao filme de O'Connor permaneciam tão isoladas quanto antes, aquelas que *haviam* assistido ao filme estavam liderando as atividades sociais em suas escolas. Parece que esse filme de 23 minutos, assistido apenas uma vez, havia sido o suficiente para reverter um padrão potencial de comportamento de inadequação social. Tal é o poder do princípio da prova social.[4]

Quando o assunto são mostras da força da prova social, existe um exemplo que é de longe o meu favorito. Muitas características são responsáveis por seu apelo: ele proporciona uma ilustração maravilhosa do método subutilizado da observação participante, no qual um cientista estuda um processo imergindo em sua ocorrência natural. Ele fornece informações interessantes para grupos tão diversos quanto historiadores, psicólogos e teólogos e, sobretudo, mostra como as provas sociais podem ser usadas – não por outras pessoas, mas por nós mesmos – para nos assegurarmos de que o que preferimos que seja verdade pareça verdadeiro.

A história é antiga, requer a análise de dados antigos, pois o passado está pontilhado de movimentos religiosos milenares. Vários cultos e seitas profetizaram que, em uma ou outra data específica, aconteceria um período de redenção e grande felicidade para aqueles que acreditavam nos ensina-

FIGURA 4-1

Procurando um significado cada vez mais elevado

A atração da multidão pode ser muito forte.

(CHARGES DA *PUNCH*, EDITADA POR WILLIAM HEWISON, ST. MARTIN'S PRESS, INC. COPYRIGHT © 1979 PUNCH PUBLICATIONS LTD.)

mentos do grupo. Em cada circunstância, foi previsto que o começo da era da salvação seria marcado por um evento importante e inegável, geralmente o fim cataclísmico do mundo. É claro, essas previsões se mostraram invariavelmente falsas. Para o profundo desalento dos membros de tais grupos, o fim nunca surgiu como programado. Mas, imediatamente depois do fracasso da profecia, a história relata um padrão enigmático. Em vez de se desagregarem desiludidos, os seguidores dos cultos muitas vezes fortalecem suas convicções. Arriscando-se a serem ridicularizados pelo populacho, eles tomam as ruas, afirmando publicamente seu dogma e procurando prosélitos com um fervor que é intensificado, e não diminuído, pelo claro desmentido de uma crença central. Foi o que aconteceu com os montanistas da Turquia no século II, os anabatistas da Holanda no século XVI, os sabatianos de Izmir no século XVII, os milleritas americanos no século XIX. E um trio de cientistas sociais interessados no assunto achou que o mesmo poderia acontecer com um culto do Dia do Juízo Final na Chicago moderna. Os cientistas – Leon Festinger, Henry Riecken e Stanley Schachter –, que na época eram colegas na Universidade de Minnesota, ouviram falar de um grupo em Chicago e acharam que valia a pena estudá-lo de perto. A decisão de investigá-los unindo-se ao grupo, incógnitos, como neófitos, e colocando outros observadores adicionais pagos em meio ao grupo, resultou em um relato em primeira mão particularmente rico sobre os eventos antes e depois do dia da catástrofe prevista.[5]

O culto era pequeno, nunca ultrapassava trinta pessoas. Os líderes eram um homem e uma mulher de meia-idade, que os pesquisadores renomearam, devido a questões de publicação, Dr. Thomas Armstrong e Sra. Marian Keech. O Dr. Armstrong, um médico que trabalhava em um serviço para estudantes universitários, se interessava havia muito tempo por misticismo, ocultismo e discos voadores. Por isso, atuava no grupo como uma autoridade respeitada nesses assuntos. A Sra. Keech, todavia, era o centro das atenções e das atividades. Mais cedo naquele mesmo ano, ela havia começado a receber mensagens de espíritos, que ela chamava de Guardiães, localizados em outros planetas. Eram essas mensagens, que fluíam por meio das mãos de Marian Keech por um aparelho de "escrita automática", que iriam formar o grosso do sistema de crenças religiosas do culto. Os ensinamentos dos Guardiães estavam vagamente ligados ao pensamento cristão tradicional. Não é de espantar que um dos Guardiães, Sananda, por fim se "revelou" como uma das atuais encarnações de Jesus.

As transmissões dos Guardiães, que eram sempre assunto de muita discussão e interpretação entre o grupo, ganharam novo significado quando começaram a prever um grande desastre iminente – uma enchente que iria começar no hemisfério ocidental e acabaria por atingir o mundo todo. Apesar de os seguidores do culto terem ficado alarmados de início, outras mensagens asseguravam que eles e as outras pessoas que acreditavam nas Lições enviadas por meio da Sra. Keech sobreviveriam. Antes da calamidade, astronautas chegariam e levariam os crentes em discos voadores para um local seguro, presumivelmente em outro planeta. Pouquíssimos detalhes foram fornecidos acerca do resgate, exceto o fato de que os crentes deveriam se preparar treinando algumas senhas a serem fornecidas ("Deixei meu chapéu em casa", "Qual é a sua pergunta?", "Eu mesmo cuido do meu transporte") e removendo todo o metal de suas roupas – porque o uso ou o transporte de metal tornaria a viagem no disco voador "extremamente perigosa".

Ao observar os preparativos durante as semanas que precediam a data da enchente, Festinger, Riecken e Schachter notaram com interesse especial dois aspectos significativos do comportamento dos membros do culto. Primeiro, o nível de compromisso com o sistema de crenças do culto era muito alto. Antes de sua partida da Terra fadada ao fim, passos irrevogáveis eram dados pelos integrantes. A maioria sofria a oposição dos parentes e amigos em relação a suas crenças, mas persistia assim mesmo em suas convicções, mesmo quando muitas vezes isso significava perder o afeto dessas outras pessoas. De fato, muitos dos membros foram ameaçados por vizinhos ou parentes com ações legais para declará-los incapazes. No caso do Dr. Armstrong, uma moção foi apresentada por sua irmã para que suas duas filhas mais novas fossem tiradas de sua tutela. Muitos crentes se demitiram de seus empregos ou negligenciaram seus estudos para se devotarem integralmente ao movimento. Alguns até deram ou jogaram fora seus pertences, esperando que dali a pouco eles não fossem mais ter utilidade. A certeza da verdade permitia a essas pessoas suportar enormes pressões sociais, econômicas e judiciais, e o compromisso com o dogma crescia à medida que elas resistiam a cada pressão.

O segundo aspecto significativo das ações dos crentes antes da enchente era uma curiosa forma de inação. Para indivíduos tão evidentemente convencidos da validade de seu credo, eles faziam muito pouco para difundir a palavra. Apesar de eles inicialmente terem tornado públicas as notícias do iminente desastre, não houve tentativas de buscar prosélitos ou de catequizar ativamente. Eles estavam dispostos a soar o alarme e a aconselhar aqueles que voluntariamente reagiam a ele, mas só isso.

A aversão do grupo em relação a esforços de recrutamento ficava evidente de várias maneiras além da falta de tentativas pessoais de persuasão. Muitas questões eram mantidas em segredo – cópias suplementares das Lições foram queimadas, senhas e sinais secretos foram instituídos, o conteúdo de certas fitas privadas não era discutido com estranhos (as fitas eram tão secretas que até mesmo aos crentes de longa data foi proibido fazer anotações a respeito). Evitou-se a divulgação. À medida que o dia do desastre se aproximava, um número crescente de repórteres de jornais, televisão e rádio convergiram para o quartel-general do grupo na casa de Keech. A maioria dessas pessoas foi mandada embora ou ignorada. A resposta mais frequente às suas perguntas era: "Sem comentários." Apesar de desestimulados por um tempo, os representantes da mídia voltaram com força total quando as atividades religiosas do Dr. Armstrong acarretaram sua demissão de seu posto no serviço médico universitário. Uma repórter particularmente insistente teve de ser ameaçada com uma ação judicial. Um assédio similar foi rechaçado na véspera da enchente, quando uma multidão de repórteres atormentou os crentes em busca de informações. Depois, os pesquisadores resumiram respeitosamente a postura pré-enchente do grupo em relação à exposição pública e ao recrutamento: "Expostos a uma tremenda explosão de publicidade, eles fizeram todas as tentativas para se esquivar da fama; tendo dúzias de oportunidades para catequizar, eles permaneceram sendo evasivos e reservados e se comportaram com uma indiferença quase superior."

Por fim, quando todos os repórteres e aspirantes a prosélitos haviam sido retirados da casa, os crentes começaram a fazer seus preparativos finais para a chegada da nave espacial, programada para a meia-noite daquele dia. A cena, assim como foi vista por Festinger, Riecken e Schachter, deve ter parecido uma peça do Teatro do Absurdo. Pessoas normalmente comuns – donas de casa, estudantes universitários, um estudante do Ensino Médio, um editor, um médico, um atendente de uma loja de ferragens e sua mãe – estavam participando piamente de uma tragicomédia. Eles recebiam instruções de dois integrantes que entravam periodicamente em contato com os Guardiães; as mensagens de Sananda, escritas por Marian Keech, estavam sendo complementadas aquela noite por "Bertha", uma ex-esteticista por intermédio da qual o "Criador" anunciava instruções. Eles ensaiaram suas falas diligentemente, conclamando em coro as respostas a serem dadas antes de entrar no disco voador de resgate: "Eu mesmo cuido do meu transporte", "Sou meu próprio indicador". Eles discutiam com seriedade se a mensagem de alguém que se identificava como Captain Video* – um personagem de um seriado de televisão espacial da época – havia sido interpretada corretamente como um trote ou se era uma comunicação codificada dos salvadores. E eles interpretavam seus papéis fantasiados. De acordo com o aviso de não portar nada metálico dentro do disco voador, os crentes estavam usando roupas que haviam sido abertas para permitir que peças de metal fossem arrancadas. Os ilhoses de metal em seus sapatos haviam sido arrancados. As mulheres estavam sem sutiã ou usavam sutiãs cuja estrutura de metal havia sido removida. Os homens haviam arrancado os zíperes de suas calças, que eram amarradas por cordas no lugar de cintos.

**Nota do Tradutor*: Literalmente, Capitão Vídeo.

O fanatismo do grupo quanto à remoção de todo o metal foi vivenciado intensamente por um dos pesquisadores, que notou, 25 minutos antes da meia-noite, que havia esquecido de tirar o zíper de suas calças. Os observadores dizem que "essa notícia produziu uma reação próxima ao pânico. Ele foi levado às pressas para o quarto, onde o Dr. Armstrong, com as mãos tremendo e os olhos voltando-se para o relógio a cada poucos segundos, cortou o zíper com uma gilete e retirou os seus fechos com alicates". Após o final da apressada operação, o pesquisador foi levado de volta para a sala de estar com menos metal, mas, como é de se supor, com muito mais medo.

À medida que o momento indicado para a partida se aproximava, os crentes entraram em silenciosa calmaria. Como cientistas treinados estavam presentes no local, temos à nossa disposição um relato detalhado dos eventos que se sucederam durante aquele período extraordinário na vida do grupo:

> Os últimos dez minutos foram tensos para o grupo na sala de estar. Eles não tinham nada a fazer a não ser sentar e esperar com os casacos no colo. No silêncio tenso, dois relógios tiquetaqueavam alto, um estava dez minutos mais adiantado do que o outro. Quando o relógio mais adiantado marcou 00:05h, um dos observadores emitiu um comentário em voz alta. Algumas pessoas responderam em coro que ainda não era meia-noite. Bob Eastman afirmou que o relógio mais atrasado estava certo; ele o havia acertado naquela mesma tarde. O relógio indicava que faltavam quatro minutos para meia-noite.
>
> Aqueles quatro minutos passaram em total silêncio a não ser por um único pronunciamento. Quando o relógio [mais atrasado] sobre a lareira marcou que faltava apenas um minuto antes da chegada do disco voador, Marian exclamou em uma voz tensa e aguda: "E plano algum se desencaminhou!" O relógio soou meia-noite, cada batida dolorosamente clara no silêncio da expectativa. Os crentes permaneciam sentados, imóveis.
>
> Era possível esperar alguma reação visível. A meia-noite havia passado e nada havia acontecido. O próprio cataclismo deveria acontecer em menos de sete horas, mas havia pouco a ser visto na reação das pessoas naquela sala. Ninguém falava, não havia som. As pessoas continuavam sentadas, imóveis, seus rostos aparentemente congelados, sem expressão. Mark Post foi a única pessoa que se mexeu. Ele se deitou no sofá e fechou

os olhos, mas não dormiu. Mais tarde, quando lhe dirigiam a palavra, ele respondia com monossílabos, mas permanecia imóvel. Os outros não demonstraram nada superficialmente, apesar de ter ficado claro mais tarde que haviam sofrido um grande golpe.

Uma atmosfera de desespero e confusão se estabeleceu de forma gradual e dolorosa no grupo. Eles reexaminaram a previsão e as mensagens que a acompanhavam. O Dr. Armstrong e a Sra. Keech reiteraram sua fé. Os crentes ponderaram sobre aquela situação difícil e descartaram como insatisfatória uma explicação depois da outra. A uma certa altura, por volta das 4h, a Sra. Keech desabou e chorou amargamente. Soluçando, ela disse que sabia que alguns deles estavam começando a duvidar, mas que o grupo deveria emanar luz para aqueles que mais precisavam e se manter unido. O resto dos crentes também começou a perder a compostura. Todos eles ficaram visivelmente abalados e muitos quase chegaram às lágrimas. Já eram quase 4:30h e ainda não havia sido encontrada uma maneira de lidar com o desmentido. Àquela altura também, o grupo, em sua maioria, falava abertamente do fracasso do acompanhante que não chegou à meia-noite. O grupo parecia estar à beira da dissolução.

Em meio à crescente dúvida, à medida que rachaduras se insinuavam por entre a confiança dos crentes, os pesquisadores testemunharam dois incidentes notáveis, um após o outro. O primeiro aconteceu por volta das 4:45h, quando a mão de Marian Keech passou repentinamente à tarefa de transcrição através da "escrita automática" do texto de uma mensagem sagrada. Quando lida em voz alta, a comunicação se revelou uma explicação elegante dos eventos daquela noite. "O pequeno grupo, sentado sozinho durante a noite toda, havia difundido tão amplamente a luz que Deus havia salvado o mundo da destruição." Apesar de nítida e eficaz, essa explicação não era totalmente satisfatória em si mesma. Por exemplo, depois de ouvi-la, um integrante simplesmente se levantou, colocou seu chapéu e seu casaco e foi embora. Algo mais era necessário para restaurar os níveis anteriores de fé dos crentes.

Foi a essa altura que o segundo incidente digno de nota aconteceu para satisfazer aquela necessidade. Mais uma vez, as palavras dos que estavam presentes nos oferecem uma descrição nítida:

> A atmosfera no grupo mudou abruptamente, assim como seu comportamento. Minutos após ela ter lido a mensagem que explicava a anulação, a Sra. Keech recebeu outra mensagem que a instruía a divulgar a explicação. Ela pegou o telefone e começou a discar o número de um jornal. Enquanto ela esperava que a ligação fosse completada, alguém perguntou: "Marian, esta é a primeira vez que você mesma liga para o jornal?" A resposta dela foi imediata: "Ah, sim, esta é a primeira vez que ligo para eles. Nunca tive nada para dizer a eles antes, mas, agora, sinto que é urgente." O grupo inteiro era da mesma opinião que ela, pois todos sentiam uma certa urgência. Assim que Marian terminou a ligação, os outros integrantes se revezaram ligando para jornais, agências de notícias, rádios e revistas de circulação nacional para difundir a explicação sobre o fracasso da enchente. Em seu afã de difundir a palavra de maneira rápida e retumbante, os crentes revelaram ao público questões que até então haviam sido mantidas em alto segredo. Se, algumas horas antes, eles haviam evitado repórteres de jornais e achado que a atenção que a imprensa estava lhes dedicando era incômoda, agora, eles buscavam avidamente publicidade.

Não apenas as antigas diretrizes sobre sigilo e publicidade haviam sido transformadas, mas a atitude do grupo em relação a prosélitos em potencial também mudou. Enquanto possíveis recrutas que haviam visitado a casa antes haviam sido, na maior parte das vezes, ignorados, mandados embora ou tratados com pouca atenção, no dia seguinte ao cancelamento a história foi diferente. Todos os visitantes eram recebidos, todas as perguntas eram respondidas, eram feitas tentativas para catequizar tais visitantes. O melhor exemplo da disposição sem precedentes dos integrantes para receber novos recrutas talvez tenha sido o de nove alunos do Ensino Médio que chegaram na noite seguinte para falar com a Sra. Keech.

> Eles a encontraram ao telefone, numa discussão profunda sobre discos voadores com outra pessoa, que, como vieram a descobrir depois, ela achava que fosse um astronauta. Ávida para continuar a falar com ele e, ao mesmo tempo, ansiosa para atender seus novos visitantes, Marian simplesmente os incluiu na conversa e, por mais de uma hora, falou alternadamente com os visitantes em sua sala de estar e com o "astronauta" do outro lado da linha telefônica. Ela estava tão determinada a catequizar que parecia não querer perder oportunidade alguma.

A que podemos atribuir a mudança radical dos crentes? No intervalo de algumas horas, eles passaram de detentores facciosos e taciturnos a disseminadores expansivos e ávidos da Palavra. E o que poderia tê-los feito escolher um momento tão inadequado – quando o fracasso da enchente provavelmente faria com que os não crentes vissem o grupo e seu dogma como motivo de risada?

O evento crucial aconteceu durante algum momento "na noite da enchente", quando ficou cada vez mais claro que a profecia não iria se realizar. É estranho, mas não foi a certeza anterior que levou os integrantes do culto a propagar a fé, foi uma sensação incômoda de incerteza. Foi a compreensão de que, se as profecias sobre a nave espacial e a enchente estavam erradas, então todo o sistema de crenças no qual elas se baseavam também poderia estar. Para as pessoas reunidas na sala de estar de Keech, essa possibilidade crescente deve ter parecido horrível.

Os integrantes do grupo tinham ido longe demais, renunciado a muita coisa por causa de suas crenças para vê-las destruídas; a vergonha, o custo econômico e a gozação seriam grandes demais para suportar. A necessidade imperiosa dos integrantes do culto de se agarrar àquelas crenças transparece em suas próprias palavras. Uma jovem com uma filha de três anos disse:

> Tenho de acreditar que a enchente está a caminho no dia 21 porque gastei todo o meu dinheiro. Larguei o meu emprego, saí da escola de computação... Tenho de acreditar.

O Dr. Armstrong disse o seguinte para um dos pesquisadores quatro horas depois de os homens do espaço não terem chegado:

> Tive de percorrer um longo caminho. Desisti de quase tudo. Cortei todos os laços. Queimei todas as pontes. Dei as costas ao mundo. Não posso me dar ao luxo de duvidar. Tenho de acreditar. E não há nenhuma outra verdade.

Imagine a sinuca em que o Dr. Armstrong e seus seguidores se viram à medida que a manhã se aproximava. O compromisso em relação a suas crenças era tão gigantesco que nenhuma outra verdade era tolerável, porém, aquele conjunto de crenças havia sido implacavelmente massacrado pela realidade física: nenhum disco voador aterrissou, nenhum astronauta chegou, nenhuma enchente aconteceu, nada havia acontecido como profetizado. Já que a única forma aceitável de verdade havia sido destruída por provas físicas, só havia uma maneira para que o grupo saísse daquela sinuca. Eles tiveram de estabelecer um outro tipo de prova para a validade de suas crenças: a prova social.

Isso, portanto, explica sua repentina mudança de conspiradores secretos a missionários zelosos. E explica o momento curioso da mudança – exatamente quando um desmentido direto de suas crenças os havia tornado menos convincentes para quem estava de fora. Era necessário se arriscar a passar pelo escárnio e o desprezo dos não crentes porque os esforços de divulgação e recrutamento representavam a única esperança restante. Se eles conseguissem difundir a Palavra, informar os desinformados, convencer os céticos e se, ao fazer isso, conseguissem conquistar novos adeptos, suas crenças ameaçadas, mas preciosas, se tornariam mais *verdadeiras*. É o que o princípio da prova social diz: quanto mais pessoas acharem uma ideia correta mais a ideia será correta. A tarefa do grupo era clara: já que não era possível mudar a prova física, a prova social tinha de ser modificada. Convença e você será convencido![6]

CAUSA DA MORTE: INCERT(EZ)A

Todas as armas de influência analisadas neste livro funcionam melhor sob certas condições do que sob outras. Para nos defendermos adequadamente contra qualquer uma dessas armas, é vital que conheçamos suas condições ótimas de operação para que possamos reconhecer quando estamos mais vulneráveis à sua influência. No caso do princípio da prova social, já tivemos uma dica de um momento em que ela funciona melhor. Entre os crentes de Chicago, foi uma sensação de confiança abalada que desencadeou seu desejo ardente de novos adeptos. Em geral, quando nos sentimos inseguros em relação a nós mesmos, quando a situação é pouco clara ou ambígua, quando a incerteza reina, temos maior probabilidade de ver e aceitar as ações dos outros como corretas.

Ao examinar as reações das outras pessoas para resolver nossa incerteza, porém, temos a propensão de passar por cima de um fato sutil, mas importante. Aquelas pessoas provavelmente também estão analisando provas sociais. Especialmente em uma situação ambígua, a tendência que todos têm de tentar ver o que os outros estão fazendo pode acarretar um fenômeno fascinante chamado de "ignorância pluralista". Um entendimento completo do fenômeno da ignorância pluralista ajuda imensamente a explicar um acontecimento comum nos Estados Unidos e que foi considerado tanto um enigma quanto uma vergonha nacional: a inação de grupos inteiros de espectadores que não ajudam vítimas agonizantes que precisam de ajuda.

O exemplo clássico da inação dos espectadores e o que gerou mais debate nos círculos jornalísticos, políticos e científicos começou como um caso comum de homicídio no bairro de Queens, em Nova York. Uma mulher com quase trinta anos, Catherine Genovese, foi assassinada ao voltar do trabalho durante um ataque na rua da sua casa. Um assassinato nunca é algo que passa despercebido, mas, numa cidade do tamanho de Nova York, o incidente Genovese só ocupou um trecho de uma coluna do *The New York Times*. A história de Catherine Genovese teria morrido junto com ela, naquele dia de março de 1964, se não fosse por causa de um erro.

O editor do *Times*, A.M. Rosenthal, almoçou por acaso com o chefe de polícia da cidade uma semana mais tarde. Rosenthal perguntou ao comissário sobre um outro homicídio que havia acontecido no Queens, e o comissário, achando que ele estava perguntando sobre o caso Genovese, revelou algo inacreditável que havia sido descoberto pela investigação da polícia. Foi uma revelação que deixou todos que a ouviram, inclusive o comissário, consternados e ávidos por explicações. Catherine Genovese não tinha tido uma morte rápida e silenciosa. Sua morte tinha sido um acontecimento longo, barulhento, angustiante e *público*. O agressor a havia perseguido e atacado em sua rua três vezes durante um intervalo de 35 minutos antes que sua faca finalmente silenciasse seus pedidos de socorro. Era incrível, mas 38 vizinhos haviam assistido aos eventos que levaram à morte de Catherine da janela de seus apartamentos sem sequer levantar um dedo para ligar para a polícia.

Rosenthal, um repórter que já havia ganhado o Prêmio Pulitzer, reconhecia uma boa história ao ouvi-la. No dia do seu almoço com o comissário, ele designou um repórter para investigar a "perspectiva do espectador" do caso Genovese. Uma semana depois, o *Times* publicou na primeira página um longo artigo que causou muita controvérsia e especulação. Os primeiros parágrafos daquele relatório dão o tom e o foco daquela matéria explosiva:

> Durante mais de meia hora, no Queens, 38 cidadãos respeitáveis e cumpridores da lei assistiram a um assassino que perseguiu e esfaqueou uma mulher em três ataques diferentes em Kew Gardens.
>
> Por duas vezes, o som de suas vozes e o brilho repentino da luz de seus quartos o interromperam e assustaram. A cada vez que voltava, ele a procurava e a esfaqueava novamente. Ninguém telefonou para a polícia durante o ataque; uma testemunha ligou depois que a mulher já estava morta.
>
> Isso aconteceu há duas semanas. Mas Frederick M. Lussen, inspetor chefe adjunto, responsável pelos detetives do bairro e veterano com 25 anos de experiência na investigação de homicídios, ainda está em choque.
>
> Ele pode falar com trivialidade sobre vários assassinatos, mas o esfaqueamento em Kew Gardens o deixa perplexo – não apenas por se tratar de um assassinato, mas porque "pessoas de bem" não ligaram para a polícia.

Assim como no caso do Inspetor Chefe Adjunto Lussen, choque e perplexidade foram as reações-padrão de quase todas as pessoas que souberam dos detalhes da história. O choque veio primeiro, deixando a polícia, a imprensa e os leitores atônitos. A perplexidade veio rapidamente depois. Como 38 "pessoas de bem" deixaram de agir naquelas circunstâncias? Ninguém conseguia entender. Até as próprias testemunhas do assassinato estavam pasmas. "Eu não sei", elas respondiam uma após a outra. "Simplesmente, não sei." Algumas apresentaram motivos fracos para sua inação. Por exemplo, duas ou três pessoas explicaram que ficaram com "medo" ou "não quiseram se envolver", mas essas razões não se sustentam em uma análise mais detalhada: uma simples ligação anônima para a polícia poderia ter salvado Catherine Genovese sem ameaçar a segurança ou o tempo livre da vítima no futuro. Não, não era o medo dos observadores ou a relutância em complicar suas vidas que explicavam a falta de ação; outra coisa havia acontecido lá, apesar de eles não conseguirem compreendê-la.

No entanto, confusão não gera bom jornalismo. Então, a imprensa escrita, assim como as outras mídias – vários jornais, estações de televisão e revistas estavam veiculando matérias a respeito do crime a essa altura –, enfatizava uma única explicação na época: as testemunhas, como o resto de nós, não haviam se importado suficientemente a ponto de se envolver. Estávamos nos tornando uma nação de pessoas egoístas e insensíveis. Os rigores da vida moderna, especialmente da vida urbana, estavam nos endurecendo. Estávamos nos tornando "A Sociedade Fria", insensível e indiferente à condição dos nossos concidadãos.

Para reiterar essa interpretação, começaram a aparecer regularmente matérias nas quais vários tipos de apatia pública eram detalhados. Parece que o *Times* havia desenvolvido uma "onda" de apatia durante um certo período após as revelações do caso Genovese. A reiterar tal interpretação também havia as observações de uma série de comentaristas sociais sem experiência alguma que nunca admitem estar perplexos quando falam à imprensa. Eles também achavam que o caso Genovese tinha um significado social de grande escala. Todos usavam a palavra "apatia", que, é interessante notar, fazia parte da manchete da matéria de primeira página do *Times*, apesar de eles atribuírem a apatia a razões diferentes. Um a atribuía aos efeitos da violência na televisão, outro à agressividade reprimida, mas a maioria culpava a "despersonalização" da vida urbana, com suas "sociedades megalopolitas" e sua "alienação do indivíduo em relação ao grupo". Até Rosenthal, o jornalista que escreveu a primeira matéria e que acabou por transformá-la no tema de um livro, apoiava a teoria da apatia causada pela grande cidade.

> Ninguém pode dizer por que as 38 pessoas não pegaram no telefone enquanto a Srta. Genovese estava sendo atacada, pois elas mesmas não sabem explicar o motivo. Podemos supor, todavia, que aquela apatia pertencia, de fato, ao tipo de apatia característica das grandes cidades. Se uma pessoa está cercada e pressionada por milhões de pessoas, é quase questão de sobrevivência psicológica evitar que elas invadam seu espaço, e a única maneira para fazer isso é ignorá-las sempre que possível. A indiferença a um vizinho e a seus problemas é reflexo condicionado da vida em Nova York, assim como em outras grandes cidades.[7]

À medida que crescia – além do livro de Rosenthal, vários artigos em jornais e revistas foram escritos, documentários televisivos realizados e até uma peça off-Broadway foi montada –, o caso Genovese atraiu a atenção profissional de dois professores de psicologia baseados em Nova York, Bibb Latané e John Darley. Eles examinaram os relatos do incidente Genovese e, com base em seus conhecimentos de psicologia social, chegaram a uma explicação que parecia a mais improvável de todas: havia 38 testemunhas presentes. Relatos anteriores da história haviam invariavelmente enfatizado que nenhuma providência havia sido tomada, *apesar* de 38 indivíduos terem assistido ao incidente. Latané e Darley sugeriram que ninguém havia ajudado exatamente porque havia tantos observadores. Os psicólogos especularam que, pelo menos por duas razões, um espectador de uma emergência provavelmente não ajudaria quando houvesse vários outros espectadores presentes. A primeira razão é bastante direta. Com vários ajudantes em potencial em volta, a responsabilidade pessoal de cada indivíduo é reduzida: "Talvez outra pessoa irá ajudar ou chamar ajuda, talvez alguém já o tenha feito." Então, com todo mundo pensando que outra pessoa irá ajudar ou já ajudou, ninguém ajuda. A segunda razão é a mais intrigante do ponto de vista psicológico. Ela se baseia no princípio da prova social e envolve o efeito da ignorância pluralista. Muitas vezes, uma emergência não é evidentemente uma emergência. Será que o homem caído no beco é uma vítima de um ataque cardíaco ou um bêbado que adormeceu? Será que os sons explosivos que vêm da rua são tiros ou o barulho do escapamento de um caminhão? Será que a comoção na porta ao lado é um ataque que requer a presença da polícia ou uma briga matrimonial particularmente barulhenta na qual uma intervenção seria inapropriada e indesejada? O que está acontecendo? Nos momentos de tal incerteza, a tendência natural é olhar em volta e observar as ações das outras pessoas em busca de pistas. Podemos descobrir, a partir da maneira como o outro observa nossa reação, se o evento é ou não uma emergência.

Contudo, é fácil esquecer que todas as outras pessoas que estão observando aquele evento provavelmente também estão procurando provas sociais, e como todos nós preferimos parecer compostos e tranquilos diante dos outros, provavelmente iremos buscar essa prova de maneira plácida, com olhares breves e camuflados na direção das pessoas à nossa volta. Assim, é provável que todos vejam à sua volta pessoas calmas e inativas. Como resultado, graças ao princípio da prova social, o evento não será interpretado como emergência. Isso, segundo Latané e Darley, é o estado de ignorância pluralista "no qual cada pessoa decide que não há nada de errado já que ninguém está preocupado. Enquanto isso, o perigo pode estar aumentando até chegar ao ponto em que um único indivíduo, sem estar influenciado pela aparente calma dos outros, *poderá* reagir".[8]

A conclusão fascinante do raciocínio de Latané e Darley é que, para a vítima da emergência, a ideia de que ela está mais segura no meio de muitas pessoas pode muitas vezes estar completamente errada. Pode ser que uma pessoa que está precisando de ajuda emergencial tenha mais chance de sobreviver se um único espectador, em vez de uma multidão, estiver presente. Para testar essa tese incomum, Darley, Latané, seus alunos e colegas realizaram um programa sistemático e impressionante de pesquisas que produziu um conjunto de descobertas claras. O procedimento básico era encenar situações de emergência que eram observadas por um único indivíduo ou por um grupo de pessoas. Depois, eles registravam o número de vezes que a vítima da emergência era ajudada naquelas circunstâncias. Na primeira experiência, um estudante universitário de Nova York que parecia estar tendo um ataque epilético foi ajudado em 85% das vezes quando havia apenas um único espectador, mas apenas em 31% das vezes quando cinco espectadores estavam presentes. Com quase todos os espectadores únicos ajudando, ficou difícil argumentar que a nossa é "A Sociedade Fria", na qual ninguém se importa com o sofrimento alheio. Obviamente, era algo na presença dos outros espectadores que reduzia a ajuda a níveis vergonhosos.

Outros estudos analisaram a importância da prova social para a geração de "apatia" nas testemunhas. Eles fizeram isso colocando no meio de um grupo de testemunhas de uma possível emergência pessoas treinadas para agir como se nenhuma emergência estivesse acontecendo. Por exemplo, em outra experiência conduzida em Nova York, 75% dos indivíduos sozinhos que observaram fumaça saindo por debaixo de uma porta relataram um vazamento. Contudo, quando vazamentos semelhantes foram observados por grupos de três pessoas, a fumaça foi relatada em apenas 38% das vezes. O nível mais baixo de relatos por parte dos espectadores aconteceu quando os grupos de três pessoas incluíam dois indivíduos que haviam sido treinados para ignorar a fumaça. Nessas circunstâncias, os vazamentos foram relatados em apenas 10% das vezes. Em um estudo semelhante realizado em Toronto, espectadores únicos prestaram ajuda em 90% dos casos, enquanto, no caso de grupos com um espectador em meio a outros dois que permaneciam passivos, a ajuda foi prestada em apenas 16% dos incidentes.

FIGURA 4-2
Vítima?
Em momentos como esse, em que a necessidade de ajuda emergencial não é clara, é pouco provável que até vítimas reais sejam ajudadas quando estão em meio a uma multidão. Pense em como você poderia ser influenciado se fosse o segundo transeunte dessa foto, pela suposição do primeiro transeunte de que não havia necessidade de ajuda.
(JAN HALASKA, PHOTO RESEARCHERS, INC.)

Depois de mais de uma década de pesquisas desse tipo, os cientistas sociais agora têm uma boa ideia de quando um espectador irá prestar ajuda emergencial. Primeiro, e ao contrário da visão de que nos tornamos uma sociedade de pessoas insensíveis e indiferentes, uma vez que as testemunhas se convencem de que existe uma situação de emergência, é bastante provável que elas prestem ajuda. Nessas condições, o número de espectadores que intervêm ou chamam ajuda é bastante reconfortante. Por exemplo, em quatro experiências distintas realizadas na Flórida, foram encenados acidentes que envolviam um técnico em manutenção. Quando ficou claro que o homem estava machucado e precisava de assistência, o percentual de ajuda prestada nas duas experiências foi de 100%. Nas outras duas experiências, nas quais a ajuda envolvia contato com fios elétricos potencialmente perigosos, a vítima ainda assim foi ajudada por espectadores em 90% dos casos. Além disso, esses níveis extremamente altos de assistência ocorreram tendo as testemunhas observado o incidente tanto sozinhas quanto em grupos.[9]

A situação se torna muito diferente quando, como acontece em muitos casos, os espectadores não conseguem ter certeza de que o evento que estão testemunhando é uma emergência. Nesses casos, é muito mais provável que a vítima receba ajuda de um espectador único do que de um grupo, especialmente se as pessoas no grupo não se conhecem. Parece que o efeito da ignorância pluralista é mais forte entre estranhos: por gostarmos de parecer compostos e sofisticados em público e por ignorarmos as reações das pessoas que não conhecemos, temos a tendência a não revelar ou avaliar corretamente as expressões de preocupação quando estamos em meio a um grupo de estranhos. Portanto, uma possível emergência passa a ser considerada como uma não emergência, e a vítima padece.[10]

Exame mais detalhado desse conjunto de resultados de pesquisas revela um padrão esclarecedor. Todas as condições que reduzem as chances de a vítima de uma emergência ser ajudada por um espectador existem de maneira normal e inocente nas cidades: (1) Ao contrário das áreas rurais, as cidades são lugares mais barulhentos, distrativos e que mudam rapidamente, nos quais é difícil ter certeza da natureza dos eventos com que nos deparamos. (2) Ambientes urbanos são mais populosos por natureza, consequentemente, as pessoas têm maior possibilidade de estar em meio a outras ao testemunhar uma situação potencialmente emergencial. (3) Os moradores das grandes cidades conhecem porcentagem muito menor de concidadãos do que as pessoas que vivem em cidades pequenas; portanto, os moradores das grandes cidades estão mais propensos a se ver em meio a um grupo de estranhos ao observar uma emergência.

Essas três características naturais dos ambientes urbanos – sua confusão, sua densidade populacional e seus baixos níveis de relações pessoais – se encaixam muito bem nos fatores que, segundo a pesquisa, reduzem a ajuda dos espectadores. Sem nunca ter de recorrer a conceitos tão sinistros quanto "despersonalização urbana" ou "alienação das megalópoles", podemos, portanto, explicar por que tantos exemplos de inação dos espectadores acontecem em nossas cidades.

Desvitimizar-se

Mas o fato de explicar os perigos da vida urbana moderna em termos menos agourentos não elimina sua existência. E, à medida que as populações do mundo se mudam cada vez mais para as cidades – metade da humanidade estará vivendo em grandes cidades daqui a dez anos –, haverá necessidade crescente de reduzir esses perigos. Felizmente, nossa recém-descoberta compreensão do processo de "apatia" dos espectadores nos oferece esperanças reais. Armada com esse conhecimento científico, a vítima de uma emergência pode aumentar enormemente as chances de receber ajuda dos outros. A chave é a percepção de que grupos de espectadores não ajudam porque os espectadores estão incertos e não porque são rudes. Eles não ajudam porque não têm certeza da existência de uma emergência de verdade e não sabem se devem agir. Quando as pessoas têm certeza de sua responsabilidade de intervir em uma emergência evidente, elas reagem e muito!

Depois de entender que o inimigo não é uma doença social ingovernável como a despersonalização urbana, mas, sim, o simples estado de incerteza, as vítimas de emergências podem dar passos específicos para se proteger, reduzindo a incerteza dos espectadores. Imagine, por exemplo, que você está passando uma tarde de verão ouvindo um concerto no parque. Ao final do concerto, enquanto as pessoas estão indo embora, você percebe um leve torpor em um braço, mas o descarta como se aquilo não fosse motivo de alarme. Porém, ao caminhar com a multidão até o estacionamento distante, você sente o torpor se espalhando até a sua mão e até um lado do seu rosto. Sentindo-se desorientado, você decide se sentar apoiado em uma árvore por um momento para descansar. Logo você percebe que há algo de muito errado acontecendo. Sentar-se não ajudou; de fato, o controle e a coordenação de seus músculos piorou a ponto de você estar começando a ter dificuldade para mexer a boca e a língua para falar. Você tenta se levantar, mas não consegue. Um pensamento aterrorizante vem à sua mente: "Meu Deus, estou tendo um derrame!" Grupos de pessoas estão passando e a maioria não está prestando atenção em você. As poucas pessoas que percebem a maneira esquisita como você está apoiado contra a árvore ou o olhar estranho em seu rosto verificam a prova social à volta delas e, vendo que ninguém mais está reagindo com preocupação, passam por você convencidas de que não há nada de errado.

Se você se visse em uma situação de apuros como essa, o que faria para superar as probabilidades de não ser ajudado? Como suas habilidades físicas estariam se deteriorando, o tempo seria crucial. Se, antes de conseguir chamar ajuda, você perdesse a fala, a mobilidade ou a consciência, as suas chances de obter assistência e de se recuperar diminuiriam drasticamente. Seria essencial tentar pedir ajuda rapidamente. Mas qual seria o tipo de pedido mais eficaz? Gemidos, grunhidos e gritos provavelmente não funcionariam. Eles poderiam atrair alguma atenção, mas não forneceriam informação suficiente para assegurar os transeuntes de que uma emergência de verdade estava acontecendo.

Já que é improvável que meros gritos gerem ajuda de uma multidão de transeuntes, talvez você devesse ser mais específico. De fato, você precisaria fazer mais do que apenas chamar atenção; você deveria explicitar claramente a sua necessidade de ajuda. Você não pode permitir que os espectadores definam sua situação como não emergencial. Use a palavra "Socorro" para explicitar a necessidade de ajuda. E não se preocupe em estar enganado. O constrangimento é um vilão a ser derrotado nesse caso. No contexto de um possível derrame, você não pode se dar ao luxo de estar preocupado com o embaraço de superestimar seu problema. A diferença pode estar entre um momento de constrangimento e sua possível morte ou paralisia para o resto da vida.

Mas até mesmo um retumbante pedido de ajuda não é a tática mais eficaz. Apesar de reduzir as dúvidas dos espectadores sobre a existência de uma emergência de verdade, ele não eliminará muitas outras incertezas importantes dentro da cabeça do espectador: que tipo de ajuda é necessário aqui? Será que, nesse caso, sou eu quem deve ajudar ou deve ser uma pessoa mais qualificada? Será que alguém já foi buscar ajuda profissional ou essa responsabilidade é minha? Enquanto os espectadores ficam observando você e lutando com essas perguntas, instantes vitais para a sua sobrevivência podem estar passando.

Portanto, é óbvio que, como vítima, você precisa fazer mais do que apenas alertar os espectadores sobre sua necessidade de ajuda; você também tem de eliminar incertezas a respeito de como essa ajuda deve ser prestada e quem deve prestá-la. Mas qual seria a maneira mais eficaz e confiável para fazer isso?

Com base nas descobertas das pesquisas que vimos, meu conselho seria o de isolar um indivíduo da multidão: fixe, fale e dirija-se diretamente apenas àquela pessoa: "O senhor, de paletó azul, por favor, preciso de ajuda. Chame uma ambulância." Com essa única frase você eliminaria todas as incertezas que podem impedir ou atrasar a ajuda. Com aquela única afirmação você terá colocado o senhor de paletó azul no papel de "salvador". Agora, ele deve ter entendido que ajuda emergencial é necessária, que ele, e não outra pessoa, é responsável por prestar essa ajuda e, por fim, como prestá-la. Todas as evidências científicas indicam que o resultado deverá ser uma assistência rápida e eficaz.

Em geral, portanto, sua melhor estratégia quando estiver precisando de ajuda emergencial é reduzir as incertezas das pessoas à sua volta em relação à sua condição e às responsabilidades delas. Seja o mais preciso possível quanto à necessidade de ajuda. Não permita que os espectadores tirem suas próprias conclusões porque, principalmente em uma multidão, o princípio da prova social e o subsequente efeito da ignorância pluralista podem fazer com que eles encarem sua situação como uma não emergência.

E peça ajuda para um único indivíduo do grupo de espectadores. Combata a tendência natural a fazer um pedido geral de ajuda. Escolha uma pessoa e *atribua* a tarefa àquele indivíduo. Senão, é muito fácil que todos na multidão suponham que outra pessoa deverá ajudar, irá ajudar ou já ajudou. De todas as técnicas neste livro programadas para produzir concordância a partir de um pedido, esta pode ser a mais importante a ser lembrada. Afinal, o fracasso de seu pedido de ajuda emergencial pode ter consequências pessoais graves.

Há pouco tempo, testemunhei em primeira mão uma prova desse argumento. Estive envolvido em um acidente de carro bastante sério. Tanto eu quanto o outro motorista nos machucamos bastante: ele ficou caído, inconsciente, sobre o volante de seu carro enquanto eu consegui sair cambaleando, ensanguentado, de trás do meu volante. O acidente havia acontecido no meio de um cruzamento bem à vista de vários indivíduos que estavam parados em seus carros no sinal de trânsito. Enquanto eu ajoelhava na rua, ao lado da porta do meu carro, tentando clarear meus pensamentos, o sinal abriu e os carros que estavam esperando começaram a passar lentamente pelo cruzamento; os motoristas olhavam, mas não paravam.

Lembro-me de ter pensado: "Essa não, está acontecendo o que a pesquisa diz. Todos estão passando!" Foi sorte eu ter tido aquele pensamento por ser um psicólogo social e conhecer bastante bem os estudos sobre espectadores. Por pensar em minha situação em termos de descobertas de uma pesquisa, eu sabia exatamente o que fazer. Levantei-me para poder ser visto com clareza e apontei para o motorista de um carro: "Chame a polícia." Para outros dois motoristas, apontando diretamente para cada um deles, eu disse: "Pare, precisamos de ajuda." As reações daquelas pessoas foram instantâneas. Elas chamaram uma viatura da polícia e uma ambulância imediatamente, usaram seus lenços para estancar o sangue de meu rosto, colocaram uma jaqueta sob minha cabeça e se ofereceram para servir de testemunhas do acidente. Uma delas até se ofereceu para ir comigo até o hospital.

A ajuda não foi apenas rápida e solícita, mas contagiante. Depois de verem os carros parando para me ajudar, os motoristas que estavam entrando no cruzamento na outra direção também pararam e começaram a socorrer a outra vítima. O princípio da prova social estava funcionando *a nosso favor* agora. O truque havia sido dar o pontapé inicial na direção da ajuda. Depois que isso foi feito, eu pude relaxar e deixar a preocupação sincera dos espectadores e o impulso natural da prova social fazerem o resto.

MACACO EU, MACACO FAZ

Anteriormente dissemos que o princípio da prova social, como todas as outras armas de influência, funciona melhor sob certas condições do que sob outras. Já analisamos uma dessas condições: a incerteza. Sem dúvida, quando as pessoas estão incertas, elas têm maior tendência a usar as ações dos outros para decidir como elas mesmas devem agir. Mas, além disso, existe uma outra importante condição em ação: a semelhança. O princípio da prova social funciona com mais força quando estamos observando o comportamento de pessoas que são exatamente como nós. É a conduta dessas pessoas que nos á a maior percepção do que constitui o comportamento correto para nós mesmos, portanto, é mais provável que sigamos a liderança de um indivíduo semelhante do que a liderança de um indivíduo diferente.

É por isso que acredito que estamos vendo um número cada vez maior de depoimentos de pessoas comuns na televisão hoje em dia. Os publicitários agora sabem que uma maneira eficaz de vender um produto para espectadores comuns (que formam o maior mercado em potencial) é demonstrar que outras pessoas "comuns" gostam e usam aquele produto. Seja o produto uma marca de refrigerante, um analgésico ou um sabão em pó, ouvimos montes de elogios de "João ou Maria Qualquerum".

Provas mais fortes da importância da semelhança para determinar se iremos imitar o comportamento de outra pessoa vêm da pesquisa científica. Um exemplo especialmente apropriado pode ser encontrado em um estudo realizado muitos anos atrás por psicólogos da Universidade Columbia. Os pesquisadores colocaram carteiras no chão em vários lugares no centro de Manhattan para observar o que aconteceria quando fossem achadas. Todas as carteiras continham US$2,00 em dinheiro, um cheque de US$26,30 e várias informações contendo o nome e o endereço do "proprietário". Além desse material, a carteira também tinha uma carta que tornava evidente que ela havia sido perdida não uma, mas duas vezes. A carta era endereçada ao proprietário da carteira por um homem que a havia encontrado antes e cuja intenção era devolvê-la. A pessoa que a havia encontrado indicava na carta que estava feliz em ajudar e que a oportunidade de prestar esse serviço fez com que ele se sentisse bem.

Ficava claro para qualquer pessoa que achasse uma dessas carteiras que aquele indivíduo bem-intencionado também havia perdido a carteira a caminho da caixa de correio – a carteira estava dentro de um envelope endereçado ao dono. Os pesquisadores queriam saber quantas pessoas, ao encontrar uma carteira nessas condições, seguiriam o caminho da primeira pessoa que a havia achado e a postariam, intacta, ao dono original. Porém, antes de largarem as carteiras, os pesquisadores variaram uma característica da carta que ela continha. Algumas das cartas haviam sido escritas em inglês padrão por alguém que parecia ser um americano médio, enquanto outras cartas haviam sido escritas em um inglês com alguns erros por alguém que se identificava como um estrangeiro recém-chegado nos Estados Unidos. Em outras palavras, a pessoa que havia encontrado inicialmente a carteira e havia tentado devolvê-la era retratada na carta como alguém semelhante ou diferente da maioria dos americanos.

A questão interessante era se os nova-iorquinos que achassem a carteira e a carta seriam mais influenciados a postar a carteira se o primeiro homem que havia tentado fazer a mesma coisa fosse semelhante a eles. A resposta foi clara: apenas 33% das carteiras foram devolvidas quando a primeira pessoa que as encontrou era considerada diferente, mas 70% foram devolvidas quando essa pessoa era considerada semelhante. Esses resultados sugerem uma cate-

FIGURA 4-3

Jovens livre-pensadores

Muitas vezes, achamos que os adolescentes são rebeldes e têm a mente independente. É importante reconhecer, porém, que, em geral, isso só é verdade em relação aos pais. Entre outros semelhantes, eles se adaptam maciçamente ao que a prova social diz que é adequado.

(ERIC KNOLL, TAURUS PHOTOS)

gorização importante do princípio da prova social. Usamos as ações dos outros para decidir sobre nosso próprio comportamento *especialmente quando consideramos as outras pessoas semelhantes a nós mesmos.*

Essa tendência se aplica não apenas a adultos, mas também a crianças. Pesquisadores da área médica descobriram, por exemplo, que um programa escolar antitabagismo tinha efeitos duradouros apenas quando os professores eram líderes da mesma idade dos alunos. Outro estudo descobriu que crianças que assistiam a um filme que mostrava uma visita bem-sucedida ao dentista reduziam sua ansiedade principalmente quando elas tinham a mesma idade da criança no filme. Eu gostaria de ter tido conhecimento desse segundo estudo quando, alguns anos antes de ele ser publicado, estava tentando reduzir um tipo diferente de ansiedade em meu filho, Chris.

Moro no Arizona, onde não faltam piscinas nos jardins das casas. Uma consequência lamentável é que, todo ano, muitas crianças pequenas se afogam depois de mergulhar numa piscina sem vigilância. Eu estava determinado, portanto, a ensinar Chris a nadar logo cedo. O problema não era que ele tivesse medo da água. Ela a adorava, mas, por mais que eu conversasse, o adulasse ou tentasse fazer com que ele sentisse vergonha, ele não entrava na piscina sem usar a sua boia inflável de plástico. Depois de dois meses sem chegar a lugar algum, contratei alguém para me ajudar: um aluno meu de graduação – um ex-salva-vidas corpulento e forte que já havia trabalhado como instrutor de natação. Também foi um fracasso total. Ele não conseguia convencer Chris a tentar dar uma braçada sem boia.

Mais ou menos nessa época, Chris estava frequentando uma colônia de férias que propunha uma série de atividades aos participantes, inclusive o uso de uma grande piscina, que ele escrupulosamente evitava. Um dia, logo depois do fracasso do estudante de graduação, fui pegar Chris na colônia de férias um pouco mais cedo e, boquiaberto, o vi correr pelo trampolim e pular no meio da parte mais profunda da piscina. Em pânico, comecei a tirar meus sapatos para pular e resgatá-lo quando o vi voltar à superfície e ir tranquilamente até a borda da piscina – para onde fui correndo, com os sapatos na mão, para encontrá-lo.

"Chris, você sabe nadar!", eu disse animado. "Você sabe nadar!"

"Sei", ele respondeu casualmente, "aprendi hoje".

"Isso é maravilhoso! Simplesmente maravilhoso!", eu balbuciei, gesticulando expansivamente para transmitir meu entusiasmo. "Mas por que não precisou das suas boias hoje?"

Parecendo um pouco constrangido por seu pai estar exultante enquanto inexplicavelmente encharcava as meias em uma pequena poça e agitava os sapatos, Chris explicou: "Bem, tenho três anos de idade e Tommy tem três anos. E Tommy sabe nadar sem boia, então, eu também posso."

Eu fiquei com vontade de me chutar. É claro, Chris iria buscar a informação mais relevante a respeito do que ele podia ou devia fazer no *pequeno Tommy* e não em um aluno de graduação de 1,80m. Se eu tivesse pensado melhor para resolver o problema de Chris, poderia ter usado o exemplo de Tommy mais cedo e, talvez, ter me poupado alguns meses de frustração. Eu poderia simplesmente ter notado que, na colônia de férias, Tommy sabia nadar, e combinado com os pais dele para que os garotos passassem as tardes de um fim de semana nadando em nossa piscina. Acho que as boias de Chris teriam sido abandonadas no final do primeiro dia.[11]

Qualquer fator que pode levar 70% dos nova-iorquinos a devolver uma carteira (ou que pode reduzir a probabilidade de as crianças começarem a fumar ou terem medo de dentista) deve ser considerado impressionante. Todavia, descobertas desse tipo revelam apenas pequena parte do imenso impacto que a conduta de pessoas semelhantes tem sobre o comportamento humano. Outros exemplos mais fortes existem. A meu ver, o exemplo mais revelador desse impacto começa com uma estatística aparentemente sem sentido: após um suicídio ter chegado às primeiras páginas dos jornais, aviões – aviões particulares, jatinhos de empresas, aviões comerciais – começam a cair a uma taxa alarmante.

Por exemplo, já foi demonstrado que logo após certos tipos de histórias de suicídio maciçamente noticiadas, o número de pessoas que morrem em acidentes com aviões comerciais aumenta 1.000%! Ainda mais alarmante: o aumento não se limita a mortes em acidentes aéreos. O número de mortes causadas por acidentes rodoviários também aumenta vertiginosamente.[12] O que poderia ser responsável por isso?

Uma explicação surge imediatamente: as mesmas condições sociais que fazem com que algumas pessoas cometam suicídio fazem com que outras morram acidentalmente. Por exemplo, certos indivíduos, predispostos ao suicídio, podem reagir a eventos sociais estressantes (reveses econômicos, taxas de crime cada vez mais altas, tensões internacionais) pondo fim a tudo, mas outros indivíduos irão reagir de maneira diferente em relação a esses mesmos eventos; eles podem ficar zangados, impacientes, nervosos ou distraídos. Como essas pessoas operam (ou fazem a manutenção) de carros e aviões em nossa sociedade, os veículos ficam menos seguros e, por conseguinte, assistimos a um grande aumento no número de mortes em acidentes aéreos e rodoviários.

De acordo com essa interpretação das "condições sociais", portanto, alguns fatores sociais que causam mortes intencionais também causam mortes acidentais, e é por isso que encontramos uma ligação tão forte entre histórias de suicídio e acidentes fatais. Mas outra estatística fascinante sugere que essa não é a explicação correta: acidentes fatais aumentam dramaticamente apenas nas regiões em que o suicídio foi maciçamente noticiado. Outros lugares, que enfrentam as mesmas condições, mas nos quais os jornais *não* noticiaram a história, não mostram aumento comparável no número de tais mortes por acidente. Além disso, dentro daquelas áreas em que a notícia ganhou espaço nos jornais, quanto maior foi a divulgação do suicídio, maior foi o aumento de acidentes subsequentes. Portanto, não é um conjunto de eventos sociais em comum que estimula de um lado os suicídios e de outro os acidentes fatais. Em vez disso, é a própria notícia do suicídio que gera acidentes de carro e de avião.

Para explicar a forte associação entre a divulgação de histórias de suicídio e os acidentes subsequentes, foi sugerida uma "sensação de perda". Foi dito que, devido ao fato de suicídios que chegam às primeiras páginas muitas vezes envolverem figuras públicas conhecidas e respeitadas, talvez suas mortes altamente noticiadas façam com que muitas pessoas fiquem em um triste estado de choque. Pasmos e preocupados, esses indivíduos se tornam descuidados nos carros e aviões. A consequência é o grande aumento nos acidentes fatais envolvendo esses veículos que observamos depois de grandes histórias de suicídio. Apesar de a teoria da sensação de perda poder explicar a ligação entre o grau de publicidade dado a uma história e os subsequentes acidentes fatais – quanto maior o número de pessoas que sabem do suicídio maior o número de indivíduos desolados pela perda e descuidados –, ela não consegue explicar outro fato surpreendente: matérias de jornal sobre vítimas de suicídio que morreram sozinhas produzem aumento apenas na frequência de acidentes fatais com apenas uma vítima, enquanto histórias sobre incidentes de assassinato e suicídio geram aumento apenas de acidentes fatais com várias vítimas. A sensação de perda por si só não poderia gerar esse padrão.

A influência das histórias de suicídio em acidentes de carro e de avião, portanto, é extraordinariamente específica. Histórias de suicídios simples, nas quais apenas uma pessoa morre, geram acidentes com apenas uma vítima fatal; histórias em que há combinação de assassinato e suicídio geram acidentes em que há várias mortes. Se nem as "condições sociais" nem a "sensação de perda" podem explicar essa intrigante série de fatos, o que pode? Existe um sociólogo da Universidade da Califórnia em San Diego que acredita ter descoberto a resposta. O seu nome é David Phillips, e ele indica convincentemente algo chamado o "efeito Werther".

A história do efeito Werther é, ao mesmo tempo, assustadora e intrigante. Há mais de dois séculos, um grande homem da literatura alemã, Johann von Goethe, publicou um romance chamado *Die Leiden des jungen Werthers (Os Sofrimentos do Jovem Werther)*. O livro, no qual o herói, chamado Werther, comete suicídio, teve impacto notável. Não apenas elevou o personagem Werther imediatamente à fama, mas também deu início a uma onda de suicídios seguidos em toda a Europa. Seu efeito foi tão poderoso que as autoridades de vários países proibiram o romance.

O trabalho do professor Phillips descreveu o efeito Werther nos tempos modernos. Sua pesquisa demonstrou que, imediatamente após uma história de suicídio que chega às primeiras páginas, a taxa de suicídios aumenta dramaticamente nas áreas geográficas em que a história foi amplamente divulgada. Phillips argumenta que algumas pessoas aflitas que leem sobre o suicídio de outras se matam, imitando-as. Em um mórbido exemplo do princípio social, essas pessoas decidem como devem agir com base em como outras pessoas aflitas agiram.

Phillips obteve sua prova do efeito Werther nos dias de hoje examinando estatísticas de suicídio nos Estados Unidos entre 1947 e 1968. Ele descobriu que, nos dois meses logo após cada uma das histórias de suicídio que foram manchete, houve, em média, 58 suicídios a mais do que o normal. Em certo sentido, cada história de suicídio matou 58 pessoas que, em outras circunstâncias, teriam continuado a viver. Phillips também descobriu que essa tendência dos suicídios de gerar outros suicídios ocorria principalmente naquelas regiões do país em que o primeiro suicídio havia sido amplamente divulgado e que, quanto maior a divulgação do primeiro suicídio, maior o número de suicídios subsequentes.

Se você acha que os fatos que circundam o efeito Werther se parecem muito com a influência das histórias de suicídio em acidentes aéreos e rodoviários, as semelhanças também não passaram despercebidas para o professor Phillips. De fato, ele afirma que todas as mortes excedentes após um suicídio que se torna manchete podem ser explicadas da mesma maneira: suicídios de imitação. Ao saber do suicídio de outra pessoa, um número incomodamente alto de pessoas decide que o suicídio também é uma ação apropriada para elas mesmas. Alguns desses indivíduos cometem o ato de maneira direta, fazendo com que a taxa de suicídios aumente.

Todavia, outros são menos diretos. Devido a uma dentre várias razões – proteger sua reputação, poupar a família da vergonha e da dor, permitir que seus dependentes recebam seu seguro de vida –, eles não querem que fique parecendo que se mataram. Preferem que suas mortes pareçam acidentais. Então, de maneira proposital, mas furtiva, eles provocam o acidente de um carro ou de um avião que eles estão operando ou no qual estão simplesmente viajando. Isso pode ser realizado de várias maneiras bastante conhecidas. Um piloto de linha poderia abaixar o nariz do avião em um ponto crucial da decolagem ou aterrissar inexplicavelmente em uma pista de pouso já ocupada, desobedecendo às instruções da torre de controle; o motorista de um carro poderia bater repentinamente numa árvore ou em um carro no sentido contrário; o passageiro de um automóvel ou de um jatinho empresarial poderia incapacitar o motorista ou o piloto, causando um acidente fatal; o piloto de um avião particular poderia, apesar de todos os avisos via rádio, bater em outra aeronave. Portanto, segundo o Dr. Phillips, o alarmante aumento de acidentes fatais que constatamos após suicídios que se tornam manchete se deve, com toda a probabilidade, ao efeito Werther aplicado secretamente.

Considero esse *insight* brilhante. Primeiro, ele explica muito bem todos os dados. Se esses acidentes são realmente exemplos ocultos de suicídios de imitação, faz sentido vermos um aumento no número de acidentes depois da publicação de histórias de suicídio. E faz sentido o grande aumento nos acidentes ocorrer depois de histórias que foram amplamente divulgadas, ou seja, histórias que chegaram ao conhecimento de um número maior de pessoas. E faz sentido o número de acidentes aumentar significativamente apenas nas áreas geográficas em que as histórias de suicídio foram divulgadas. E faz sentido até o fato de os suicídios com uma só vítima gerarem acidentes com uma única vítima, enquanto incidentes que envolvem suicídios e causam diversas vítimas dão origem a acidentes com várias vítimas. A imitação é a chave.

Mas existe uma segunda característica importante no *insight* de Phillips. Ela nos permite não apenas explicar os fatos existentes, mas também prever novos fatos que nunca haviam sido revelados; por exemplo, se os acidentes extraordinariamente frequentes depois de suicídios amplamente noticiados são realmente ocasionados por ações de imitação e não por ações acidentais, eles deveriam ser, consequentemente, mais letais, ou seja, pessoas que tentam se matar provavelmente irão planejar (acelerando em vez

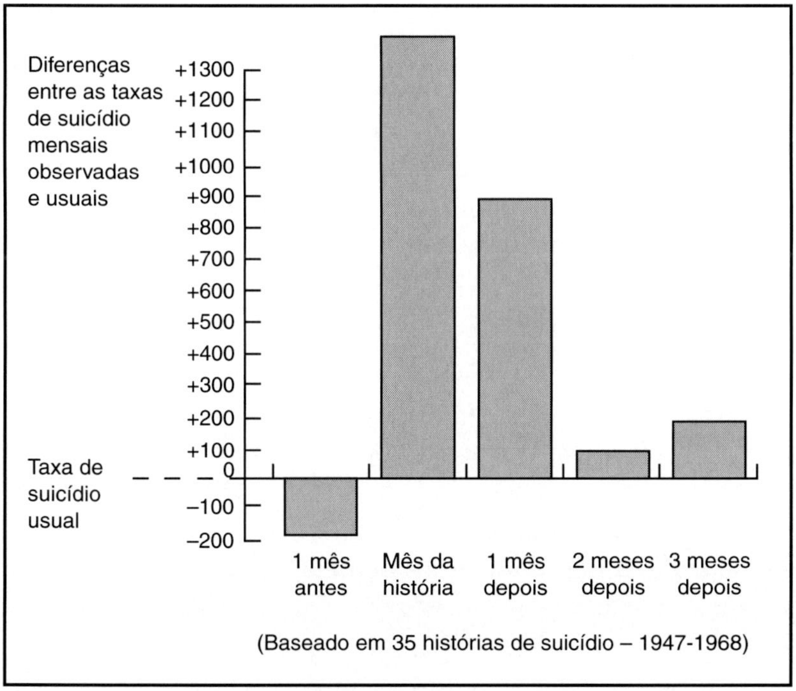

GRÁFICO 4-1

Flutuação no número de suicídios no mês anterior, durante e depois de uma história de suicídio

Esse indício levanta importante questão ética. Os suicídios após essas histórias são mortes além do normal. Depois do aumento inicial, as taxas de suicídio não caem abaixo dos níveis tradicionais, mas apenas retornam àqueles níveis. Uma estatística desse gênero pode fazer com que editores de jornais propensos a colocar relatos sensacionalistas sobre suicídios na primeira página parem e pensem. Se as descobertas de Phillips ainda são válidas, e não há razão para acreditar que elas não sejam, esses relatos provavelmente acarretam a morte de muitas pessoas. Dados mais recentes indicam que, além de editores de jornais, os apresentadores de telejornais devem se preocupar com a maneira como apresentam histórias de suicídio. Phillips e Kenneth Bollen relataram que, entre 1972 e 1976, cada história de suicídio amplamente noticiada nos telejornais noturnos foi seguida de um aumento médio de 35 suicídios em relação ao número esperado para a semana seguinte. E mais, filmes transmitidos pela televisão e programas de informação pública sobre o assunto – até mesmo aqueles planejados para reduzir o problema – criam aumento imediato de casos de suicídio nos quais adolescentes impressionáveis e propensos à imitação são as vítimas mais frequentes.[13]

de frear, virando o nariz do avião para baixo e não para cima) o impacto mais letal possível. A consequência deve ser uma morte rápida e certeira. Quando Phillips analisou os dados para verificar essa previsão, descobriu que, nos acidentes com aviões comerciais ocorridos uma semana após um suicídio amplamente noticiado, o número de vítimas é, em média, três vezes maior do que nos acidentes ocorridos uma semana antes do mesmo suicídio. Fenômeno semelhante pode ser encontrado em estatísticas de trânsito, nas quais há provas da letalidade dos acidentes automobilísticos que acontecem após histórias de suicídio. Após casos de suicídios que chegam às manchetes, as vítimas de acidentes automobilísticos fatais morrem quatro vezes mais rápido do que o normal.

Podemos fazer outra previsão fascinante a partir da ideia de Phillips. Se o aumento no número de acidentes após histórias de suicídio realmente representa uma série de mortes por imitação, então os imitadores terão maior probabilidade de imitar os suicídios de pessoas que são semelhantes a si mesmos. O princípio da prova social afirma que usamos informações a respeito do comportamento alheio para nos ajudar a determinar a conduta adequada para nós mesmos. Conforme demonstrado pela experiência com a carteira perdida, somos mais influenciados dessa maneira pelas ações de pessoas semelhantes a nós mesmos, portanto, Phillips pensou, se o princípio da prova social está por trás do fenômeno, deve haver alguma semelhança clara entre a vítima do suicídio amplamente noticiado e as pessoas que causam acidentes subsequentes.

Percebendo que o teste mais claro dessa possibilidade viria dos arquivos de acidentes automobilísticos que envolviam um único carro e um motorista solitário, Phillips comparou a idade da vítima do suicídio com as idades dos motoristas solitários que morreram em acidentes com um único carro logo depois da história de suicídio ter sido publicada. Mais uma vez, as previsões foram surpreendentemente precisas: quando o jornal detalhava o suicídio de um jovem, eram jovens motoristas que batiam os carros em árvores, postes e barragens com resultados fatais, mas, quando a notícia dizia respeito ao suicídio de uma pessoa mais idosa, motoristas mais velhos morriam em tais acidentes.

A última estatística é a resposta definitiva para mim. Ela me deixa totalmente convencido e, ao mesmo tempo, completamente surpreso. Sem dúvida, o princípio da prova social é tão vasto e poderoso que seu campo de ação se estende até a decisão fundamental entre vida e morte. As descobertas do professor Phillips me convenceram da perturbadora tendência da divulgação ampla de suicídios em motivar certas pessoas que são semelhantes à vítima a se matarem – porque agora elas acham a ideia do suicídio mais legítima. Os dados que indicam que muitas pessoas inocentes morrem assim são realmente assustadores. Uma olhada rápida nos gráficos que documentam o inegável aumento dos acidentes aéreos e automobilísticos fatais após suicídios amplamente noticiados, especialmente os que envolvem assassinato, é o suficiente para causar preocupação em relação à nossa própria segurança. Fiquei suficientemente abalado por essas estatísticas a ponto de começar a tomar nota de histórias de suicídio que chegam às manchetes e mudar meu comportamento no período após a veiculação. Tento ser especialmente cauteloso quando dirijo meu carro. Fico relutante em fazer grandes viagens que requerem muitas horas de voo. Se devo voar durante um período desses, contrato mais apólices de seguro do que normalmente faria. O Dr. Phillips nos prestou um grande serviço ao demonstrar que as probabilidades de sobrevivência quando viajamos mudam consideravelmente durante um certo período após a publicação de histórias de suicídio. Seria prudente levar em consideração essas probabilidades.

Como se as características assustadoras dos dados sobre suicídio do estudo de Phillips não fossem suficientes, sua pesquisa seguinte nos apresenta mais motivos para ficarmos alarmados: os homicídios nos Estados Unidos são estimulados, imitados, após atos de violência amplamente noticiados. Ao que parece, as finais do campeonato dos pesos-pesados que são noticiadas pelos telejornais noturnos provocam aumentos notáveis na taxa de homicídios dos Estados Unidos. Essa análise das lutas do campeonato dos pesos-pesados (entre 1973 e 1978) talvez seja mais convincente da agressão imitativa que é gerada. Quando foi um lutador negro a perder uma luta desse tipo, a taxa de homicídio nos dez dias seguintes aumentou significativamente no caso de vítimas negras, jovens e de sexo masculino, mas não no caso de vítimas brancas, jovens e de sexo masculino. Por outro lado, quando um lutador branco perdeu a luta, foram os jovens brancos, e não os negros, que foram assassinados com mais frequência nos dez dias seguintes.[14] Quando esses resultados são cruzados com as descobertas paralelas de Phillips sobre suicídios, fica claro que a agressão amplamente noticiada

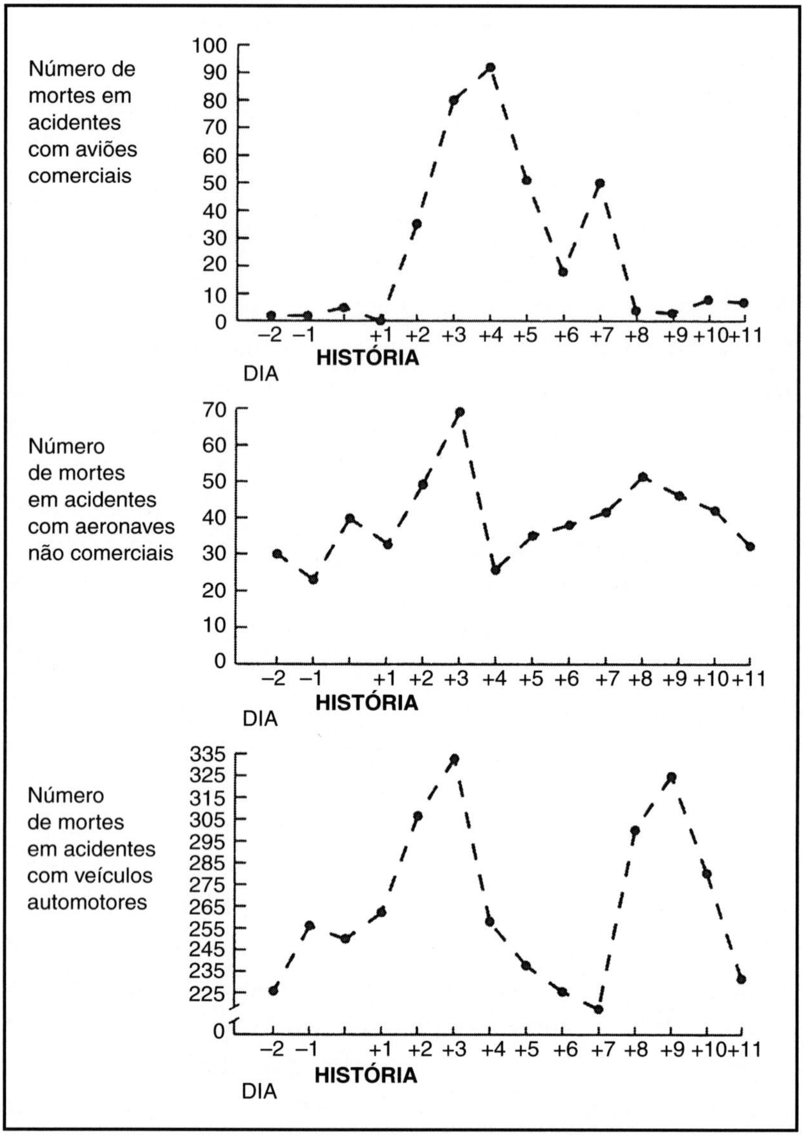
Número de mortes em acidentes com aviões comerciais
100
90
80
70
60
50
40
30
20
10
0
−2 −1 +1 +2 +3 +4 +5 +6 +7 +8 +9 +10 +11
HISTÓRIA
DIA
Número de mortes em acidentes com aeronaves não comerciais
70
60
50
40
30
20
10
0
−2 −1 +1 +2 +3 +4 +5 +6 +7 +8 +9 +10 +11
HISTÓRIA
DIA
Número de mortes em acidentes com veículos automotores
335
325
315
305
295
285
275
265
255
245
235
225
0
−2 −1 +1 +2 +3 +4 +5 +6 +7 +8 +9 +10 +11
HISTÓRIA
DIA

GRÁFICO 4-2

Flutuação diária no número de mortes em acidentes antes, durante e depois da data de publicação de uma história de suicídio

Como fica claro nesses gráficos, o maior perigo existe entre três e quatro dias após a publicação da matéria jornalística. Depois de uma ligeira queda, acontece outro pico aproximadamente uma semana após a divulgação da história. No décimo primeiro dia, não há mais nenhum efeito. Esse padrão que permeia vários tipos de dados indica algo digno de nota a respeito de suicídios secretos. Aqueles que tentam fazer passar sua autodestruição imitatória por acidente esperam alguns dias antes de cometer o ato – talvez para ganhar coragem, planejar o incidente ou pôr seus negócios em ordem. Seja qual for a razão para a notável regularidade desse padrão, sabemos que a segurança dos viajantes corre maior risco no período compreendido entre três e quatro dias depois de uma história de assassinato-suicídio e, novamente, mas com menos intensidade, alguns dias mais tarde. Seria prudente, portanto, tomarmos mais cuidado em nossas viagens durante esses períodos.

tem a tendência perversa de causar vítimas semelhantes, podendo a agressão ser perpetrada em si mesmo ou em outra pessoa.

Trabalhos como o do Dr. Phillips nos ajudam a analisar a impressionante influência do comportamento de pessoas semelhantes a nós. Depois que a enormidade dessa força é reconhecida, talvez seja possível entender o ato mais espetacular de concordância de nossa época – o suicídio em massa em Jonestown, Guiana. Alguns fatores cruciais daquele evento merecem ser relembrados.

O Templo do Povo era uma organização semelhante a um culto que começou em São Francisco e atraiu seus recrutas entre os pobres daquela cidade. Em 1977, o Reverendo Jim Jones – que era seu inconteste líder político, social e espiritual – mudou-se com a maior parte de seus seguidores para um assentamento na selva da Guiana, na América do Sul. Lá o Templo do Povo continuou a existir em relativa obscuridade até 18 de novembro de 1978, quando quatro homens que pertenciam a uma comissão de investigação do governo americano liderada pelo deputado Leo J. Ryan foram assassinados ao tentar ir embora de Jonestown de avião. Convencido de que seria preso e envolvido nos crimes e que isso acarretaria o final do Templo do Povo, Jones tentou controlar a seu modo o final do Templo. Ele reuniu toda a comunidade à sua volta e emitiu uma ordem para que todos se matassem em um ato unificado de autodestruição.

A primeira reação foi a de uma jovem, que se aproximou calmamente do famoso barril de veneno com sabor de morango, deu a seu bebê uma dose e tomou outra e, depois, se sentou em um campo no qual ela e seu filho morreram em quatro minutos em meio a convulsões. Outros fizeram a mesma coisa. Apesar de um punhado dos habitantes de Jonestown ter fugido e alguns outros terem resistido, os sobreviventes afirmam que a grande maioria das 910 vítimas morreu de maneira ordenada e voluntária.

As notícias do evento nos chocaram. O rádio, a televisão e os jornais apresentaram várias reportagens, coberturas e análises. Durante dias, o tópico esteve presente em nossas conversas: "Quantos mortos encontraram agora?", "Um sujeito que fugiu diz que eles estavam bebendo o veneno como se estivessem hipnotizados ou algo parecido", "O que eles estavam fazendo na América do Sul afinal de contas?", "É muito difícil de acreditar. O que causou aquilo?".

Sim, "O que causou aquilo?" – a pergunta-chave. Como podemos explicar esse ato de concordância tão impressionante? Muitas explicações foram apresentadas. Algumas se concentraram no carisma de Jim Jones, um homem cujo estilo fazia com que as pessoas o amassem como a um salvador, confiassem nele como em um pai e o tratassem como um imperador. Outras explicações apontaram para o tipo de gente que foi atraída pelo Templo do Povo. Eram, em sua maioria, pessoas pobres e sem instrução, sempre dispostas a abrir mão de sua liberdade de pensamento e de ação em troca da segurança de um lugar no qual elas não precisassem tomar decisão alguma. Outras explicações enfatizavam a natureza quase religiosa do Templo do Povo, no qual a fé cega no líder do culto era prioridade.

Sem dúvida, todas essas características de Jonestown têm seu mérito para explicar o que aconteceu lá. Mas eu não as considero suficientes. Afinal, o mundo está cheio de cultos seguidos por pessoas dependentes e liderados por alguma figura carismática. Além disso, essa combinação de circunstâncias sempre esteve presente no passado. Não encontramos praticamente em nenhum desses grupos provas de um acontecimento que chegue perto do que ocorreu em Jonestown. Algo mais deve ter sido crucial.

Uma questão particularmente reveladora nos dá uma dica: "Se a comunidade tivesse permanecido em São Francisco, será que a ordem de suicídio do Reverendo Jim Jones teria sido obedecida?" Trata-se certamente de uma pergunta altamente especulativa, mas o especialista que mais conhece o Templo do Povo não tem dúvida quanto à resposta. O Dr. Louis Jolyon West, chefe do Departamento de Psicologia e Ciências Biocomportamentais da UCLA e diretor de sua unidade psiquiátrica, é uma autoridade em cultos. Ele observou o Templo do Povo durante oito anos antes das mortes em Jonestown. Ao ser entrevistado logo após o incidente, ele fez uma afirmação que me parece desordenadamente instrutiva: "Isso não teria acontecido na Califórnia; mas eles viviam totalmente alienados do resto do mundo, no meio da selva, em um país hostil."

Apesar de ter se perdido em meio à profusão de comentários feitos após a tragédia, a observação do Dr. West, junto com o que sabemos a respeito do princípio da prova social, me parece bastante importante para que possamos entender de maneira satisfatória os suicídios consentidos. A meu ver, o ato na história do Templo do Povo que mais contribuiu para a concordância impensada de seus integrantes naquele dia havia ocorrido um ano antes, com a mudança do Templo para a selva de um país de hábitos desconhecidos e pessoas estranhas. Se as histórias sobre a genialidade maléfica de Jim Jones forem verdadeiras, ele percebeu plenamente o impacto psicológico maciço que essa mudança acarretaria em seus seguidores. De repente, eles se viram em um lugar sobre o qual nada sabiam. A América do Sul, e especialmente a floresta pluvial da Guiana, era totalmente diferente de tudo o que eles haviam conhecido em São Francisco. O país para o qual eles foram transplantados deve ter parecido – tanto física quanto socialmente – terrivelmente obscuro.

Ah, a incerteza – o braço direito do princípio da prova social! Já vimos que, quando estão inseguras, as pessoas buscam orientação para as próprias ações nas ações dos outros. Portanto, no estranho ambiente guianense, os integrantes do Templo estavam prontos para seguir a liderança dos outros. Como já vimos, é o comportamento de um tipo especial de pessoa que estamos mais dispostos a seguir sem questionar – o comportamento de uma pessoa semelhante a nós – e aí reside a terrível beleza da estratégia de deslocamento físico do Reverendo Jim Jones. Em um país como a Guiana, não há pessoas semelhantes a um habitante de Jonestown, mas os próprios habitantes de Jonestown.

O que um membro da comunidade considerava certo era determinado de maneira desproporcional pelo que outros integrantes da comunidade – fortemente influenciados por Jones – faziam e acreditavam. Quando vistas sob essa ótica, a terrível ordem, a falta de pânico e a sensação de calma com que aquelas pessoas se dirigiram até o barril de veneno ao encontro de sua própria morte parecem mais compreensíveis. Elas não haviam sido hipnotizadas por Jones; haviam sido convencidas – em parte por ele, mas, sobretudo, pelo princípio da prova social – de que o suicídio era a conduta correta. A incerteza que elas certamente sentiram ao ouvir pela primeira vez o comando de morte deve ter feito com que olhassem em volta em busca de uma definição da reação apropriada. Vale a pena notar que elas encontraram duas provas sociais impressionantes, ambas apontando para a mesma direção.

A primeira foi o grupo inicial de compatritotas que, voluntária e rapidamente, tomaram o veneno. Sempre haverá indivíduos fanaticamente obedientes em qualquer grupo dominado por um líder forte. Neste caso, é difícil saber se eles foram instruídos previamente a servir de exemplo ou se eram naturalmente mais complacentes em relação aos desejos de Jones. Não importa, o efeito psicológico das ações desses indivíduos deve ter sido poderoso. Se os suicídios de pessoas semelhantes noticiados em matérias de jornal pode influenciar estranhos a se matarem, imagine a força que deve ter um ato desse tipo executado sem hesitação por um vizinho e em um lugar como Jonestown.

A segunda fonte de prova social vem das reações da própria multidão. Dadas as condições, suspeito que o que aconteceu foi um exemplo em grande escala do fenômeno da ignorância pluralista que muitas vezes contagia os espectadores de situações de emergência. Cada habitante de Jonestown olhou para as ações dos indivíduos à sua volta para avaliar a situação e – ao ver uma aparente calma, já que todos os outros também estavam avaliando furtivamente a situação em vez de reagir – "descobriu" que esperar pacientemente sua vez era o comportamento correto. Essa prova social, mal interpretada, mas ainda assim convincente, resultaria precisamente na medonha compostura do grupo que esperou ordenadamente a morte nos trópicos da Guiana.

A meu ver, a maioria das tentativas de analisar o incidente de Jonestown se concentrou demais nas qualidades pessoais de Jim Jones. Apesar de ele sem dúvida ser um homem de raro dinamismo, o poder que ele exercia, na minha opinião, provinha não tanto de seu notável estilo pessoal quanto de sua compreensão dos princípios psicológicos fundamentais. Sua verdadeira

FIGURA 4-4
Filas ordenadas de mortos
Uma foto aérea nos prova a organização com que os habitantes de Jonestown foram ao encontro da morte.
(UPI)

genialidade como líder era a sua percepção das limitações da liderança individual. Nenhum líder pode esperar convencer regularmente e sem ajuda todos os membros do grupo. Contudo, é uma expectativa razoável de um líder forte persuadir uma proporção considerável de integrantes do grupo. Então, a informação crua de que um número substancial de integrantes do grupo foi convencido pode, por si só, convencer o resto. Assim, os líderes mais influentes são aqueles que sabem como criar condições no grupo para permitir que o princípio da prova social funcione ao máximo a seu favor.

E parece que foi nisso que Jones se inspirou. Seu toque de mestre foi a decisão de tirar a comunidade do Templo do Povo de suas raízes na cidade de São Francisco e levá-la para a remota América do Sul equatorial, onde as condições de incerteza e semelhança exclusiva fariam o princípio da prova social agir a seu favor talvez como em nenhum outro lugar. Lá, um assentamento de mil pessoas, grande demais para ser controlado pela força da personalidade de um homem, poderia ser transformado de um séquito em um *rebanho*. Como os funcionários de matadouros sabem há muito tempo, a mentalidade de um rebanho o torna fácil de ser manipulado. Simplesmente faça com que alguns de seus integrantes se desloquem na direção desejada e os outros – reagindo não tanto ao animal líder quanto aos que estão imediatamente à sua volta – irão segui-los mecanicamente. Os poderes do incrível Reverendo Jim Jones, portanto, podem ser mais bem entendidos não em termos de um estilo pessoal dramático, mas de um conhecimento profundo da arte do jiu-jítsu social.

COMO DIZER NÃO

Este capítulo começou com um relato sobre a prática relativamente inócua das risadas gravadas e passou a histórias de assassinato e suicídio – tudo explicado pelo princípio da prova social. Como podemos nos defender de uma arma de influência que permeia uma gama de comportamentos tão vasta? A dificuldade está na percepção de que, na maioria das vezes, não queremos nos proteger da informação fornecida pela prova social. As indicações que ela nos apresenta sobre como agir são geralmente válidas e valorosas. Com elas, podemos navegar confiantes por entre uma miríade de decisões sem ter de investigar pessoalmente os prós e contras de cada uma delas.

Nesse sentido, o princípio da prova social nos equipa com um maravilhoso tipo de piloto automático semelhante ao que existe a bordo da maioria das aeronaves. Contudo, ocasionalmente, acontecem problemas reais com pilotos automáticos. Esses problemas surgem sempre que as informações de voo do mecanismo de controle estão erradas. Em casos desse tipo, perdemos o rumo. Dependendo do tamanho do erro, as consequências podem ser graves, mas, como o piloto automático oferecido pelo princípio da prova social é, na maioria das vezes, um aliado e não um inimigo, não se pode esperar que nós simplesmente queiramos desligá-lo. Portanto, nos deparamos com um problema clássico: como usar um equipamento que, ao mesmo tempo, beneficia e coloca em perigo o nosso bem-estar?

Felizmente, existe uma maneira de resolver esse dilema. Como as desvantagens dos pilotos automáticos surgem especialmente quando dados incorretos são inseridos no sistema de controle, nossa melhor defesa contra essas desvantagens é reconhecer quando os dados estão errados. Se pudermos nos tornar sensíveis a situações nas quais o piloto automático da prova social está funcionando com informações imprecisas, conseguiremos desligar esse mecanismo e assumir o controle quando for necessário.

Existem dois tipos de situação em que dados incorretos fazem com que o princípio da prova social nos aconselhe mal. O primeiro acontece quando a prova social foi propositalmente falsificada. Essas situações são invariavelmente fabricadas por exploradores que querem criar a *impressão* – dane-se a realidade – de que uma multidão está agindo da maneira que o explorador quer que nós ajamos. O riso gravado dos programas cômicos da televisão, que já analisamos, é um modelo de dado falsificado desse tipo. Mas existem muitos outros, e boa parte das falsificações é bastante óbvia.

Por exemplo, reações falsas não são exclusividade das mídias eletrônicas nem mesmo de nossa era eletrônica. De fato, uma exploração grosseira do princípio da prova social pode ser encontrada ao longo da história de uma de nossas formas de arte mais veneráveis: a grande ópera. Trata-se do fenômeno chamado claque, supostamente iniciado em 1820 por dois parisienses que iam frequentemente à ópera, Sauton e Porcher. Eles eram mais do que meros espectadores: eram homens de negócios cujo produto era o aplauso.

Sob o nome L'Assurance des Succès Dramatiques,* eles ofereciam os próprios serviços, e os de seus funcionários, a cantores e empresários de ópera que quisessem ter certeza de uma reação positiva da plateia. A simulação da reação sincera da plateia por meio de suas reações fraudulentas era tão eficaz que logo as claques (geralmente compostas por um líder – *chef de claque* – e vários *claqueurs*) se tornaram tradição estabelecida e persistente em todo o mundo da ópera. O historiador musical Robert Sabin diz: "Em 1830, a claque era uma instituição que prosperava, recebendo dinheiro de dia, aplaudindo à noite, tudo às claras... Mas é bastante provável que nem Sauton nem seu aliado Porcher imaginassem até que ponto seu esquema de aplauso pago viria a ser adotado e aplicado onde quer que se cantasse uma ópera."[15]

---

* *Nota do Tradutor*: Literalmente, "A Seguradora dos Sucessos Dramáticos".

À medida que a claque cresceu e se desenvolveu, seus profissionais começaram a oferecer uma série de estilos e intensidades. Da mesma maneira que os produtores de risos gravados podem contratar indivíduos que se destacam por seus risos sufocados, à socapa ou gargalhadas, as claques deram origem a seus próprios especialistas – a *pleureuse*, escolhida por sua habilidade de chorar no momento desejado; o *bisseur*, que gritava "bis" e "outra vez" em tom de êxtase; e o parente direto dos intérpretes dos risos gravados de hoje, o *rieur*, selecionado pela qualidade contagiosa de seu riso.

Para nossos propósitos, porém, o paralelo mais instrutivo com as formas modernas de reação falsa é o caráter conspícuo das farsas. Não havia necessidade de disfarçar ou variar a claque, que, muitas vezes, ocupava as mesmas poltronas, apresentação após apresentação, ano após ano, comandada por um *chef de claque* com duas décadas de experiência. Nem mesmo as transações monetárias eram ocultadas do público. De fato, cem anos após o nascimento da claque, um leitor do *Musical Times* de Londres podia consultar os valores publicados pelos *claqueurs* italianos. Portanto, tanto no mundo de *Rigoletto* quanto no de *A Ilha dos Birutas*, as plateias têm sido manipuladas por pessoas que tiram proveito da prova social mesmo quando essa prova é abertamente falsificada.

Aplauso na entrada, para cavalheiro, 25 liras
Aplauso na entrada, para dama, 15 liras
Aplauso comum durante a apresentação, 10 liras cada
Aplauso insistente durante a apresentação, 15 liras cada
Aplauso ainda mais insistente, 17 liras
Interrupções de "Bene!" ou "Bravo!", 5 liras
Por um "Bis" *a qualquer custo*, 50 liras
Entusiasmo desenfreado – Valor especial a ser combinado

FIGURA 4-5

Valores publicados da claque italiana

De "aplauso comum" a "entusiasmo desenfreado", os claqueurs *ousavam oferecer seus serviços publicamente – neste caso, em um jornal lido por muitos dos espectadores que eles esperavam influenciar. Claque, zum.*

Vários exploradores atuais tiveram a mesma percepção de Sauton e Porcher a respeito da maneira mecânica com que aceitamos o princípio da prova social. Eles não veem necessidade alguma em esconder a natureza artificial da prova social que estão apresentando – basta ver o amadorismo das risadas gravadas na televisão. Eles parecem até pernósticos ao reconhecer nossa situação: "Ou deixamos que eles nos enganem ou teremos de abandonar os preciosos pilotos automáticos que nos tornam tão vulneráveis a seus truques." Mas, por terem certeza de que nos colocaram em uma sinuca, eles cometem um erro crucial: o desleixo com que constroem provas sociais falsas nos fornece uma maneira para reagir.

Como os pilotos automáticos podem ser ativados e desativados de acordo com nossa vontade, podemos voar confiando no curso traçado pelo princípio da prova social *até* reconhecermos que um dado impreciso está sendo usado. A partir daí, podemos assumir o controle, fazer as correções necessárias em relação à informação errada e reconfigurar o piloto automático. A transparência da prova social falsificada que temos hoje em dia nos dá exatamente a dica de que precisamos para saber quando realizar essa manobra simples. Basta que fiquemos atentos a provas sociais claramente adulteradas para nos protegermos bem.

Vejamos um exemplo. Anteriormente, falei sobre a proliferação de anúncios que usam pessoas comuns, nos quais indivíduos considerados médios elogiam um produto, muitas vezes sem saber que suas palavras estão sendo gravadas. Como seria de se esperar, segundo o princípio da prova social, esses depoimentos de "pessoas comuns como eu e você" constituem campanhas publicitárias bastante eficazes. Eles sempre incluem um tipo de distorção relativamente sutil: ouvimos apenas as pessoas que gostam do produto, por isso, temos uma visão compreensivelmente parcial de sua aceitação social. Todavia, mais recentemente, um tipo mais cruel e menos ético de falsificação foi introduzido. Produtores de comerciais muitas vezes nem se dão ao trabalho de conseguir depoimentos sinceros. Eles simplesmente contratam atores para desempenhar o papel de pessoas comuns que dão um depoimento espontâneo a um entrevistador. É incrível como esses comerciais de "entrevistas espontâneas" podem ser descarados. As situações são obviamente encenadas, os participantes são claramente atores e o diálogo é, sem dúvida, roteirizado.

Dave Barry

Knight Ridder
News Service

Recentemente, estava assistindo à televisão e um comercial entrou no ar. O apresentador, em um tom de voz geralmente reservado para grandes acontecimentos no Golfo Pérsico, disse: "Agora os consumidores podem fazer suas perguntas sobre Bufferin a Angela Lansbury!"

Como um ser humano normal, minha reação natural a esse anúncio foi: "Ahn?" Quer dizer: "O que Angela Lansbury tem a ver com Bufferin?" Mas esse comercial apresentava vários consumidores que aparentemente haviam sido parados de maneira aleatória na rua e *cada um deles tinha uma pergunta sobre Bufferin a ser feita para Angela Lansbury.* Basicamente, o que eles perguntaram foi: "Sra. Lansbury, Bufferin é um bom produto que eu devo comprar?"

Os consumidores pareciam muito sérios. É como se eles estivessem andando havia meses, balançando a cabeça e dizendo: "Tenho uma pergunta sobre Bufferin! Se pelo menos eu pudesse falar com Angela Lansbury!"

O que estamos vendo aqui é mais um exemplo de um problema que só está piorando e que tem sido varrido para debaixo do tapete neste país: a invasão dos Consumidores de Marte. Eles *parecem* humanos, mas não *agem* como humanos, e eles estão assumindo o controle.

FIGURA 4-6

Apenas o seu marciano médio na rua

Aparentemente, não sou o único a notar o número de anúncios com depoimentos "espontâneos" clamorosamente falsos hoje em dia. O comediante Dave Barry também notou a prevalência desses anúncios e rotulou seus habitantes Consumidores de Marte, que é um termo do qual eu gosto e que adotei. Isso me ajuda a lembrar que, no que diz respeito a meus hábitos de consumo, devo certamente ignorar os gostos desses indivíduos que, afinal de contas, vêm de um planeta diferente do meu.

(KNIGHT RIDDER NEWS SERVICE)

Sei que, toda vez que me deparo com uma tentativa desse tipo para que eu seja influenciado, dentro de mim é disparado um alarme com uma diretriz clara: *Atenção! Atenção! Prova social falsa nessa situação. Desative temporariamente o piloto automático.* É muito fácil de fazer. Só precisamos nos decidir conscientemente a ficar alertas a provas sociais falsificadas e a presunçosa confiança excessiva dos exploradores irá parar direto em nossas mãos. Podemos relaxar até que sua inegável falsidade seja identificada, e aí podemos atacar.

E devemos atacar com tudo. Estou falando aqui não apenas de ignorar a informação errada, apesar de essa tática defensiva certamente ser necessária. Estou falando de um contra-ataque agressivo. Sempre que possível, devemos atacar os responsáveis por provas sociais adulteradas. Não devemos comprar produtos que aparecem em comerciais com "entrevistas espontâneas" falsas. Além disso, os fabricantes desses produtos devem receber uma carta explicando nossa reação e recomendando que eles parem de utilizar a agência de publicidade que produziu uma apresentação tão ilusória de seu produto.

É claro, nem sempre queremos confiar a direção de nossa conduta às ações dos outros – especialmente em uma situação suficientemente importante para garantir nossa investigação pessoal dos prós e contras, ou em um assunto do qual somos especialistas – mas queremos poder contar com o comportamento alheio como fonte de informações válidas em uma série de situações. Se, em tais situações, descobrimos que não podemos confiar na validade da informação porque alguém adulterou as provas, devemos estar prontos a contra-atacar. Nesses casos, é mais do que a simples aversão ao engano que me impele a agir. Fico indignado ao pensar que fui colocado em uma posição inaceitável por aqueles que queriam destruir uma de minhas proteções contra a sobrecarga de decisões da vida moderna. E experimento verdadeira sensação de justiça ao contra-atacar quando eles tentam fazer isso. Se você é como eu, deveria sentir a mesma coisa.

Além das situações em que provas sociais são deliberadamente forjadas, existe um outro momento em que o princípio da prova social irá nos fazer tomar o caminho errado. Em um caso desse tipo, um erro inocente e natural produzirá provas sociais cada vez maiores que irão nos levar a tomar a decisão errada. O fenômeno da ignorância pluralista, no qual ninguém em uma emergência vê necessidade de se alarmar, é um exemplo desse processo. O melhor exemplo que conheço, porém, é uma história de um dos meus alunos, que era patrulheiro rodoviário.

Depois de uma aula em que o tema de discussão havia sido o princípio da prova social, ele veio falar comigo. Disse que agora entendia a causa de um tipo de acidente de trânsito que sempre o havia intrigado. O acidente geralmente acontecia na via expressa da cidade durante a hora do rush, quando, em todas as pistas, os carros estavam se deslocando de maneira contínua, mas lenta. Os eventos que levam ao acidente começam quando dois carros, um atrás do outro, começam simultaneamente a sinalizar que têm intenção de sair daquela pista e passar para a pista ao lado. Em segundos, uma longa fila de motoristas atrás dos primeiros dois carros começa a fazer a mesma coisa, achando que alguma coisa – um carro enguiçado ou uma obra – está obstruindo a pista mais à frente. É nessa tentativa de se enfiar nos espaços disponíveis na pista ao lado que uma colisão muitas vezes acontece.

O mais estranho, segundo o patrulheiro, era que muitas vezes não havia obstrução a ser evitada e, no momento do acidente, isso já deveria ter ficado claro para qualquer um que tivesse olhado. Ele disse que, mais de uma vez, testemunhou acidentes desse tipo quando a estrada à frente dos motoristas ansiosos para trocar de pista estava visivelmente desimpedida.

O relato do patrulheiro nos apresenta alguns insights sobre a maneira como reagimos à prova social. Primeiro, parece que deduzimos que, se um monte de gente está fazendo a mesma coisa, essas pessoas devem saber algo que nós não sabemos. Especialmente quando estamos inseguros, ficamos dispostos a depositar quantidade enorme de confiança na sabedoria coletiva da multidão. Segundo, a multidão, muitas vezes, está enganada porque não está agindo com base em nenhuma informação superior, mas reagindo ao princípio da prova social.

Então, se dois motoristas decidem coincidentemente mudar de pista no mesmo momento, os dois motoristas seguintes também podem fazer a mesma coisa, supondo que os motoristas à sua frente viram uma obstrução. Para os motoristas atrás desse grupo, a prova social resultante seria potente – quatro carros enfileirados, todos com suas setas ligadas, tentando achar um espaço para passar para a pista ao lado. Mais setas seriam armadas. A prova social seria inegável a essa altura. Para os motoristas na retaguarda, não há dúvida sobre a exatidão da decisão de mudar de pista: "Todos aqueles sujeitos lá na frente *devem* saber de alguma coisa." A intenção de mudar de pista seria tão grande que, mesmo sem verificar as condições reais da estrada à sua frente, todos os motoristas começariam a entrar para a pista ao lado. Resultado: colisão.

Existe uma lição aqui: nunca devemos confiar plenamente em um dispositivo de piloto automático, assim como em uma prova social; mesmo sem que nenhum sabotador tenha inserido informações erradas no mecanismo, ele pode às vezes entrar em pane por conta própria. Precisamos verificar a máquina de tempos em tempos para termos certeza de que ela não perdeu a sintonia com as outras fontes de indícios daquela situação – os fatos objetivos, nossas experiências anteriores, nossos próprios julgamentos. Felizmente, essa precaução não requer muito esforço nem muito tempo. Basta uma rápida olhada ao redor. E vale a pena tomar essa pequena precaução. As consequências da confiança resoluta na prova social podem ser assustadoras.

Esse aspecto do fenômeno da prova social sempre me faz pensar em como certas tribos indígenas – os blackfeets, crees, snakes e crows – costumavam caçar o búfalo norte-americano. Duas características tornam o búfalo particularmente suscetível a provas sociais erradas. Primeiro, a posição de seus olhos faz com que seja mais fácil para eles enxergar as laterais do que a frente. Segundo, ao correr, como em uma debandada, eles abaixam a cabeça e não conseguem ver acima da manada. Os índios perceberam que, dessa maneira, era possível matar quantidades enormes de búfalos fazendo com que uma manada começasse a correr em direção a um penhasco. Os animais, reagindo à forte prova social à sua volta – e sem nunca olhar para cima para ver o que havia à frente – faziam o resto. Um observador estupefato de uma tal caçada descreveu assim o resultado fatal da confiança obsessiva dos búfalos na sabedoria coletiva:

> Dessa maneira, era possível atrair uma manada em direção a um precipício e fazer com que ela se atirasse em massa, com os líderes sendo empurrados pelos seguidores e todos os outros acompanhando-os por sua própria vontade.[16]

Sem dúvida, seria prudente para um tripulante cujo avião está sendo guiado pelo piloto automático olhar de vez em quando para o painel de instrumentos e para fora da janela. Da mesma maneira, precisamos olhar para cima e para os lados periodicamente sempre que estamos presos à prova da multidão. Sem essa simples salvaguarda contra provas sociais erradas, podemos acabar como os motoristas que trocam de pista nas vias expressas e como o búfalo norte-americano.

RELATO DO LEITOR

De um ex-funcionário do hipódromo

"Tornei-me consciente de um método para falsificar provas sociais em benefício próprio quando trabalhava em um hipódromo. Para diminuir as chances e ganhar mais dinheiro, alguns apostadores conseguem induzir o público a apostar em cavalos ruins.

Os rateios em um hipódromo se baseiam em onde o dinheiro está sendo apostado. Quanto mais dinheiro é apostado em um cavalo, menores (melhores) são os rateios. Surpreendentemente, muitas pessoas que jogam nos cavalos sabem muito pouco sobre estratégias de corridas ou de apostas. Assim, sobretudo quando não sabem muito a respeito dos cavalos em um páreo específico, elas muitas vezes acabam apostando no favorito. Como nos placares das apostas o rateio é continuamente atualizado, o público sempre pode saber quem é o atual favorito. O sistema que um grande apostador pode usar para alterar o rateio é muito simples, na verdade. O sujeito tem em mente um cavalo que ele acha que tem boas chances de vencer. Depois, ele escolhe um cavalo que está pagando muito (digamos, 15 para 1) e no fundo não tem chance de vencer. No minuto em que os guichês são abertos, o sujeito aposta US$100 no cavalo inferior, virando um favorito instantâneo, cujo rateio no placar cai para cerca de 2 para 1.

É aí que os elementos da prova social começam a funcionar. As pessoas que não têm certeza de como apostar na corrida olham para o placar das apostas para ver qual cavalo foi eleito o favorito dos primeiros apostadores, e seguem essa aposta. Acontece um efeito como o de uma bola de neve à medida que outras pessoas continuam a apostar no favorito. A essa altura, o grande apostador volta ao guichê e aposta uma grande quantia em seu verdadeiro favorito, que agora pagará mais porque o 'novo favorito' empurrou os outros para baixo no placar. Se o sujeito vencer, os US$100 de investimento inicial terão valido muito a pena.

Eu mesmo já vi isso acontecer. Lembro-me de uma vez que uma pessoa apostou US$100 em um cavalo com um rateio de 10 para 1, tornando-o o favorito inicial. Os boatos começaram a circular - as pessoas estavam sabendo de algo. A seguir, todo mundo (inclusive eu) estava apostando naquele cavalo. No final, ele chegou em último e machucou a perna. Muitas pessoas perderam muito dinheiro, porém, alguém saiu ganhando. Nunca saberemos quem foi. Mas foi essa pessoa que ficou com todo o dinheiro. Ela conhecia a teoria da prova social."

Mais uma vez, podemos ver que a prova social é mais forte para aqueles que se sentem pouco familiarizados ou inseguros em uma situação específica e que, por conseguinte, devem procurar fora de si mesmos provas de qual é o melhor comportamento em determinada circunstância.

Capítulo 5

SIMPATIA

A ladra amistosa

O maior trabalho de um advogado no tribunal é fazer o júri gostar de seu cliente.

– Clarence Darrow

Poucas pessoas ficariam surpresas ao saber que, em geral, a maioria de nós prefere dizer sim às solicitações de alguém que conhecemos e de que gostamos. O que pode ser surpreendente, porém, é que essa regra simples é usada de centenas de maneiras por pessoas totalmente estranhas para nos fazer atender os pedidos *delas*.

O exemplo mais claro que conheço de exploração profissional da regra da simpatia é o da festa Tupperware, que considero o cenário mais típico da concordância americana. Qualquer pessoa que conheça o mecanismo de uma festa Tupperware reconhecerá o uso de várias armas de influência que analisamos até o momento: a reciprocidade (para começar, jogos são organizados e prêmios são oferecidos pelas convidadas da festa; quem não ganha um prêmio pode retirar um presente de uma sacola, assim, quando as compras começam, todas já ganharam um brinde), o compromisso (é pedido a cada participante que descreva publicamente os usos e benefícios dos Tupperwares que já possui), e a prova social (depois que as compras começam, cada aquisição aumenta a ideia de que outras pessoas semelhantes querem o produto; portanto, ele deve ser bom).

Todas as principais armas de influência estão presentes para ajudar a festa a avançar, mas o verdadeiro poder da festa Tupperware vem de um arranjo peculiar que utiliza a regra da simpatia. Apesar das divertidas e persuasivas técnicas de venda da demonstradora Tupperware, a verdadeira solicitação de compra do produto não é feita por essa estranha, mas por uma amiga de todas as mulheres presentes. Ah, a representante da Tupperware pode pedir para que cada participante faça um pedido, tudo bem, mas a solicitante mais premente é uma dona de casa que está sentada um pouco afastada, sorrindo, conversando e servindo acepipes. Ela é a anfitriã, que reuniu suas amigas para a demonstração na sua casa e que, como todas sabem, lucra com cada peça vendida em sua festa.

É simples. Ao fornecer uma porcentagem do faturamento à anfitriã, a Tupperware Home Parties Corporation faz com que suas consumidoras comprem de/para uma amiga, e não de/para uma vendedora desconhecida. Dessa maneira, a atração, o calor, a segurança e a obrigação da amizade são vinculados ao cenário da venda. Os pesquisadores Frenzer e Davis, que analisaram os vínculos sociais entre a anfitriã e as convidadas nos cenários de vendas em festas domésticas, confirmaram a força da abordagem utilizada pela empresa: a probabilidade de o laço social determinar a compra do produto é duas vezes maior do que a preferência pelo produto em si. Os resultados foram notáveis. Recentemente, estimou-se que as vendas da Tupperware ultrapassam US$2,5 milhões por dia!

O que é interessante é que as consumidoras parecem ter plena consciência das pressões da simpatia e da amizade presentes nas festas. Algumas parecem não se importar; outras se importam, mas não sabem como evitá-las. Uma mulher com quem falei descreveu suas reações com um tom de frustração em sua voz:

> Cheguei a um ponto agora em que odeio ser convidada para festas Tupperware. Tenho todos os recipientes de que preciso; e, se quisesse algum outro, poderia comprá-lo de outra marca por um preço menor na loja. Mas, quando uma amiga liga, sinto-me obrigada a ir. E, ao chegar lá, sinto-me obrigada a comprar algo. O que posso fazer? É para uma de minhas amigas.

Com um aliado tão irresistível quanto o princípio da amizade em ação, não é uma surpresa o fato de a empresa ter abandonado as vendas em lojas de varejo e ter incentivado as festas domésticas a ponto de, agora, uma festa desse tipo acontecer a cada 2,7 segundos. É claro, todos os outros tipos de profissionais da persuasão reconhecem a pressão para dizermos sim a alguém que conhecemos e de que gostamos. Vejamos, por exemplo, o número crescente de organizações de caridade que recrutam voluntários para angariar doações perto de suas próprias casas. Elas sabem perfeitamente que é muito mais difícil recusar um pedido de caridade quando ele é feito por um amigo ou um vizinho.

Outros profissionais da persuasão descobriram que o amigo não precisa nem mesmo estar presente para que a técnica seja eficaz; muitas vezes, a simples menção de seu nome é suficiente. A Shaklee Corporation, que se especializa em vendas de porta em porta de vários produtos domésticos, aconselha seus vendedores a usar o método da "cadeia infinita" para encontrar novos clientes. Depois que um cliente admite gostar de um produto, ele pode ser pressionado para fornecer nomes de amigos que também gostariam de saber mais sobre aquele produto. Os indivíduos naquela lista podem, então, ser abordados para fazer compras *e* fornecer uma lista de seus amigos, os quais, por sua vez, também podem indicar outros clientes em potencial, e assim por diante, em uma cadeia infinita.

A chave do sucesso desse método é que cada novo cliente em potencial é visitado por um vendedor munido do nome de um amigo que "sugeriu a visita". Mandar o vendedor embora nessas circunstâncias é difícil, é quase como rejeitar o próprio amigo. O manual de vendas da Shaklee insiste para que os funcionários usem sem falta esse sistema: "Seria impossível superestimar seu valor. Telefonar ou visitar um cliente em potencial e poder dizer que o Sr. Fulano de Tal, um amigo dele, achou que ele iria se beneficiar se concedesse a você alguns instantes de seu tempo significa praticamente quase fechar uma venda antes mesmo de você entrar."

O uso em larga escala por parte de profissionais da persuasão do vínculo da simpatia entre amigos nos diz muito sobre o poder que a regra da simpatia tem para gerar anuência. De fato, descobrimos que tais profissionais tentam tirar proveito da regra mesmo quando amizades já formadas não estão presentes. Nessas circunstâncias, a estratégia de persuasão dos profissionais é bastante direta: eles primeiro nos fazem gostar *deles*.

Há um homem em Detroit, Joe Girard, que se especializou no uso da regra da simpatia para vender Chevrolets. Enquanto isso, ele ficou rico, ganhando mais de US$200 mil por ano. Com um salário desses, podemos imaginar que ele fosse um executivo de alto nível da GM ou talvez o proprietário de uma concessionária da GM. Mas não. Ele ganhou seu dinheiro como vendedor em um showroom. Ele era fenomenal no que fazia. Durante 12 anos ininterruptos, ele levou o título de "vendedor de carros número um". Ele vendia, em média, mais de cinco carros e caminhonetes em cada dia de trabalho, e foi chamado de "o maior vendedor de carros" pelo *Livro dos Recordes Guinness*.

Para conseguir tanto sucesso, a fórmula que ele usava era surpreendentemente simples. Consistia em oferecer às pessoas apenas duas coisas: um preço justo e um vendedor com o qual elas gostassem de comprar. "Só isso", ele disse em uma entrevista. "Encontrar o vendedor de que gostam e o preço certo; coloque essas duas coisas juntas e você consegue fechar um negócio."

Ótimo. A fórmula de Joe Girard nos diz o quanto a regra da simpatia é vital para seu negócio, mas não nos revela muito. Não nos diz, por exemplo, por que os clientes gostavam mais dele do que de outro vendedor que também oferecia um preço justo. Existe uma pergunta crucial – e fascinante – que a fórmula de Joe não responde: quais são os fatores que fazem com que uma pessoa goste de outra? Se soubéssemos *essa* resposta, estaríamos mais próximos de entender como pessoas como Joe podem ser tão bem-sucedidas em nos fazer gostar delas e, inversamente, como podemos fazer com que os outros gostem de nós. Felizmente, os cientistas sociais estão se perguntando isso há décadas. As provas acumuladas lhes permitiram identificar uma série de fatores que, com certeza, geram simpatia. E, como veremos, cada um desses fatores é sabiamente utilizado por profissionais da persuasão para nos guiar pela estrada que leva até o "sim".

Atração física

Apesar de geralmente reconhecermos que pessoas de boa aparência levam vantagem na interação social, descobertas recentes indicam que talvez tenhamos subestimado a dimensão e o alcance dessa vantagem. Parece que existe uma reação do tipo *clique, zum* a pessoas atraentes. Como todas as reações do tipo *clique, zum*, ela acontece automaticamente, sem premeditação. A reação em si entra em uma categoria que os cientistas sociais chamam de "efeito halo". Um efeito halo acontece quando uma característica de uma pessoa domina a maneira como aquela pessoa é vista pelos outros. Agora há provas claras de que a atração física muitas vezes é uma característica desse tipo.

Pesquisas mostraram que atribuímos automaticamente aos indivíduos de boa aparência traços favoráveis como talento, bondade, honestidade e inteligência. Ademais, fazemos esses julgamentos sem ter consciência do fato de que a atração física desempenha papel nesse processo. Certas consequências dessa suposição inconsciente de que "boa aparência é igual a bom" me assustam. Por exemplo, um estudo sobre as eleições federais canadenses mostrou que candidatos atraentes recebiam um número de votos 2,5 vezes superior ao dos candidatos sem atrativos físicos.[1] Apesar dessa prova de favoritismo em relação a políticos bonitos, pesquisas subsequentes demonstraram que os eleitores não percebem sua propensão. De fato, 73% dos eleitores canadenses entrevistados negaram da maneira mais veemente que seu voto havia sido influenciado pela aparência física; apenas 14% concebiam a possibilidade de tal influência. Um efeito semelhante foi constatado em situações de contratação de funcionários. Em um estudo, o esmero na apresentação dos candidatos em uma entrevista de emprego simulada foi responsável por mais decisões de contratação do que as competências profissionais – e isso apesar de os entrevistadores dizerem que a aparência desempenhava papel pequeno em suas escolhas.[2]

Uma pesquisa igualmente preocupante indica que a Justiça também está suscetível às influências das dimensões corporais e da estrutura óssea. Pessoas de boa aparência geralmente recebem tratamento altamente favorável no sistema Judiciário. Por exemplo, em um estudo realizado na Pensilvânia, pesquisadores classificaram a atratividade física de 74 réus no início de seus julgamentos. Quando, muito mais tarde, os pesquisadores verificaram os arquivos do tribunal para saber o resultado dos casos, descobriram que, aos homens bonitos, haviam sido aplicadas penas significativamente mais leves. De fato, os réus atraentes tinham duas vezes mais chance do que os não atraentes de evitar a prisão.[3] Em outro estudo – sobre a indenização concedida na encenação de um caso de negligência – o réu que era mais bonito do que a vítima era condenado a pagar em média US$5.625; mas, quando a vítima era mais atraente, a compensação média era de US$10.051. E mais, tanto os jurados de sexo masculino quanto do sexo feminino exibiram esse favoritismo com base na atratividade.

Outras experiências demonstraram que pessoas atraentes têm mais probabilidade de conseguir ajuda quando necessário e são mais persuasivas quando a questão é mudar as opiniões de uma plateia. Também nesse caso, ambos os sexos reagiram da mesma maneira. No estudo sobre ajuda, por exemplo, os homens e mulheres de melhor aparência receberam ajuda com mais frequência, mesmo de pessoas do mesmo sexo.[4] Podemos esperar importante exceção a essa regra, é claro, se a pessoa atraente é considerada um competidor direto, especialmente um rival romântico. Porém, se ele não tiver essa qualificação, fica claro que pessoas de boa aparência gozam de enorme vantagem social em nossa cultura. Elas são mais queridas, mais persuasivas, ajudadas com mais frequência e consideradas detentoras de traços de personalidade e capacidades intelectuais melhores. E parece que os benefícios sociais da beleza começam a se acumular desde bastante cedo. Pesquisas com crianças do Ensino Fundamental mostram que os adultos consideram os atos agressivos menos perversos quando executados por uma criança atraente e os professores supõem que crianças bonitas são mais inteligentes do que seus colegas menos atraentes.[5]

Portanto, não deve causar espanto o fato de o halo da atração física ser regularmente explorado pelos profissionais da persuasão. Por gostarmos de pessoas atraentes e tendermos a atender as solicitações daqueles de quem gostamos, faz sentido os programas de treinamentos em vendas incluírem dicas de boa apresentação; as lojas de roupas da moda escolherem seus vendedores entre candidatos de boa aparência; e os vigaristas serem homens e mulheres bonitos.

Semelhança

Mas e se a aparência física não for questão relevante? Afinal, a maioria das pessoas tem aparência mediana. Existem outros fatores que podem ser usados para gerar simpatia? Como tanto os pesquisadores quanto os profissionais da persuasão sabem, existem vários outros fatores, e um dos mais influentes é a semelhança.

Gostamos de pessoas semelhantes a nós mesmos. Esse fato parece ser válido quando a semelhança existe em áreas que podem ir desde opinião e traços de personalidade a origem ou estilo de vida. Consequentemente, quem quer nos agradar para aumentar o nosso nível de concordância pode realizar esse intento parecendo semelhante a nós de várias maneiras.

O modo de vestir é um bom exemplo. Vários estudos demonstraram que temos maior propensão a ajudar as pessoas que se vestem como nós. Em um estudo, realizado no início dos anos 1970, quando os jovens tendiam a se vestir como "hippies" ou "caretas", pesquisadores vestiram trajes hippies ou comuns e pediram a estudantes universitários uma moeda de dez centavos para dar um telefonema. Quando o pesquisador estava vestido da mesma maneira que o estudante, o pedido era atendido em mais de dois terços dos casos, mas, quando o estudante e o solicitante estavam vestidos de maneira diferente, a moeda só era dada em menos da metade das vezes. Outra experiência mostra até que ponto nossa reação a pessoas semelhantes a nós pode ser automática. Descobriu-se que manifestantes em um protesto contra a guerra tinham maior propensão não apenas a assinar a petição de uma pessoa vestida da mesma forma que eles, mas também o faziam sem nem mesmo ler a petição antes. *Clique, zum.*[6]

Outra maneira de os solicitantes manipularem a semelhança para aumentar a simpatia e a concordância é dizendo que eles têm origens e interesses iguais aos nossos. Vendedores de carros, por exemplo, são treinados para procurar indícios de coisas desse tipo enquanto avaliam o carro usado que o cliente oferece como parte do pagamento. Se houver equipamento de acampamento no porta-malas, o vendedor poderá mencionar, mais tarde, que adora sair da cidade sempre que possível; se houver bolas de golfe no banco traseiro, ele pode dizer que espera que não chova até ele conseguir terminar a partida de golfe programada para mais tarde; se ele perceber que o carro foi comprado em outro estado, poderá perguntar de onde é o cliente e dizer – surpreso – que ele (ou sua mulher) também são de lá.

Por mais triviais que essas semelhanças possam soar, parece que elas funcionam. Um pesquisador que analisou o histórico de vendas de seguradoras descobriu que um cliente tem maior propensão a contratar um seguro quando o corretor se parece com ele no que diz respeito a idade, religião, política e fumo. Como até mesmo semelhanças pequenas podem ser eficazes na produção de uma reação positiva em relação a outra pessoa, e como uma aparente semelhança pode ser facilmente fabricada, aconselho toda cautela perante solicitantes que dizem ser "exatamente como você". De fato, seria prudente hoje em dia ter cuidado com vendedores que simplesmente *parecem* ser iguaizinhos a você. Muitos programas de treinamento em vendas hoje em dia instruem os *trainees* a "espelhar e igualar" a postura corporal, o humor e o estilo verbal do cliente, pois foi demonstrado que semelhanças em cada um desses quesitos geram resultados positivos.[7]

Elogios

O ator McLean Stevenson descreveu uma vez como a sua mulher conseguiu que ele concordasse em se casar com ela: "Ela disse que gostava de mim." Apesar de se tratar de uma piada, essa observação é ao mesmo tempo engraçada e instrutiva. A informação de que alguém gosta de nós pode ser um dispositivo encantadoramente eficaz para gerar como contrapartida simpatia e concordância. Portanto, muitas vezes, em termos de elogios ou simples afirmações de afinidade, ouvimos observações positivas de pessoas que querem algo de nós.

Lembra-se de Joe Girard, "o maior vendedor de carros" do mundo, que dizia que o segredo de seu sucesso era fazer com que os clientes gostassem dele? Ele fazia algo que, aparentemente, parecia tolo e caro. Todo mês, ele mandava a todos os seus mais de 13 mil ex-clientes um cartão de felicitações com uma mensagem pessoal. A saudação mudava a cada mês (Feliz Ano-Novo, Feliz Dia de Ação de Graças etc.), mas a mensagem impressa na frente do cartão nunca variava. Ela dizia: "Gosto de você." Joe a explicava da seguinte maneira: "Não há nada mais no cartão. Apenas meu nome. Só estou dizendo que gosto deles."

"Gosto de você." Essa mensagem chegava pelo correio todo ano, 12 vezes por ano, como um relógio. "Gosto de você", em um cartão impresso que também era enviado a outras 13 mil pessoas. Será que uma declaração de simpatia tão impessoal, tão obviamente projetada para vender carros, realmente funcionava? Joe Girard acha que sim; e um homem tão bem-sucedido quanto ele em sua profissão merece nossa atenção. Joe entende um

FIGURA 5-1
Imóveis celestiais
A forte influência da semelhança nas vendas é algo que os profissionais da persuasão entendem há muito tempo.
(*PENGUIN LEUNIG*)

fator importante a respeito da natureza humana: somos fenomenais aspiradores de elogios. Apesar de nossa credulidade ter limites – especialmente quando podemos ter certeza de que o elogiador está tentando nos manipular –, temos a tendência a acreditar nos elogios e a gostar da pessoa que os faz, mesmo que, muitas vezes, eles sejam falsos.

Experiência realizada com homens na Carolina do Norte mostra como podemos ficar impotentes diante de elogios. Os homens que participaram do estudo ouviram comentários sobre si próprios feitos por uma outra pessoa que precisava de um favor deles. Alguns dos homens ouviram apenas comentários positivos; outros, apenas negativos; e outros ainda, uma mistura de comentários positivos e negativos. Foram feitas três descobertas interessantes. Primeiro, o avaliador que fazia apenas elogios era mais benquisto pelos homens. Segundo, isso acontecia apesar de os homens perceberem perfeitamente que o elogiador lucraria com a simpatia deles. Por fim, ao contrário dos outros tipos de comentários, os elogios não precisavam ser exatos para funcionar. Os comentários positivos produziam o mesmo grau de simpatia pelo elogiador quando eram verdadeiros ou falsos.[8]

Aparentemente, temos uma reação tão automaticamente positiva aos elogios que podemos ser vítimas de alguém que os utiliza em uma tentativa óbvia de conseguir nossa simpatia. *Clique, zum*. Quando visto sob essa luz, o custo de imprimir e enviar mais de 150 mil cartões com "Gosto de você" escrito a cada ano não parece tão tolo nem tão alto quanto antes.

Contato e cooperação

Na maioria das vezes, gostamos de coisas que nos são familiares.[9] Para provar esse fato para si mesmo, faça uma pequena experiência. Pegue o negativo de uma fotografia velha que mostra uma visão frontal de seu rosto e mande fazer duas fotos – uma que mostra você do jeito que você realmente é e uma que mostre uma imagem rebatida (de maneira que os lados esquerdo e direito de seu rosto estejam invertidos). Agora, decida qual versão de seu rosto você prefere e peça a um bom amigo para escolher também. Se você for como um grupo de mulheres de Milwaukee que foi submetido a esse procedimento, deverá notar algo estranho: seu amigo irá preferir a foto verdadeira, mas você irá preferir a imagem invertida. Por quê? Porque *vocês dois* estarão reagindo de maneira favorável ao rosto mais familiar – o seu amigo, ao rosto que o mundo vê; e você, à imagem que você vê todo dia no espelho.[10]

Por causa de seu efeito sobre a simpatia, a familiaridade desempenha papel em todo tipo de decisão, inclusive sobre os políticos que elegemos. Parece que, em uma cabine eleitoral, os eleitores costumam escolher um candidato simplesmente porque o nome parece familiar. Em uma eleição polêmica em Ohio alguns anos atrás, um homem com poucas chances de ganhar a corrida pela procuradoria-geral do estado acabou vencendo quando, pouco antes da eleição, trocou seu nome para Brown – um sobrenome com grande tradição política em Ohio.[11]

Como algo assim pode acontecer? A resposta está em parte na maneira inconsciente como a familiaridade afeta a simpatia. Muitas vezes, não percebemos que nossa atitude em relação a alguma coisa foi influenciada pelo número de vezes que fomos expostos a essa mesma coisa no passado. Por exemplo, em uma experiência, os rostos de vários indivíduos foram projetados em uma tela tão rapidamente que, mais tarde, os indivíduos que haviam sido expostos aos rostos daquela maneira não conseguiam se lembrar de tê-los visto antes. Porém, quanto maior a frequência com que o rosto de uma pessoa era projetado na tela, mais os indivíduos passavam a gostar daquela pessoa quando a conheciam em uma interação subsequente. E, como mais simpatia gera maior influência social, esses indivíduos também eram mais convencidos pelas declarações das pessoas cujos rostos haviam sido projetados na tela com maior frequência.[12]

Com base nas provas de que somos mais favoráveis em relação às coisas com as quais já tivemos contato, algumas pessoas recomendaram uma abordagem de "contato" para melhorar as relações raciais. Elas argumentam que, simplesmente pelo fato de expor com maior frequência indivíduos de origem étnica diferente entre si, esses indivíduos iriam naturalmente passar a se gostar mais. Todavia, ao analisar a integração escolar – a área que representava o melhor teste da abordagem de contato –, os cientistas descobriram o padrão oposto. A integração das escolas aumenta o preconceito entre negros e brancos em vez de diminuí-lo.[13]

Vamos nos deter na questão da integração das escolas por um pouco. Por mais bem-intencionados que sejam os defensores da harmonia inter-racial por meio do simples contato, a abordagem deles tem pouca probabilidade de dar bons frutos porque o argumento no qual se baseia está terrivelmente errado. Em primeiro lugar, o ambiente escolar não é um caldeirão no qual as crianças interagem tão prontamente com membros de outros grupos étnicos quanto com os do seu próprio grupo. Anos após a integração escolar formal, há pouca integração social. Os alunos se agrupam etnicamente, separando-se dos outros grupos na maioria das vezes. Segundo, mesmo que houvesse muito mais interação interétnica, as pesquisas mostram que o fato de se familiarizar com algo por meio do contato repetido não necessariamente gera mais simpatia. De fato, a exposição contínua a uma pessoa ou objeto sob condições desagradáveis, tais como frustração, conflito ou competição, gera menos simpatia.[14] E a típica sala de aula americana fomenta exatamente essas condições desagradáveis.

Veja o relatório esclarecedor de um psicólogo, Elliot Aronson, chamado para atuar como consultor das autoridades escolares no tocante a problemas nas instituições de ensino de Austin, Texas. Sua descrição de como ele encontrou a educação sendo ministrada nas salas de aula pode ser aplicada a quase todas as escolas públicas dos Estados Unidos:

> Em geral, é assim que funciona: o professor fica em pé na frente da turma e faz uma pergunta. De seis a dez crianças se mexem na cadeira e acenam diante do professor, ansiosas para serem chamadas e mostrarem como são inteligentes. Várias outras ficam sentadas em silêncio com os olhos abaixados, tentando se tornar invisíveis. Quando o professor chama uma criança, é possível ver o olhar de decepção e desânimo no rosto dos alunos que estavam ansiosos e que perderam a chance de receber a aprovação do professor; e é possível ver o alívio nos rostos das outras crianças que não sabiam a resposta. Esse jogo é ferozmente competitivo e as apostas são altas, pois as crianças estão competindo pelo amor e pela aprovação de uma das duas ou três pessoas mais importantes em seu mundo.
>
> Além disso, esse processo de ensino garante que as crianças não irão aprender a gostar umas das outras e a se entender. Lembre-se de sua própria experiência. Se você soubesse a resposta certa e o professor chamasse outra pessoa, você provavelmente iria esperar que essa outra pessoa errasse para que você tivesse uma oportunidade de exibir seu conhecimento. Se você fosse chamado e fracassasse, ou se nem levantasse a mão para competir, provavelmente iria invejar e ficar ressentido com seus colegas de classe que sabiam a resposta. As crianças que fracassam nesse sistema se tornam invejosas e ressentidas em relação às que são bem-sucedidas, considerando-as protegidas dos professores ou até sendo capazes de recorrer à violência contra elas no pátio da escola. Os alunos bem-sucedidos, por sua vez, muitas vezes desprezam os malsucedidos, chamando-os de "burros" ou "estúpidos".
>
> Esse processo competitivo não incentiva ninguém a olhar de forma benevolente ou alegre para os outros alunos.[15]

Devemos, portanto, ficar imaginando por que a simples integração das escolas – seja por meio da redefinição das rotas dos ônibus escolares, da redelimitação dos distritos escolares ou mesmo do fechamento de escolas – muitas vezes aumenta o preconceito em vez de diminuir. Quando nossos próprios filhos só encontram contatos sociais agradáveis e amizades dentro de seus próprios limites étnicos e são continuamente expostos a outros grupos apenas no caldeirão competitivo da sala de aula, isso é o que podemos esperar.

Existem soluções disponíveis para esse problema? Uma possibilidade pode ser acabar com nossas tentativas de integração escolar. Mas isso não parece factível. Mesmo que ignorássemos os inevitáveis desafios legais e constitucionais e os perturbadores debates sociais que tal retrocesso provocaria, existem razões concretas para continuar com a integração das salas de aula. Por exemplo, apesar de os níveis de aproveitamento dos estudantes brancos permanecerem estáveis, as probabilidades de o desempenho acadêmico dos estudantes das minorias melhorar significativamente, em vez de piorar significativamente, depois da integração são dez vezes maiores. Precisamos ter cuidado em nossa abordagem da integração das escolas para não jogarmos fora o bebê só porque a água da bacia onde ele se encontra está suja.

A ideia, é claro, é jogar fora apenas a água, deixando o bebê bem limpo depois do banho. Neste momento, porém, nosso bebê está imerso na água suja da hostilidade social intensificada. Felizmente, esperanças reais para escoar essa água estão surgindo das pesquisas de pedagogos sobre o conceito de "aprendizado cooperativo". Como boa parte da intensificação do preconceito causada pela integração das salas de aula parece derivar da exposição de integrantes de outros grupos como rivais, esses educadores tentaram usar formas de aprendizado nas quais a cooperação com os colegas de classe, e não a competição, é o elemento central.

Para a colônia de férias. Para entender a lógica da abordagem cooperativa, é útil reavaliar o fascinante programa de pesquisa realizado há três décadas pelo cientista social turco Muzafer Sherif. Intrigado pela questão do conflito dentro do grupo, Sherif decidiu investigar esse processo à medida que ele se desenvolvia em colônias de férias de meninos. Apesar de os meninos nunca perceberem que estavam participando de uma experiência, Sherif e seus colaboradores utilizaram engenhosas manipulações do ambiente social da colônia de férias para observar seus efeitos nas relações entre o grupo.

Não foi difícil criar certos tipos de atrito. O simples fato de separar os garotos em dois dormitórios diferentes foi suficiente para estimular um sentimento do tipo "nós contra eles" entre os grupos; e a atribuição de nomes aos dois grupos (Águias e Cascavéis) acelerou a sensação de rivalidade. Os garotos logo começaram a menosprezar as qualidades e conquistas do outro grupo. Mas essas formas de hostilidade foram menos importantes se comparadas ao que aconteceu quando os estudiosos introduziram propositalmente atividades competitivas nos encontros entre as facções. Gincanas do grupo de um dormitório contra o outro, cabos de guerra e competições de atletismo deram origem a insultos e atritos físicos. Durante as competições, membros da equipe adversária eram rotulados de "trapaceiros", "dedos-duros" e "nojentos". Depois, os dormitórios foram tomados de assalto, bandeiras foram roubadas e queimadas, sinais de ameaça foram exibidos e brigas no refeitório se tornaram comuns.

A essa altura, ficou claro para Sherif que a receita para a desarmonia é rápida e fácil: é só separar os participantes em grupos e deixá-los cozinhando em seu próprio caldo. Depois, misture-os sobre o fogo da competição contínua. Está pronto: ódio ferrenho entre os grupos.

Depois, uma questão mais desafiadora se apresentou aos pesquisadores: como eliminar a hostilidade arraigada que eles haviam criado. Primeiro, eles tentaram a abordagem do contato, aproximando os grupos com mais frequência, mas, mesmo quando as atividades conjuntas eram agradáveis, como sessões de cinema ou eventos sociais, os resultados foram desastrosos. Piqueniques acabaram em brigas de comida, programas de entretenimento deram origem a concursos de gritos, filas nos refeitórios se tornaram festivais de empurrões. Sherif e sua equipe de pesquisadores começaram a ficar preocupados achando que, assim como o Dr. Frankenstein, eles haviam criado um monstro que não conseguiam mais controlar. Depois, no auge da rivalidade, eles encontraram uma solução que era ao mesmo tempo simples e eficaz.

Eles construíram uma série de situações nas quais a competição entre os grupos teria prejudicado os interesses de todos e a cooperação era necessária para o benefício mútuo. Depois de terem ficado fora o dia todo, o único caminhão disponível para ir buscar comida na cidade "estava" atolado. Os garotos foram reunidos e tiveram de empurrar e puxar juntos até o veículo partir. Em outra circunstância, os pesquisadores armaram uma interrupção do fornecimento de água da colônia de férias, que era feito por meio de canos que vinham de um tanque distante. Diante da crise comum e percebendo a necessidade de ação conjunta, os garotos se organizaram harmoniosamente para descobrir e consertar o problema antes do fim do dia. Em mais outra circunstância que exigia cooperação, os garotos foram informados que um filme que eles queriam ver estava disponível para aluguel, mas que a colônia não tinha como arcar com a despesa. Cientes de que a única solução era reunir recursos, os garotos alugaram o filme com dinheiro recolhido de todos e passaram uma agradável noite assistindo-o.

As consequências, apesar de não terem sido instantâneas, foram impressionantes. Esforços conjuntos em nome de objetivos comuns foram aos poucos superando as diferenças rancorosas entre os grupos. Logo, os ataques verbais sumiram, os empurrões nas filas acabaram e os garotos começaram a se misturar nas mesas durante as refeições. Além disso, quando lhes foi pedido para listar seus melhores amigos, vários deixaram de apresentar listas que incluíam apenas amigos que pertenciam a seu próprio grupo e começaram a incluir garotos do outro grupo. Alguns até agradeceram aos pesquisadores pela oportunidade de reclassificar seus amigos porque tinham percebido que haviam mudado de opinião. Em um episódio revelador, os garotos voltaram de uma reunião em um único ônibus – algo que teria gerado confusão antes, mas que agora era um pedido específico deles. Quando o ônibus parou numa lanchonete, os garotos de um grupo, com US$5 restantes, decidiram oferecer milk-shakes a seus ex-adversários!

Podemos identificar as raízes dessa surpreendente guinada naquelas situações em que os garotos tiveram de ver uns aos outros como aliados em vez de adversários. O procedimento crucial foi a imposição aos grupos, por parte dos pesquisadores, de objetivos comuns. Foi a cooperação necessária para conquistar aqueles objetivos que finalmente permitiu que os membros de grupos rivais vissem uns aos outros como pessoas razoáveis, ajudantes valiosos e amigos. E, quando os esforços mútuos resultaram em sucesso, ficou especialmente difícil manter os sentimentos de hostilidade em relação àqueles que haviam sido colegas de equipe no momento de triunfo.[16]

De volta à escola. Na maré de tensões sociais provocadas pela integração das escolas, alguns psicólogos educacionais começaram a perceber a relevância para as salas de aula das descobertas de Sherif. Se a experiência de aprendizado pudesse ser modificada para incluir pelo menos ocasionalmente a cooperação interétnica em nome de sucessos mútuos, talvez amizades entre os diferentes grupos pudessem encontrar um lugar para florescer. Apesar de projetos semelhantes terem sido realizados em vários estados, uma abordagem particularmente interessante nessa direção – chamada de "sala de aula quebra-cabeça" – foi desenvolvida por Elliot Aronson e seus colegas no Texas e na Califórnia.

A essência do caminho adotado para o aprendizado é exigir que os estudantes trabalhem juntos para dominar a matéria que será cobrada numa prova. Isso é feito dividindo os alunos em equipes que colaboram entre si e dando a cada aluno apenas uma parte da informação – uma peça do quebra-cabeça – necessária para que eles passem na prova. Nesse sistema, os alunos devem se revezar ensinando e ajudando uns aos outros. Todos precisam de todos para ter êxito. Como os garotos de Sherif, que trabalhavam em tarefas que só podiam ser realizadas conjuntamente, os alunos se tornam aliados em vez de inimigos.

Quando aplicada em turmas recentemente integradas, a abordagem do quebra-cabeça gerou resultados impressionantes. Estudos mostraram que, numa comparação com outras turmas na mesma escola que usavam o tradicional método competitivo, esse novo tipo de aprendizado estimulava significativamente a formação de novas amizades e a redução do preconceito entre grupos étnicos. Além dessa redução vital da hostilidade, havia outras vantagens: a autoestima, o apreço pela escola e as notas nas provas dos estudantes que faziam parte de minorias melhoraram. E os estudantes brancos também se beneficiaram. Sua autoestima e seu apreço pela escola aumentaram e seu desempenho escolar foi pelo menos tão alto quanto o dos estudantes brancos das turmas tradicionais.

Ganhos como esses exigem explicação mais detalhada. O que acontece exatamente nas turmas quebra-cabeça e gera resultados que não esperávamos mais conquistar nas escolas públicas? Um estudo de caso apresentado por Aronson nos ajuda a entender melhor. Ele relata a experiência de Carlos, um jovem americano de origem mexicana, que se viu em um grupo quebra-cabeça pela primeira vez. A tarefa de Carlos era aprender e transmitir à sua equipe informações sobre a meia-idade de John Pulitzer. Um teste sobre a vida do famoso jornalista seria em breve aplicado a cada membro do grupo. Aronson nos conta o que aconteceu:

Carlos não sabia articular muito bem seus pensamentos em inglês, sua segunda língua, e, por ter sido muitas vezes ridicularizado ao falar em público, aprendeu, ao longo dos anos, a ficar calado em sala de aula. Podemos até dizer que Carlos e a professora haviam estabelecido uma conspiração do silêncio. Ele se tornava anônimo, se escondia na algazarra das atividades da turma, e não ficava constrangido por ter de tropeçar nas respostas. Ela, por sua vez, não o arguia. A decisão dela provavelmente foi motivada pela mais pura das razões; ela não queria humilhá-lo ou ver outras crianças zombando dele; mas, ao ignorar Carlos, a professora o havia, de fato, excluído. Ela estava sugerindo que não valia a pena se preocupar com ele; pelo menos foi essa a mensagem que as outras crianças receberam. Se a professora não arguia Carlos, devia ser porque ele era burro. É provável que o próprio Carlos tenha chegado à mesma conclusão.

Naturalmente, Carlos se sentia muito pouco à vontade com o novo sistema, que exigia que ele falasse com seus colegas de grupo. Ele teve muitos problemas para comunicar seu parágrafo. Gaguejou, hesitou e impacientou-se. As outras crianças não o ajudavam de maneira alguma; reagiam conforme seu hábito antigo e arraigado. Quando uma criança tropeça, especialmente uma criança que é considerada burra, elas recorrem à ridicularização e às provocações. "Ei, você não sabe", acusou Mary. "Você é burro, você é estúpido. Não sabe o que está fazendo."

Uma de nós, designada para observar o processo do grupo, intervinha e dava um conselho quando ouvia comentários desse tipo: "Tudo bem, podem provocá-lo se quiserem", ela dizia, "e isso pode ser divertido para vocês, mas não vai ajudá-los a aprender nada sobre Joseph Pulitzer. A prova vai ser daqui a mais ou menos uma hora". Note como ela mudou as contingências de reforço. Agora Mary não ganha nada menosprezando Carlos, e pode sair perdendo muito. Depois de alguns dias e várias experiências desse tipo, as crianças começaram a perceber que a única chance que elas tinham de aprender a parte de Carlos era prestar atenção ao que Carlos tinha a dizer.

E, ao perceber isso, as crianças começaram a se tornar entrevistadores bastante bons, uns Dick Cavetts* mirins. Em vez de provocar Carlos ou

---

* *Nota do Tradutor*: Richard Alva Cavett, apresentador de *talk-shows* nos Estados Unidos, conhecido por suas detalhadas entrevistas sobre temas sérios.

ignorá-lo, elas aprenderam a estimulá-lo, a fazer perguntas que tornavam mais fácil para ele explicar em voz alta o que estava em sua cabeça. Carlos, por sua vez, ficou mais relaxado, e isso melhorou sua capacidade de comunicação. Depois de algumas semanas, as crianças concluíram que Carlos não era burro como elas pensavam. Elas viram nele qualidades que não haviam visto antes. Começaram a gostar mais dele e Carlos começou a gostar mais da escola e a pensar em seus colegas de turma de ascendência inglesa não como atormentadores, mas como amigos.[17]

Temos uma tendência, quando nos deparamos com resultados positivos como os da sala de aula quebra-cabeça, a nos tornarmos excessivamente entusiastas a respeito de uma única solução simples para um problema tenaz. A experiência deveria nos dizer que tais problemas raramente são resolvidos por um recurso simples. Isso, sem dúvida, também é verdade nesse caso. Mesmo dentro dos limites dos procedimentos de aprendizado cooperativo, as questões são complexas. Antes que possamos nos sentir realmente confortáveis com a abordagem do tipo quebra-cabeça, ou com qualquer outra abordagem semelhante no que diz respeito a aprendizado e simpatia, muitas outras pesquisas são necessárias para determinar com que frequência, em que doses, em que faixa etária e em quais tipos de grupo as estratégias cooperativas funcionarão. Também precisamos saber qual é a melhor maneira para que os professores instituam novos métodos – se é que eles irão instituí-los, afinal, as técnicas de aprendizado cooperativo são não apenas uma mudança radical em relação à rotina tradicional, conhecida, da maioria dos professores, mas também podem ameaçar a noção de importância do professor na sala de aula ao transferir para os alunos boa parte da instrução. Por fim, devemos perceber que a competição também tem seu lugar. Ela pode servir como valioso motivador de ações desejáveis e como importante ferramenta para a construção da imagem própria de cada um. A tarefa, portanto, não é eliminar a competição acadêmica, mas quebrar seu monopólio nas salas de aula ao introduzir regularmente sucessos cooperativos que incluam integrantes de todos os grupos étnicos.[18]

Apesar dessas observações, só posso ficar entusiasmado com as evidências até o momento. Quando falo com meus alunos, ou até mesmo com meus vizinhos e amigos, sobre as perspectivas das abordagens de aprendizado cooperativo, sinto o otimismo crescer dentro de mim. As escolas públicas têm sido, há muito tempo, fonte de novidades desanimadoras – notas cada vez mais baixas, esgotamento dos professores, criminalidade crescente e, é claro, conflitos raciais. Agora, existe pelo menos uma luz na escuridão, e eu fico realmente entusiasmado com isso.

Qual é o motivo dessa digressão sobre os efeitos da integração das escolas sobre as relações raciais? O motivo é apresentar dois argumentos. Primeiro, apesar de a familiaridade produzida pelo contato geralmente acarretar mais simpatia, o inverso acontece se o contato traz consigo experiências desagradáveis. Portanto, quando crianças de grupos raciais diferentes são jogadas na competição dura e incessante das salas de aula americanas, somos obrigados a ver – e de fato vemos – o aumento das hostilidades. Segundo, a prova de que o aprendizado em equipe é um antídoto para essa síndrome e pode nos revelar algo sobre o forte impacto da cooperação no processo de simpatia.

Antes de deduzirmos que a cooperação é um forte motivo gerador de simpatia, devemos submetê-la ao que, a meu ver, é a prova dos nove: os profissionais da persuasão usam sistematicamente a cooperação para nos fazer gostar deles a fim de que digamos, sim, a seus pedidos? Será que eles destacam a cooperação quando ela existe naturalmente? Será que eles tentam amplificá-la quando ela é fraca? E, ainda mais instrutivo, será que eles a fabricam quando ela está ausente?

Ao que parece, a cooperação passa pelo teste facilmente. Os profissionais da persuasão estão sempre tentando estabelecer que nós e eles estamos trabalhando em nome dos mesmos objetivos, que devemos "nos unir" para o benefício mútuo, que eles são, essencialmente, nossos *colegas de equipe*. É possível apresentar uma série de exemplos. A maioria desses exemplos é conhecida, como o do vendedor de carros novos que fica a nosso lado e "trava uma batalha" com seu chefe para nos conseguir um bom negócio.[19] Mas um exemplo bastante espetacular ocorre em um cenário que poucos de nós reconheceriam de imediato, pois os profissionais são interrogadores da polícia cujo trabalho é induzir suspeitos a confessar um crime.

Recentemente, os tribunais impuseram uma série de restrições ao modo como a polícia deve se comportar ao lidar com suspeitos de crimes, especialmente quando está atrás de confissões. Muitos procedimentos que, no passado, levaram a admissões de culpa não podem mais ser utilizados por medo que possam resultar na recusa do caso por parte do juiz. Todavia, por enquanto, os tribunais não encontraram nada de ilegal no uso, por parte da polícia, de táticas psicológicas sutis. Por esse motivo, nos interrogatórios criminais, manobras como a do Policial Bom/Policial Mau têm sido cada vez mais usadas.

A manobra do Policial Bom/Policial Mau funciona da seguinte maneira: um jovem suspeito de roubo, digamos, que foi colocado a par de seus direitos e continua afirmando que é inocente, é levado para uma sala para ser interrogado por dois policiais. Um deles, quer seja porque o papel lhe cai bem ou simplesmente porque é a sua vez, interpreta o papel do Policial Mau. Antes mesmo de o suspeito se sentar, o Policial Mau xinga "o filho da mãe" por causa do roubo. Durante o resto da sessão, suas palavras são emitidas apenas por meio de rosnados e resmungos. Ele chuta a cadeira do prisioneiro para enfatizar seus argumentos. Quando ele olha para o suspeito, parece que está vendo um monte de lixo. Se o suspeito rebate as acusações do Policial Mau ou simplesmente se recusa a responder, o Policial Mau fica furioso. Sua raiva vai aos píncaros. Ele jura que fará todo o possível para conseguir a sentença máxima. Diz que tem amigos no gabinete da promotoria e que eles saberão da atitude pouco colaborativa do suspeito e tratarão o caso com dureza.

No início da performance do Policial Mau, o seu parceiro, o Policial Bom, fica sentado afastado. Depois, ele começa a se aproximar. Primeiro, ele fala apenas com o Policial Mau, tentando aplacar sua raiva crescente. "Acalme-se, Frank, acalme-se." Mas o Policial Mau responde aos gritos: "Não me diga para me acalmar quando ele está mentindo bem debaixo do meu nariz! Odeio esses canalhas mentirosos!" Um pouco depois, o Policial Bom diz algo a favor do suspeito: "Calma, Frank, ele é apenas um garoto." Não é lá uma grande ajuda, mas, comparadas ao discurso agressivo do Policial Mau, as palavras soam como música ao ouvido do prisioneiro. Ainda assim, o Policial Mau não está convencido. "Garoto? Ele não é garoto nenhum. É um marginal. É isso que ele é, um marginal. E vou dizer mais uma coisa. Ele tem mais de 18 anos, e isso é tudo de que preciso para mandá-lo para trás das grades."

Agora, o Policial Bom começa a falar diretamente com o jovem, chamando-o pelo nome e salientando os pontos positivos do caso. "Vou dizer uma coisa, Kenny, foi sorte sua ninguém ter se machucado e você não estar armado. Quando você for levado a julgamento, isso vai ajudar." Se o suspeito continua a se declarar inocente, o Policial Mau lança outra série de insultos e ameaças, mas, dessa vez, o Policial Bom o interrompe. "Tudo bem, Frank", ele dá dinheiro ao Policial Mau, "acho que precisamos de um café. Que tal ir buscar três cafés para a gente?". Depois que o Policial Mau sai, está na hora da grande cena do Policial Bom: "Ouça, rapaz, não sei por que, mas meu parceiro não gosta de você e vai ficar no seu pé. E ele vai poder fazer isso porque já temos provas suficientes. E ele disse a verdade sobre a promotoria ser dura com quem não colabora. Você pode pegar cinco anos, cara, cinco anos! Eu não quero que isso aconteça com você. Então, se você admitir o roubo agora, antes de ele voltar, vou assumir o seu caso e tentar ajudá-lo com o promotor. Se trabalharmos juntos, talvez possamos reduzir aqueles cinco anos para dois, quem sabe um. Faça um favor para nós dois, Kenny. Conte como é que você fez e depois começaremos a trabalhar para que isso acabe logo." Geralmente, a confissão vem logo depois disso.

A tática do Policial Bom/Policial Mau funciona tão bem assim por vários motivos: o medo de uma sentença longa é rapidamente insuflada pelas ameaças do Policial Mau; o princípio do contraste de percepção (ver páginas 11-14) faz com que, quando comparado ao venenoso e agressivo Policial Mau, o interrogador que está interpretando o Policial Bom pareça um homem *particularmente* razoável e gentil; e, como o Policial Bom interveio várias vezes em seu favor – até gastou seu próprio dinheiro para comprar um café – a regra da reciprocidade pressiona o suspeito a retribuir. O grande motivo para a eficácia da regra, porém, é o fato de ela dar ao suspeito a ideia de que alguém está do seu lado, pensando em seu bem-estar, trabalhando com ele, para ele. Na maioria das situações, uma pessoa assim seria muito bem-vista, mas, em meio aos apuros pelos quais nosso suspeito de roubo está passando, essa pessoa ganha os contornos de um salvador. E, para passar de salvador a confessor de confiança, o passo é pequeno.

Condicionamento e associação

"Por que eles culpam a *mim*, doutor?" Era a voz trêmula ao telefone de um apresentador das previsões meteorológicas da televisão local. Ele foi informado de meu número de telefone quando ligou para o departamento de psicologia de minha universidade para descobrir alguém que pudesse responder a sua pergunta – uma pergunta que sempre o intrigou, mas que recentemente começou a incomodá-lo e deprimi-lo.

"Quer dizer, isso é loucura, não é? Todo mundo sabe que eu apenas dou as notícias, que não mando no tempo, não é? Então, por que todo mundo cai em cima de mim quando o tempo está ruim? Durante a enchente do ano passado, cheguei a receber cartas com insultos! Um sujeito ameaçou atirar em mim se não parasse de chover. Pelo amor de Deus, ainda ando olhando para trás por causa desse sujeito. E as pessoas com quem trabalho na televisão também! Às vezes, no ar, elas reclamam comigo por causa de uma onda de calor ou algo parecido. Elas devem saber que não sou o responsável, mas isso não adianta. O senhor pode me ajudar a entender isso, doutor? Isso está me deixando deprimido."

Marcamos um encontro em meu escritório, onde tentei explicar que ele era uma vítima de uma antiga reação do tipo *clique, zum* que as pessoas têm em relação a coisas que são percebidas como meramente ligadas entre si. Exemplos desse tipo de reação são abundantes na vida moderna, mas achei que o exemplo que poderia ajudar mais aquele apresentador da meteorologia precisaria de um pouco de história antiga. Pedi que ele pensasse no destino precário dos mensageiros imperiais na antiga Pérsia. Qualquer um desses mensageiros ao qual era atribuído o cargo de estafeta militar tinha motivos especiais para torcer muito para um sucesso das forças persas no campo de batalha. Com notícias de vitória em sua bolsa, ele era tratado como um herói na sua chegada ao palácio. A comida, a bebida e as mulheres de sua escolha eram-lhe oferecidas de bom grado e com suntuosidade. Contudo, se a mensagem era de desastre militar, a recepção era bem diferente: ele era sumariamente assassinado.

Eu esperava que o apresentador da meteorologia tivesse entendido o argumento daquela história. Queria que ele tivesse ciência de um fato que é tão verdadeiro hoje quanto nos tempos da antiga Pérsia, ou, se for por isso, nos tempos de Shakespeare, que captou a sua essência com uma frase esclarecedora: "A natureza das más notícias", ele disse, "contagia quem as transmite". Temos uma tendência humana natural a antipatizar com quem nos dá uma informação desagradável, mesmo quando essa pessoa não causou essa má notícia. A simples associação com ela é suficiente para estimular nossa antipatia.[20]

Mas havia uma outra coisa que eu esperava que o apresentador da meteorologia pudesse tirar dos exemplos históricos. Sua situação não apenas fazia parte de uma tradição secular, mas também, quando comparada à de alguns outros mensageiros, como os persas, ela era bem melhor. Ao final de nosso encontro, ele disse algo para me convencer de que havia entendido claramente o argumento. "Doutor", ele disse ao sair, "me sinto muito melhor em relação a meu trabalho agora. Quer dizer, estou em Phoenix, onde o sol brilha durante 300 dias por ano, certo? Graças a Deus, não dou as notícias meteorológicas de Buffalo".

O comentário do apresentador da meteorologia revelou que ele havia entendido mais do que eu havia dito sobre o princípio que estava influenciando a simpatia dos telespectadores em relação a ele. Estar associado a mau tempo causa efeito negativo. Por outro lado, estar associado a dias ensolarados deveria melhorar muito sua popularidade. E ele tinha razão. O princípio da associação é geral e governa tanto as associações negativas quanto as positivas. Uma associação inocente com coisas ruins ou boas influenciará a maneira como as pessoas se sentem a nosso respeito.[21]

Nossas instruções sobre como a associação negativa funciona parecem ter sido transmitidas por nossas mães. Lembra-se de como elas estavam sempre nos alertando para não brincarmos com as crianças malvadas no final da rua? Lembra-se de como elas diziam que o fato de nós não fazermos nada de errado não importava porque "ficaríamos conhecidos na vizinhança por nossas companhias"? Nossas mães estavam nos ensinando algo sobre a culpa por associação. Estavam nos dando uma lição sobre o lado negativo do princípio da associação. E elas tinham razão. As pessoas deduzem que temos os mesmos traços de personalidade de nossos amigos.[22]

Quanto às associações positivas, são os profissionais da persuasão a ensinar a lição. Eles estão o tempo todo tentando associar a si mesmos, ou os seus produtos, a coisas das quais gostamos. Você já se perguntou o que todas aquelas belas modelos estão fazendo nos anúncios de automóveis? O que o anunciante espera estar fazendo é associar seus traços positivos – beleza e desejo – aos carros. O anunciante está apostando que iremos reagir ao produto da mesma maneira que reagimos às atraentes modelos meramente associadas a eles.

E eles têm razão. Em um estudo, os homens que viram o anúncio de um carro novo que incluía uma jovem e sedutora modelo acharam o *carro* mais

Apresentador da meteorologia paga o preço dos caprichos da natureza

De David L. Langford
Associated Press

Apresentadores das previsões meteorológicas na televisão ganham confortavelmente a vida falando do tempo, mas, quando a Mãe Natureza faz seus caprichos, eles têm de se proteger.

Ao conversar com vários veteranos das previsões meteorológicas em todo o país esta semana, surgiram várias histórias nas quais eles foram agredidos por velhinhas que brandiam seus guarda-chuvas, abordados por bêbados em bares, atacados com bolas de neve e galochas, ameaçados de morte e acusados de tentarem brincar de Deus.

"Um sujeito ligou para mim e disse que, se chovesse no Natal, eu não sobreviveria até o Ano-Novo", disse Bob Gregory, que é o apresentador das previsões meteorológicas da WTHR-TV em Indianápolis há nove anos.

A maioria dos apresentadores disse que a precisão das previsões de um dia fica entre 80% e 90%, mas previsões de longo prazo são mais difíceis. E a maioria admitiu que eles estão simplesmente apresentando informações fornecidas por computadores e meteorologistas anônimos do National Weather Service* ou de alguma agência particular.

Mas as pessoas vão atrás do rosto que aparece na televisão.

Tom Bonner, 35 anos, que trabalha há 11 anos na KARK-TV em Little Rock, Arkansas, se lembra da vez em que um fazendeiro parrudo de Lonoke que havia bebido um pouco demais aproximou-se dele em um bar, colocou um dedo em seu peito e disse: "Foi você que mandou aquele tornado e destruiu a minha casa... Vou arrancar a sua cabeça."

Bonner disse que olhou em volta procurando o segurança, não conseguiu achá-lo, e respondeu: "Você tem razão quanto ao tornado e vou lhe dizer mais uma coisa, vou mandar outro se você não cair fora."

Há muitos anos, quando uma grande enchente deixou o Mission Valley em San Diego debaixo de três metros d'água, uma mulher foi até o carro de Mike Ambrose, da KGTV, bateu no para-brisa com um guarda-chuva e disse: "Essa chuva é culpa sua!"

Chuck Whitaker, da WSBT-TV de South Bend, Indiana, diz: "Uma velhinha ligou para a polícia e queria que o apresentador da meteorologia fosse preso por ter feito nevar tanto."

Uma mulher que estava aborrecida porque havia chovido no casamento da sua filha ligou para Tom Jolls, da WKBW-TV em Buffalo, Nova York, para dizer o que ela pensava. "Ela me considerava responsável e disse que, se me encontrasse um dia, provavelmente iria me bater", ele contou.

Sonny Elliott, da WJBK-TV, apresentador das previsões para a área de Detroit há 30 anos, lembra-se de ter previsto de 5 a 10 centímetros de neve na cidade muitos anos antes, e, na verdade, caíram 18 centímetros. Em retaliação, seus colegas na emissora montaram uma armadilha que despejou sobre ele cerca de 200 galochas enquanto apresentava as previsões no dia seguinte.

"Ainda tenho caroços no corpo para provar", ele diz.

FIGURA 5-2

Massacrados pelo tempo

Note as semelhanças entre o relato do apresentador da meteorologia que foi a meu escritório e as histórias desses outros apresentadores de televisão.

---

* *Nota do Tradutor*: Serviço Nacional de Meteorologia dos Estados Unidos.

rápido, mais atraente, mais caro e mais bem projetado do que os homens que viram o anúncio sem a modelo. Porém, quando questionados mais tarde, os homens se recusaram a acreditar que a presença da jovem havia influenciado suas opiniões.[23]

Já que o princípio da associação funciona tão bem – e tão inconscientemente –, os fabricantes tentam regularmente associar seus produtos à última mania cultural. Nos dias da primeira expedição americana à Lua, tudo, desde bebidas para o café da manhã até desodorantes, era vendido com alusões ao programa espacial dos Estados Unidos. Nos anos de Olimpíadas, ficamos sabendo com precisão qual é o laquê ou o lenço de papel "oficial" de nossas equipes olímpicas.[24] Nos anos 1970, quando o conceito cultural mágico parecia ser a "naturalidade", o adjetivo "natural" foi explorado à exaustão. Às vezes, as associações com a naturalidade nem mesmo faziam sentido: "Mude a sua cor de cabelo naturalmente", exortava um popular comercial de televisão.

A associação de celebridades a produtos é outra maneira de os anunciantes aproveitarem o princípio da associação. Atletas profissionais são pagos para se associar a coisas que podem ser diretamente relevantes à sua atividade (sapatos esportivos, raquetes de tênis, bolas de golfe) ou total-

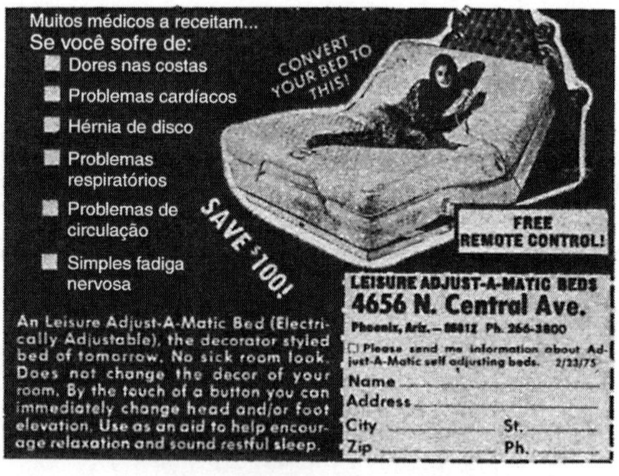

FIGURA 5-3

Camas atrativas para doentes?

Pesquisas mostram que uma modelo atraente posando com um carro fará o automóvel parecer mais desejável. Alguns anunciantes aparentemente acreditam que o mesmo vale para todos os tipos de produtos.

mente irrelevantes (refrigerantes, pipoqueiras, meias-calças). O importante para o anunciante é estabelecer uma associação; ela não precisa ser lógica, apenas positiva.

É claro, personalidades conhecidas fornecem um outro tipo de desejo que os fabricantes sempre estiveram dispostos a pagar bem para associar a seus bens, mas, recentemente, os políticos entenderam a força de uma associação com uma celebridade para atrair os eleitores. Candidatos à presidência reúnem grupos de figuras conhecidas que não são do mundo político para participar ativamente de suas campanhas ou simplesmente para deixar que seus nomes sejam usados nelas. Mesmo em nível estadual ou local, existe um jogo semelhante. Veja, por exemplo, o comentário de uma mulher de Los Angeles que estava expressando seus sentimentos conflitantes sobre um referendo para limitar o fumo em lugares públicos na Califórnia. "É realmente uma decisão muito difícil. Eles colocaram grandes astros para falar a favor e contra a proposta. Você não sabe como votar."

Se os políticos são relativamente novatos no uso de depoimentos de celebridades, eles têm vasta experiência em outros tipos de exploração do princípio da associação. Por exemplo, os deputados tradicionalmente anunciam à imprensa o início de projetos federais que criarão novos empregos ou trarão novos benefícios para seus estados; isso acontece mesmo quando um deputado não teve nada a ver com a aprovação do projeto ou, em alguns casos, até chegou a votar contra ele.

Embora os políticos tenham lutado muito para se associar aos valores de maternidade, vida no campo e tortas de maçã, talvez seja a última dessas associações – a associação à comida – a mais astuta. Por exemplo, é uma tradição da Casa Branca tentar conquistar os votos de legisladores durante uma refeição. Pode ser um almoço, um suntuoso desjejum ou um elegante jantar, mas, quando um importante projeto de lei está em jogo, os talheres de prata saem da gaveta. E a angariação de fundos hoje em dia geralmente envolve a apresentação de comida. Note também que, no típico jantar para angariar fundos, os discursos, os apelos por mais contribuições e esforços nunca são feitos antes de a refeição ser servida, apenas durante ou depois. As vantagens dessa união entre assuntos gastronômicos e assuntos de Estado são muitas: por exemplo, poupa-se tempo e a regra da reciprocidade é ativada. Entretanto, o benefício menos reconhecido pode ser o que foi revelado em uma pesquisa realizada nos anos 1930 pelo célebre psicólogo Gregory Razran.

Usando o que chamou de "técnica do almoço", ele descobriu que os indivíduos estudados gostavam mais das pessoas e coisas que conheciam enquanto comiam. No exemplo mais relevante para nossos propósitos, foram apresentadas aos indivíduos estudados por Razran algumas declarações políticas sobre as quais eles já haviam feito comentários anteriormente. No final da experiência, depois de as declarações políticas terem sido apresentadas, Razran descobriu que a aprovação de apenas algumas delas havia aumentado – aquelas que haviam sido apresentadas enquanto alimentos eram consumidos. E essas mudanças em sua aprovação pareciam ter acontecido inconscientemente, já que os indivíduos não se lembravam quais declarações haviam sido apresentadas enquanto a comida era servida.

Como Razran chegou à técnica do almoço? O que o fez pensar que ela funcionaria? A resposta pode estar no duplo papel científico que ele desempenhou durante sua carreira. Ele não era apenas um respeitado pesquisador independente, era também um dos primeiros tradutores para a língua inglesa da inovadora literatura psicológica da Rússia. Tratava-se de uma literatura dedicada ao estudo do princípio da associação e dominada pelo pensamento de um homem brilhante, Ivan Pavlov.

Apesar de ser um cientista com um talento variado e elaborado – ele havia, por exemplo, ganhado um Prêmio Nobel anos antes por seu trabalho sobre o sistema digestivo – a demonstração científica mais importante de Pavlov foi muito simples. Ele mostrou que poderia fazer com que uma reação tipicamente animal à comida (salivação) poderia ser direcionada a algo que nada tinha a ver com comida (um sino) simplesmente ao associar as duas coisas na mente do animal. Se a apresentação de alimento fosse sempre acompanhada do som de um sino, logo o cachorro iria salivar apenas ao escutar o som do sino, mesmo quando nenhum alimento fosse oferecido.

O passo entre a demonstração clássica de Pavlov e a técnica do almoço de Razran não era muito grande. Obviamente, uma reação normal à comida pode ser transferida a alguma outra coisa por meio do processo de associação simples. O insight de Razran foi que há várias reações normais à comida além da salivação, e uma delas é um sentimento bom e favorável. Portanto, é possível associar esse sentimento agradável, essa atitude positiva, a qualquer coisa (e declarações políticas são apenas um exemplo) intimamente associadas a boa comida.

O passo também não é muito longo entre a técnica do almoço e a percepção dos profissionais da persuasão de que todos os tipos de coisas desejáveis podem substituir a comida na transferência de suas qualidades desejáveis a ideias, produtos e pessoas artificialmente associadas a elas. Em uma análise final, portanto, é por isso que lindas modelos aparecem nos anúncios das revistas. E é por isso que os programadores das rádios são instruídos a inserir o jingle da estação logo depois que uma canção de sucesso é tocada. E é por isso que até as mulheres que jogam bingo numa festa Tupperware devem gritar a palavra "Tupperware" em vez de "bingo" antes de poder ir correndo pegar seu prêmio. Para as mulheres, pode ser "Tupperware", mas, para a empresa, é "bingo".

Só porque muitas vezes somos as vítimas inconscientes do uso feito por profissionais da persuasão do princípio da associação isso não significa que não entendemos como ele funciona ou que nós mesmos não o usamos. Existem amplas evidências, por exemplo, de que entendemos plenamente a situação de um mensageiro imperial da Pérsia, ou de um apresentador das previsões meteorológicas hoje em dia, ao anunciar notícias ruins. De fato, fazemos o necessário para evitar ficar em posições como essas. Pesquisas realizadas na Universidade da Geórgia mostram como agimos ao nos defrontarmos com a tarefa de comunicar boas ou más notícias. Estudantes que estavam esperando o início de uma experiência foram encarregados de informar um colega de que ele havia recebido uma importante ligação. Na metade das vezes, o telefonema deveria trazer boas notícias; na outra metade, as notícias eram ruins. Os pesquisadores descobriram que os estudantes transmitiam a informação de forma bastante diferente dependendo da qualidade. Quando a notícia era positiva, os mensageiros faziam questão de mencionar essa qualidade: "Acabamos de receber um telefonema para você com notícias *ótimas*." Mas, quando as notícias eram desfavoráveis, eles se distanciavam: "Acabamos de receber um telefonema para você. É melhor você ir falar com o pesquisador para saber os detalhes." Obviamente, os estudantes haviam aprendido antes que, para que gostassem deles, eles deveriam se associar a notícias boas e não a notícias ruins.[25]

Muitos comportamentos estranhos podem ser explicados pelo fato de as pessoas entenderem o princípio da associação tão bem a ponto de lutarem para se associar a eventos positivos e para se afastar de eventos negativos – mesmo quando elas não foram as causadoras de tais eventos. Alguns dos comportamentos mais estranhos desse tipo acontecem na grande arena dos esportes. A questão aqui não são as ações dos atletas; afinal, no calor do jogo, eles podem ter momentos ocasionais de excentricidade. Em vez disso, muitas vezes é o fervor impetuoso, irracional e sem limites dos torcedores que parece muito intrigante. Como podemos explicar os violentos tumultos em manifestações esportivas na Europa, ou o assassinato de jogadores e juízes por parte de torcedores de jogos de futebol enlouquecidos na América do Sul, ou a suntuosidade desnecessária dos presentes oferecidos por fãs locais aos já riquíssimos jogadores americanos de beisebol no "dia" especial designado para homenageá-los? Racionalmente, nada disso faz sentido. É apenas um jogo! Não é?

Improvável. O relacionamento entre o esporte e o torcedor fanático não é brincadeira. É sério, intenso e altamente pessoal. Um bom exemplo vem de uma de minhas anedotas preferidas. Ela fala de um soldado na Segunda Guerra Mundial que voltou para casa, nos Bálcãs, depois da guerra e, logo em seguida, parou de falar. Os exames médicos não acusavam nenhuma causa física para o problema. Não havia nenhum ferimento, lesão cerebral ou diminuição da capacidade vocal. Ele conseguia ler, escrever, entender uma conversa e cumprir ordens, porém, não falava – nem com os médicos, os amigos ou mesmo sua família suplicante.

Perplexos e exasperados, seus médicos o removeram para outra cidade e o colocaram em um hospital para veteranos de guerra, onde ele permaneceu por trinta anos, nunca quebrando o silêncio imposto a si mesmo e afundando em uma vida de isolamento social. Então, um dia, um rádio em sua ala estava sintonizado por acaso em uma partida de futebol entre o time da sua cidade natal e um rival tradicional. Quando, em uma jogada crucial da partida, o árbitro marcou uma falta contra um jogador do time da cidade natal, nosso veterano mudo pulou da sua cadeira, olhou para a rádio e disse suas primeiras palavras em mais de três décadas: "Seu imbecil!", ele gritou. "Está tentando *dar* o jogo para eles de bandeja?" Depois, ele voltou à sua cadeira e ao silêncio que nunca mais foi quebrado.

Há duas importantes lições a serem depreendidas dessa história. A primeira diz respeito ao simples poder do fenômeno. O desejo do veterano de ver o time de sua cidade natal vencer era tão forte a ponto de ter produzido um desvio em seu modo de vida solidamente arraigado. Efeitos semelhantes de eventos esportivos nos hábitos de longa data dos torcedores não acontecem apenas nas alas de hospitais para veteranos de guerra. Durante as Olimpíadas de Inverno de 1980, depois que o time de hóquei dos Estados Unidos havia acabado com a festa dos favoritos, o time soviético, deram a Jim Craig, o pai abstêmio do goleiro americano, uma garrafa. "Eu nunca havia tomado um gole de álcool na minha vida", ele disse mais tarde, "mas alguém que estava atrás de mim me deu conhaque. Eu bebi. Bebi, sim". E esse comportamento incomum também não foi exclusividade dos pais dos jogadores. Torcedores fora da arena de hóquei foram descritos nos noticiários como delirantes: "Eles se abraçavam, cantavam e davam saltos mortais na neve." Até mesmo os torcedores que não estavam presentes em Lake Placid exultaram com a vitória e demonstraram seu orgulho por meio de comportamentos bizarros. Em Raleigh, Carolina

FIGURA 5-4

Fanatismo esportivo fatal

Essa foto jornalística retrata parte de um tumulto em um estádio no Peru depois que uma decisão de um árbitro de futebol deu a vitória a um time argentino. O tumulto foi tão violento que 318 pessoas morreram e outras 400 ficaram feridas, a maior parte pisoteada e asfixiada.

(UPI)

do Norte, uma competição de natação teve de ser interrompida quando, depois do anúncio do placar do jogo de hóquei, os competidores e a plateia gritaram "Estados Unidos! Estados Unidos!" até ficarem roucos. Em Cambridge, Massachusetts, um tranquilo supermercado explodiu em uma guerra de papel higiênico e toalhas de papel quando a notícia foi anunciada. Os funcionários e o gerente do supermercado se uniram – e logo lideraram – à explosão de alegria dos clientes.

Sem dúvida, a força é profunda e arrebatadora. Se voltarmos ao relato do veterano silencioso, podemos ver que outra coisa é revelada acerca da natureza da união de esportes e torcedores, algo crucial para seu caráter básico: trata-se de algo pessoal. Qualquer que fosse o fragmento de identidade que o homem devastado e mudo ainda tinha, ele foi ativado pela partida de futebol. A despeito da possível fraqueza de seu ego após trinta anos de estagnação muda em uma ala de um hospital, ele se envolveu com o resultado da partida. Por quê? Porque ele, pessoalmente, se sentiria diminuído por uma derrota de sua cidade natal. Como? Por meio do princípio da associação. A mera associação a seu lugar de nascimento o prendeu, envolveu, amarrou ao triunfo ou fracasso iminente. Como o célebre autor Isaac Asimov disse ao descrever nossas reações às provas que encontramos: "Em paridade de condições, você torce para seu próprio sexo, para sua própria cultura, para sua própria localidade... e o que você quer provar é que *você* é melhor do que a outra pessoa. Quem quer que seja a pessoa para quem você está torcendo, ela representa *você*; e quando ela vence, *você* vence."[26]

Quando vista sob essa luz, a paixão do torcedor esportivo começa a fazer sentido. O jogo não é uma diversão leve para ser desfrutada por causa da forma e da técnica a ele inerentes. O eu está em jogo. É por isso que multidões de uma cidade adoram tanto e, fato ainda mais revelador, são tão gratas pelas vitórias do time da casa. Também é por isso que essas mesmas multidões são muitas vezes ferozes no modo como tratam jogadores, técnicos e árbitros envolvidos em fracassos atléticos.

A intolerância dos torcedores em relação ao fracasso pode abreviar a carreira de jogadores e técnicos de sucesso. Veja o caso de Frank Layden, que abandonou abruptamente o cargo de técnico do Utah Jazz, da NBA (National Basketball Association), enquanto o time estava liderando a Divisão do Meio-Oeste da liga. O relativo sucesso de Layden, seu bom humor e suas atividades de caridade muito conhecidas na região de Salt Lake City não foram suficientes para protegê-lo da ira de alguns torcedores do Jazz depois de algumas derrotas do time. Citando uma série de incidentes com torcedores agressivos, inclusive um no qual pessoas esperaram uma hora para xingá-lo após uma derrota, Layden explicou sua decisão: "Às vezes, na NBA, você se sente como um cachorro. Pessoas já cuspiram em mim. Um cara chegou perto de mim e disse: 'Sou advogado. Bata em mim! Bata em mim para que eu possa processá-lo.' Acho que os Estados Unidos levam os esportes a sério demais."

Então, queremos que nossos times esportivos afiliados vençam para provar nossa própria superioridade. Mas para quem estamos tentando prová-la? Para nós mesmos, certamente; mas também a todos os outros. De acordo com o princípio da associação, se podemos nos cercar de sucesso com o qual estamos associados mesmo que de maneira superficial (por exemplo, o lugar onde você mora), nosso prestígio público irá aumentar.

Será que os torcedores esportivos estão certos ao pensar que, mesmo sem nunca ter feito nenhuma jogada, tocado numa bola, marcado um gol ou até mesmo sem nunca ter ido a um jogo, eles irão receber parte da glória de um campeonato vencido por seu time? Acho que sim. Os indícios estão a favor deles. Lembre-se de que os mensageiros persas não tinham de gerar as notícias, o meu apresentador da meteorologia não tinha de originar o clima e o sino de Pavlov não tinha de produzir o alimento para que um poderoso efeito acontecesse. Bastava a associação.

É por esse motivo que, se a Universidade do Sul da Califórnia vencesse o Rose Bowl,* poderíamos esperar que as pessoas com alguma ligação com o sul da Califórnia tentassem aumentar de várias maneiras a visibilidade dessa ligação. Em uma experiência que mostrava como usar o uniforme de um time pode servir para proclamar uma associação desse tipo, os pesquisadores contaram o número de camisetas de universidade usadas às segundas-feiras por alunos nos *campi* de sete universidades com bons times de futebol americano: Universidade Estadual do Arizona, Universidade Estadual de Louisiana, Notre Dame, Michigan, Universidade Estadual de

* *Nota do Tradutor*: O Rose Bowl é uma partida anual de futebol americano entre universidades americanas geralmente realizada no dia 1º de janeiro no estado homônimo em Pasadena, Califórnia.

Ohio, Pittsburgh e Universidade do Sul da Califórnia. Os resultados mostraram que um número bem maior de camisetas do uniforme do time da universidade era usado se o time tivesse vencido o jogo no domingo. E mais, quanto maior a margem de vitória, mais camisetas apareciam. Não era um jogo apertado e muito disputado que fazia com que os alunos vestissem, literalmente, a camisa do sucesso, mas era uma conquista clara e esmagadora que demonstrava uma superioridade indiscutível.

O inverso dessa tendência a deitar nos louros alheios alardeando publicamente nossa associação a pessoas de sucesso é nossa tentativa de evitarmos ser obscurecidos pela sombra da derrota dos outros. Em uma incrível demonstração durante a azarada temporada de 1980, os torcedores do time de futebol americano New Orleans Saints começaram a aparecer no estádio usando sacos de papel para esconder o rosto. À medida que seu time perdia uma partida após a outra, mais e mais fãs começaram a usar os sacos de papel, até que as câmeras de televisão puderam registrar a imagem extraordinária da multidão de pessoas coberta por papel marrom sem nada para identificá-las a não ser a ponta do nariz. Acho instrutivo o fato que, durante uma competição de fim de campeonato, quando havia ficado claro que o Saints iria finalmente vencer uma partida, os torcedores jogaram fora os sacos de papel e mais uma vez se tornaram públicos.

Tudo isso me diz que manipulamos propositalmente a visibilidade de nossas associações com vencedores e perdedores a fim de projetarmos uma boa imagem para quem puder ver essas associações. Ao destacarmos as associações positivas e ocultarmos as negativas, estamos tentando fazer com que os observadores tenham uma opinião melhor a nosso respeito e gostem mais de nós. Existem várias maneiras de fazer isso, mas uma das mais simples e difundidas está nos pronomes que usamos. Você já percebeu, por exemplo, que, muitas vezes, após a vitória do time da casa, os torcedores se amontoam diante de uma câmera de televisão e gritam "Somos os melhores! Somos os melhores!". Note que o grito não é "Eles são os melhores!". O pronome usado é "nós", a fim de sugerir a maior proximidade possível com o time.

Note também que isso não acontece em caso de fracasso. Nenhum telespectador ouvirá gritos de "Estamos em último lugar! Estamos em último lugar!". As derrotas do time da casa são momentos de distanciamento. Nesse caso o pronome "nós" é substituído pelo isolador pronome "eles".

Para provar esse argumento, uma vez fiz uma pequena experiência na qual estudantes da Universidade Estadual do Arizona recebiam uma ligação e tinham de descrever o resultado de uma partida de futebol americano que o time da universidade havia jogado algumas semanas antes. Alguns dos estudantes tinham de descrever o resultado de uma partida que o time havia perdido; os outros tinham de descrever o resultado de uma partida diferente – que o time deles havia ganhado. Minha copesquisadora, Avril Thorne, e eu simplesmente escutávamos o que era dito e registrávamos o percentual de estudantes que usava o pronome "nós" em suas descrições. Quando os resultados foram tabulados, ficou evidente que os estudantes haviam tentado estabelecer uma ligação entre eles mesmos e o sucesso usando o pronome "nós" para descrever a vitória do time da sua escola – "Nós ganhamos de Houston por 17 a 14", ou "Nós ganhamos". No caso dos jogos perdidos, porém, o pronome "nós" era raramente usado. Em vez disso, os estudantes usavam termos cujo objetivo era distanciá-los de seu time derrotado – "Eles perderam para Missouri por 30 a 20", ou "Não sei o placar, mas o time da Arizona State perdeu". Talvez os desejos gêmeos de se associar a vencedores e se distanciar de perdedores tenham sido combinados claramente nas observações de um aluno em particular. Depois de dizer de maneira seca o placar da derrota de seu time – "Arizona State perdeu, 30 a 20" – ele disse angustiado: "*Eles* jogaram fora *nossa* chance de ganhar um campeonato nacional."[27]

Se é verdade que, para projetarmos uma imagem positiva, tentamos desfrutar de sucessos aos quais estamos remotamente associados, uma implicação provocatória aparece: nossa probabilidade de usar essa abordagem é maior quando sentimos que não estamos projetando uma imagem muito boa. Sempre que nossa imagem pública está danificada, sentimos um desejo maior de consertá-la alardeando nossos vínculos com outras pessoas bem-sucedidas. Ao mesmo tempo, iremos evitar ainda mais escrupulosamente tornar públicos os nossos vínculos com outras pessoas fracassadas. Essas ideias se baseiam no estudo feito por telefone com os estudantes da Universidade Estadual do Arizona. Antes de serem perguntados sobre a vitória ou a derrota de seu time, eles eram submetidos a um teste de conhecimentos gerais. O teste era construído para que alguns estudantes se dessem muito mal e outros se saíssem bem.

Dessa maneira, quando tinham de descrever o placar do jogo de futebol americano, metade dos estudantes havia passado por uma experiência recente que havia danificado sua imagem por causa do resultado negativo do teste. Esses estudantes mostraram posteriormente a maior necessidade de manipular seus vínculos com o time de futebol americano para salvaguardar seu prestígio. Quando eles tinham de descrever a derrota do time, apenas 17% usavam o pronome "nós". Entretanto, se eles tivessem de descrever uma vitória, 41% diziam "nós".

Porém, a história era muito diferente no caso dos estudantes que haviam se saído bem no teste de conhecimentos gerais. Eles usaram mais tarde o pronome "nós" igualmente, tanto para descrever uma vitória do time da casa (25%) quanto para descrever uma derrota (24%). Esses estudantes haviam amparado suas imagens em suas próprias conquistas e não precisavam fazer isso usando as conquistas dos outros. Essa descoberta me diz que não é quando temos um sentimento forte de reconhecimento de nossas conquistas que iremos procurar desfrutar da glória alheia. Em vez disso, será quando o prestígio (tanto público quanto privado) estiver baixo que iremos fazer de tudo para usar os sucessos associados a outras pessoas para ajudar a consertar nossa imagem.

Acho revelador o fato de que a notável confusão após a vitória da equipe americana de hóquei nas Olimpíadas de Inverno de 1980 tenha acontecido em um momento em que o prestígio americano andava em baixa. O governo dos Estados Unidos não havia conseguido evitar o sequestro de cidadãos americanos no Irã nem a invasão soviética no Afeganistão. Era um período em que, como cidadãos, precisávamos do triunfo daquele time de hóquei e precisávamos demonstrar ou até mesmo fabricar nossa ligação com aquele evento. Não deveríamos ficar surpresos ao saber, por exemplo, que fora da arena de hóquei, após a vitória sobre o time soviético, cambistas recebiam até US$100 por dois *canhotos* de ingresso.

Apesar de o desejo de desfrutar da glória alheia existir de alguma forma em todos nós, parece que existe algo especial nas pessoas que esperam debaixo de neve para gastar US$50 por dois pedaços de um ingresso de um jogo ao qual elas nem foram, supostamente para "provar" aos amigos em casa que eles estavam presentes na grande vitória. Que tipo de gente é essa? A menos que eu esteja enganado, elas são não apenas grandes apaixonados por esporte, mas indivíduos com uma falha de caráter oculta – uma auto

FIGURA 5-5

A vitória é nossa!

Quando, depois de décadas de derrotas, os Phillies da Filadélfia venceram o campeonato de beisebol, 1,1 milhão de pessoas – em uma cidade de 1,5 milhão – saiu às ruas para gritar "Somos os melhores!", enquanto seus heróis desfilavam em carro aberto pela cidade.

(KLUETMEIER, IOOSS, *SPORTS ILLUSTRATED*)

imagem ruim. No fundo, existe uma sensação de baixo valor pessoal que as faz procurar prestígio não por meio da geração ou da promoção de suas próprias conquistas, mas da geração ou promoção de sua associação às conquistas alheias. Existem vários tipos dessa espécie que florescem em nossa cultura. A pessoa que sempre insere nomes importantes em seu discurso é um exemplo clássico. Outro é a *groupie* de bandas de rock, que troca favores sexuais pelo direito de dizer às amigas que ela "ficou" com um músico famoso durante algum tempo. A despeito de sua forma, o comportamento desses indivíduos tem um tema em comum – a visão trágica de que a realização pessoal deriva de algo alheio a si mesmo.

Algumas dessas pessoas trabalham o princípio da associação de maneira ligeiramente diferente. Em vez de lutar para aumentar seus vínculos visíveis com pessoas de sucesso, elas lutam para aumentar o sucesso das pessoas às quais elas estão visivelmente ligadas. O exemplo mais claro é a famosa "mãe de palco", obcecada em assegurar o estrelato do filho. É claro, as mulheres não são as únicas a fazer isso. Em 1991, um obstetra de Davenport, Iowa, parou de atender as mulheres de três funcionários da escola de seu filho porque ele não jogava tempo suficiente nas partidas de beisebol da escola. Uma das mulheres estava no oitavo mês de gravidez na época.

As mulheres de médicos muitas vezes falam da pressão para obter prestígio pessoal através da associação com a posição profissional do marido. John Pekkanen, que escreveu o livro *The Best Doctors in the U.S.*, diz que muitos protestos furiosos à sua lista vieram não dos médicos que foram omitidos, mas das mulheres deles. Em um exemplo que revela até que ponto o princípio da associação domina o pensamento de algumas dessas mulheres, Pekkanen recebe uma carta de uma mulher exaltada junto com uma prova de que seu marido merecia constar da lista dos melhores médicos. Era uma foto do marido com Merv Griffin.*

COMO DIZER NÃO

Já que é possível aumentar a simpatia de várias maneiras, é necessário que uma análise adequada das defesas contra os profissionais da persuasão seja, por mais estranho que isso possa parecer, breve. Seria inútil construir uma longa lista de contratáticas específicas para combater cada uma das inúmeras versões das várias maneiras de influenciar a simpatia. Existem simplesmente caminhos demais a serem bloqueados por uma estratégia desse tipo. Além disso, mostramos que muitos dos fatores que geram simpatia – atra-

---

* *Nota do Tradutor*: Mervyn "Merv" Edward Griffin, Jr., apresentador de *talk-show*, artista e executivo do mundo televisivo americano. Começou a carreira como cantor e até chegou a participar de filmes e peças na Broadway. Mais tarde, começou a apresentar o seu próprio programa de TV, *The Merv Griffin Show*, e tornou-se um magnata do ramo do *showbiz*.

ção física, familiaridade, associação – funcionam inconscientemente para produzir seus efeitos sobre nós, tornando improvável nossa capacidade de armar uma proteção contra eles em tempo hábil.

Em vez disso, precisamos considerar uma abordagem geral que possa ser aplicada a qualquer um dos fatores relacionados à simpatia, a fim de neutralizar sua influência nociva em nossas decisões ligadas ao consentimento. O segredo de tal abordagem pode residir no momento de sua aplicação. Em vez de tentar reconhecer e prevenir a ação dos fatores relacionados à simpatia antes que eles ajam sobre nós, talvez seja mais prudente deixar que eles ajam. Nossa vigilância não deve ser direcionada para as coisas que podem produzir simpatia indevida por um profissional da persuasão, mas para o fato de que simpatia indevida foi *gerada*. O momento para reagir de maneira protetora é quando sentimos que estamos simpatizando mais do que deveríamos com o profissional naquelas circunstâncias.

Ao concentrarmos nossa atenção no efeito e não nas causas, podemos evitar a tarefa trabalhosa, e quase impossível, de tentar detectar e desviar as inúmeras influências psicológicas que atuam sobre a simpatia. Em vez disso, temos de ser sensíveis a um único fator relacionado à simpatia em nossos contatos com profissionais da persuasão: a sensação de que passamos a gostar daquele profissional de maneira mais rápida ou mais profunda do que seria de se esperar. Depois de *percebermos* esse sentimento, teremos em nossas mãos uma dica de que provavelmente alguma tática está sendo usada e podemos começar a tomar as providências necessárias para combatê-la. Note que a estratégia que estou sugerindo utiliza muitos conceitos do jiu-jítsu, adotados pelos próprios profissionais da persuasão. Não tentamos restringir a influência dos fatores que geram simpatia. Pelo contrário, deixamos que esses fatores exerçam sua força e, depois, usamos essa força em nossa campanha contra eles. Quanto mais intensa for a força, mais conspícua ela se torna e, por conseguinte, mais ela estará sujeita às nossas defesas em alerta.

Suponha, por exemplo, que estamos negociando o preço de um carro novo com Dan, um candidato ao título de "maior vendedor de carros" deixado por Joe Girard. Depois de negociarmos um pouco, Dan quer fechar o negócio; ele quer que nos decidamos a comprar o carro. Antes que uma decisão desse tipo seja tomada, seria importante fazermos a nós mesmos uma pergunta crucial: "Nos 25 minutos em que travei conhecimento com esse sujeito, será que passei a gostar dele mais do que seria de se esperar?" Se a resposta for positiva, talvez seja melhor refletirmos se Dan teve nesses poucos minutos um comportamento que sabemos que pode influenciar nossa simpatia. Podemos lembrar que ele nos deu comida (café e rosquinhas) antes de começar seu discurso de vendas, nos felicitou por nossa escolha dos opcionais e da combinação de cores, nos fez rir, colaborou conosco ficando a nosso lado contra o gerente de vendas para conseguir um negócio melhor.

Apesar de uma análise desse tipo ser informativa, ela não é um passo necessário para nos protegermos da regra da simpatia. Depois de descobrirmos que passamos a gostar de Dan mais do que seria de se esperar, não precisamos saber o porquê. O simples reconhecimento de uma simpatia injustificada deve ser suficiente para nos fazer reagir contra ela. Uma reação possível seria reverter o processo e repudiar ativamente Dan, mas isso pode ser injustiça para com ele e não nos interessar; afinal, alguns indivíduos são naturalmente simpáticos, e Dan pode simplesmente ser um deles. Não seria justo se voltar automaticamente contra aqueles profissionais da persuasão que, por acaso, são os mais simpáticos. Além disso, para nosso próprio bem, não gostaríamos de nos privar de interações de negócios com pessoas tão agradáveis, especialmente quando elas podem estar nos oferecendo o melhor negócio possível.

Eu recomendaria uma reação diferente. Se nossa resposta à pergunta crucial for "Sim, nessas circunstâncias, estou simpatizando demais com esse cara", esse deve ser o sinal de que é hora de uma rápida manobra contrária: separe mentalmente Dan daquele Chevrolet ou Toyota que ele está tentando vender. A essa altura, é vital lembrar-se de que, caso nos decidamos pelo carro de Dan, sairemos da concessionária com o *veículo*, não com Dan. É irrelevante para uma compra inteligente de um automóvel acharmos Dan simpático porque ele tem boa aparência, demonstra interesse em nosso hobby favorito, é engraçado ou tem parentes no lugar onde crescemos.

Nossa reação adequada, portanto, é um esforço consciente para nos concentrarmos exclusivamente nos méritos do negócio e do carro que Dan tem para nós. É claro, ao tomar uma decisão relacionada ao consentimento, é sempre uma boa ideia manter separados nossos sentimentos a respeito do solicitante e da solicitação, mas, uma vez envolvido em um contato até mesmo breve e sociável com o solicitante, é fácil esquecer essa distinção. Quando o solicitante não nos é simpático nem antipático, esquecer essa distinção não nos tirará muito de nosso caminho. Os grandes erros têm maior probabilidade de acontecer quando gostamos da pessoa que está fazendo a solicitação.

É por isso que é tão importante ficar alerta a uma sensação de simpatia indevida por um profissional da persuasão. O reconhecimento desse sentimento poderá servir como lembrete para separarmos o negociante dos méritos do negócio e irá nos ajudar a tomar nossa decisão com base em considerações relacionadas apenas ao negócio em si. Se todos nós seguíssemos esse procedimento, tenho certeza de que ficaríamos muito mais satisfeitos com os resultados dos nossos contatos com profissionais da persuasão – apesar de eu suspeitar que Dan não ficaria.

RELATO DO LEITOR

De um homem de Chicago

"Apesar de nunca ter ido a uma festa Tupperware, reconheci o mesmo tipo de pressão exercida pela amizade quando, recentemente, recebi um telefonema da atendente de uma operadora de telefonia de longa distância. Ela me disse que um de meus amigos havia colocado meu nome em algo chamado MCI Friends and Family Calling Circle.*

Esse meu amigo, Brad, é um cara que cresceu comigo, mas que se mudou para Nova Jersey ano passado por causa de um trabalho. Ele ainda liga para mim com bastante regularidade para saber notícias do pessoal do bairro com quem a gente costumava sair. A vendedora me disse que ele pode economizar 20% em todas as ligações que ele faz para as pessoas que fazem parte da lista de seu Calling Circle, desde que elas sejam assinantes da operadora MCI. Depois, ela me perguntou se eu gostaria de passar para a MCI para receber todos os benefícios do serviço e para que Brad pudesse economizar 20% em suas ligações para mim.

---

* *Nota do Tradutor*: Programa de descontos em ligações de longa distância para números de amigos e familiares indicados pelo assinante da operadora de telefonia americana MCI.

Bem, eu não estava nem aí para os benefícios do serviço da MCI; estava totalmente satisfeito com a operadora de longa distância que eu usava, mas a parte sobre os descontos para Brad em nossas ligações realmente me deixou balançado. Se ele viesse a saber que eu havia dito que não queria fazer parte de seu Calling Circle e que não me importava se ele economizava ou não nas ligações, acharia que eu tinha feito uma afronta à nossa amizade. Então, para evitar insultá-lo, disse a ela que trocaria para a MCI.

Eu ficava me perguntando por que as mulheres vão a uma festa Tupperware e acabam comprando o que não querem só porque é uma amiga que está organizando a reunião. Agora, não me pergunto mais isso."

O leitor não é o único a poder testemunhar a respeito do poder das pressões incorporadas na ideia do Calling Circle da MCI. Quando a revista* Consumer Reports *pesquisou essa prática, o vendedor da MCI que foi entrevistado foi bastante sucinto: "Funciona 90% das vezes."

Capítulo 6

AUTORIDADE

Deferência dirigida

Siga um especialista.

– VIRGÍLIO

SUPONHA QUE, AO LER O JORNAL, VOCÊ VEJA UM ANÚNCIO QUE recruta voluntários que queiram participar de um "estudo sobre a memória" realizado no departamento de psicologia de uma universidade próxima. Suponhamos também que, achando intrigante a ideia de uma experiência desse tipo, você contacta o diretor do estudo, um tal professor Stanley Milgram, e faz os acertos para participar de uma sessão de uma hora. Ao chegar ao laboratório, você encontra dois homens. Um é o pesquisador encarregado da experiência, o que é evidenciado por seu jaleco cinza e pela prancheta que ele carrega. O outro é um voluntário como você, que parece uma pessoa comum em todos os aspectos.

Depois das saudações e apresentações iniciais, o pesquisador começa a explicar os procedimentos a serem seguidos. Ele diz que a experiência é um estudo sobre como a punição afeta o aprendizado e a memória, portanto, um participante ficará encarregado de aprender pares de palavras em uma longa lista até que esses pares possam ser perfeitamente lembrados; essa pessoa será chamada de Discípulo. A tarefa do outro participante será testar a memória do Discípulo e aplicar a ele choques elétricos cada vez mais fortes a cada erro; essa pessoa será chamada de Professor.

Naturalmente, você fica um pouco preocupado ao saber dessas informações. E sua apreensão aumenta quando, depois de tirar a sorte com seu parceiro, você descobre que desempenhará o papel de Discípulo. Você não havia imaginado a possibilidade de a dor fazer parte do estudo, então, pensa rapidamente em ir embora. Mas você reflete: "Não, vou ter muito tempo para isso se for necessário. Além disso, que intensidade poderão ter esses choques?"

Depois de ter tido a oportunidade de estudar a lista de pares de palavras, o pesquisador amarra você a uma cadeira e, na presença do Professor, prende eletrodos a seu braço. Mais preocupado agora sobre o efeito do choque, você pergunta sobre a intensidade. A resposta do pesquisador não é nada reconfortante: ele diz que, apesar de os choques poderem ser extremamente dolorosos, eles não causarão "lesões permanentes nos tecidos". Depois de dizer isso, o pesquisador e o Professor deixam você sozinho e vão para a sala ao lado, onde o Professor faz a você as perguntas do teste por intermédio de um interfone e aplica a punição elétrica a cada resposta errada.

À medida que o teste prossegue, você rapidamente reconhece o padrão que o Professor segue: ele faz a pergunta e espera sua resposta ao interfone. Toda vez que você erra, ele anuncia a voltagem do choque que você está prestes a tomar e puxa uma alavanca para executar a punição. A coisa mais preocupante é que, a cada erro que você comete, o choque sobe 15V.

A primeira parte do teste avança tranquilamente. Os choques são incômodos, mas toleráveis. Depois, porém, à medida que os seus erros vão se acumulando e a voltagem dos choques sobe, a punição começa a doer o bastante para quebrar a sua concentração, o que leva a mais erros e mais choques. Aos níveis de 75V, 90V e 105V, a dor faz você gemer alto. A 120V, você exclama ao interfone que os choques estão *realmente* começando a doer. Você recebe mais uma punição com um gemido e decide que não consegue aguentar mais dor. Depois que o Professor aplica o choque de 150V, você grita ao interfone: "Chega! Tirem-me daqui! Tirem-me daqui, por favor! Deixem-me sair!"

Entretanto, em vez da garantia que você esperava do Professor de que ele e o pesquisador tirarão você dali, ele simplesmente faz mais uma pergunta. Surpreso e confuso, você murmura a primeira resposta que vem à cabeça. Está errada, é claro, e o Professor aplica um choque de 165V. Você grita para o Professor parar e soltar você, mas ele reage apenas fazendo mais uma pergunta – e aplicando mais um choque quando sua resposta se revela incorreta. Você não consegue conter mais o pânico; os choques agora são tão fortes que você estremece e berra. Você chuta a parede, pede para ser solto, implora ajuda ao Professor, mas as perguntas continuam como antes, assim como os temidos choques – em descargas de 195V, 210V, 225V, 240V, 255V, 270V, 285V e 300V. Você percebe que não é possível responder corretamente ao teste agora, então, grita para o Professor que não vai mais responder as perguntas. Nada muda; o Professor interpreta a sua incapacidade de responder como uma resposta incorreta e manda outra descarga. O suplício continua até que, finalmente, a força do choque deixa você paralisado. Você não grita nem luta mais. Você só consegue seguir cada terrível descarga elétrica. Você pensa: "Talvez essa inatividade total faça o Professor parar. Não pode haver razão alguma para continuar essa experiência." Mas ele continua implacavelmente, fazendo as perguntas do teste, anunciando a terrível intensidade dos choques (cerca de 400V agora) e puxando as alavancas. "Como será esse homem?", você se pergunta confuso, "Por que ele não me ajuda? Por que ele não para?".

Para a maioria de nós, o cenário acima parece um pesadelo. Para reconhecer o quanto ele é assustador, porém, precisamos entender que, em sua maior parte, ele é real. Houve uma experiência desse tipo – na verdade, toda uma série de experiências – realizada por um professor de psicologia chamado Milgram, na qual os participantes no papel de Professor estavam dispostos a aplicar níveis contínuos, intensos e perigosos de choques a uma outra pessoa que chutava, gritava e implorava. Apenas um importante aspecto da experiência não era verdadeiro. Nenhum choque de verdade era aplicado; o Discípulo, a vítima que ficava gritando em agonia, pedindo clemência e libertação, não era na verdade um participante, mas um ator que apenas fingia estar recebendo choques. O propósito do estudo de Milgram, portanto, nada tinha a ver com os efeitos da punição sobre o aprendizado e a memória. Em vez disso, dizia respeito a uma questão inteiramente diferente: quando essa é a sua tarefa, quanto sofrimento as pessoas normais estarão dispostas a infligir a uma outra pessoa inteiramente inocente?

A resposta é muito perturbadora. Em circunstâncias que reproduziam as características precisas do "pesadelo", o típico Professor estava disposto a infligir toda a dor que pudesse. Em vez de ceder às súplicas da vítima, cerca de dois terços dos indivíduos que participaram da experiência de Milgram puxaram todos os 30 botões de choque à sua frente e continuaram a utilizar o último botão (450V) até que o pesquisador pusesse fim à experiência. Ainda mais alarmante, nenhum dos 40 indivíduos nesse estudo abandonou sua tarefa de Professor quando a vítima começou a pedir para ser solta; nem depois, quando a vítima suplicou; nem mesmo mais tarde, quando sua reação a cada choque havia se tornado, segundo Milgram, "definitivamente um grito de agonia". Só depois que o choque de 300V foi aplicado e a vítima "gritou desesperada que não iria mais responder ao teste de memória" alguém parou – e, mesmo assim, foi uma minoria que o fez.

Os resultados surpreenderam todas as pessoas associadas ao projeto, inclusive Milgram. De fato, antes do começo do estudo, ele pediu que grupos de colegas, estudantes de pós-graduação e graduandos em psicologia da Universidade Yale (onde a experiência foi realizada) lessem uma cópia dos procedimentos da experiência e estimassem quantos participantes iam chegar até o último choque (450V). Invariavelmente, as respostas ficaram na faixa entre 1% e 2%. Um outro grupo de 39 psiquiatras previu que apenas cerca de uma pessoa em mil estaria disposta a continuar até o fim. Ninguém, portanto, estava preparado para os padrões de comportamento produzidos pela experiência.

Como podemos explicar esses padrões alarmantes? Talvez, como alguns argumentaram, isso tivesse a ver com o fato de todos os indivíduos serem do sexo masculino, que, como grupo, é conhecido por suas tendências agressivas; ou com o fato de os indivíduos não reconhecerem o dano potencial que choques com uma voltagem tão alta poderiam causar; ou ainda com o fato de os indivíduos serem um grupo anormal de cretinos amorais que gostavam de ter a oportunidade de infligir sofrimento aos outros. Mas há bons indícios contra cada uma dessas possibilidades. Primeiro, uma experiência posterior demonstrou que o sexo dos indivíduos era irrelevante no que dizia respeito à sua disposição de aplicar todos os choques à vítima; indivíduos do sexo feminino tinham a mesma probabilidade de ir até o fim que os indivíduos do sexo masculino no estudo inicial de Milgram.

FIGURA 6-1

O estudo Milgram

A fotografia de cima mostra a aparência sinistra do "gerador de choques" usado na experiência. A fotografia de baixo mostra o Discípulo (vítima) sendo amarrado a uma cadeira e ligado aos eletrodos pelo pesquisador de jaleco e por um dos verdadeiros participantes da pesquisa.

(STANLEY MILGRAM, 1965. DO FILME *OBEDIENCE*, DISTRIBUÍDO POR PENNSYLVANIA UNIVERSITY, PCR)

A explicação de que os sujeitos não tinham ciência do potencial de perigo físico para a vítima também foi analisada em uma experiência posterior e se mostrou insatisfatória. Nessa outra versão da experiência, quando a vítima era instruída a anunciar que sofria do coração e a declarar que seu coração estava sendo afetado pelo choque – "Chega. Tirem-me daqui. Eu disse que era cardíaco. Meu coração está começando a incomodar. Recuso-me a continuar. Deixem-me sair" – os resultados foram os mesmos de antes: 65% dos participantes cumpriram fielmente suas tarefas até chegar ao choque máximo.

Por fim, a explicação de que os participantes da experiência de Milgram eram um grupo de sádicos pervertidos que não representava o cidadão médio também se mostrou insatisfatória. As pessoas que responderam ao anúncio de jornal de Milgram para participar nessa experiência sobre a "memória" representavam um corte transversal padrão de faixas etárias, ocupações e níveis de instrução de nossa sociedade. E não só isso, mais tarde, uma bateria de testes de personalidade mostrou que essas pessoas eram bastante normais psicologicamente, sem nenhum indício de psicose no grupo. Elas eram, de fato, exatamente como eu e você; ou, como Milgram gosta de dizer, elas *são* você e eu. Se ele estiver certo ao dizer que fazemos parte das terríveis descobertas de seus estudos, a pergunta sem reposta se torna incomodamente pessoal: o que *nos* levaria a fazer tais coisas?

Milgram tem certeza de que sabe a resposta. Ele diz que ela tem a ver com uma noção de autoridade muito arraigada em todos nós. Segundo Milgram, o verdadeiro culpado nas experiências era a incapacidade dos participantes de desafiar os desejos do chefe do estudo – o pesquisador de jaleco que exortava e, se necessário fosse, levava os participantes a executar suas tarefas, apesar do transtorno emocional e físico que eles estavam causando.

Os indícios a favor da explicação de Milgram sobre a obediência à autoridade são fortes. Primeiro, é claro que, sem as diretrizes do pesquisador para que os participantes continuassem, eles teriam terminado a experiência rapidamente. Eles odiavam o que estavam fazendo e ficavam agoniados com a agonia de suas vítimas. Eles imploravam ao pesquisador para deixá-los parar. Quando ele recusava, eles prosseguiam, mas, enquanto isso, tremiam, transpiravam, agitavam-se, balbuciavam protestos e outras súplicas para que a vítima fosse libertada. Enterravam as unhas em sua própria carne; mordiam os lábios até sangrarem; seguravam a cabeça com as mãos; alguns tinham acessos incontroláveis de riso. Um observador externo escreveu:

> Observei um homem de negócios maduro e inicialmente equilibrado entrar no laboratório sorridente e confiante. Dali a vinte minutos, ele estava reduzido a uma pessoa tensa e balbuciante que estava rapidamente che-

> gando ao ponto de um colapso nervoso. Ele puxava o lóbulo da orelha e torcia as mãos. A certa altura, ele bateu com o punho na testa e disse: "Meu Deus, vamos parar com isso." Apesar disso, ele continuou a responder a cada palavra do pesquisador e a obedecer até o final.[1]

Além dessas observações, Milgram forneceu provas ainda mais convincentes para a interpretação do comportamento tipo "obediência à autoridade" dos participantes. Em um estudo subsequente, por exemplo, ele fez com que o pesquisador e a vítima mudassem de papel para que o pesquisador dissesse ao Professor para interromper os choques enquanto a vítima insistia bravamente para que o Professor continuasse. O resultado não poderia ter sido mais claro: 100% dos indivíduos se recusaram a dar outros choques quando era apenas o outro participante a pedir que eles parassem. Uma descoberta idêntica apareceu em uma outra versão da experiência na qual o pesquisador e a vítima trocavam de papel de forma que era o pesquisador que ficava amarrado à cadeira e o outro participante ordenava que o Professor continuasse – apesar dos protestos do pesquisador. Mais uma vez, nenhum indivíduo tocou outro botão de choque.

O grau extremo de atenção dos participantes do estudo de Milgram aos desejos da autoridade foi documentado em outra variação do estudo de base. Nesse caso, Milgram apresentava ao Professor dois pesquisadores, que emitiam ordens contraditórias. Um ordenava que o Professor interrompesse os choques quando a vítima pedia para ser libertada, enquanto o outro mantinha que a experiência deveria continuar. Essas instruções conflitantes produziram o que pode ter sido o único toque de humor do projeto: em uma confusão tragicômica e com os olhos correndo de um pesquisador para outro, os participantes pediam que os dois concordassem com um único comando que eles pudessem seguir. "Esperem, esperem. O que vai ser? Um diz para parar e o outro diz para continuar. O que vai ser?" Quando os pesquisadores continuavam em conflito, os participantes tentavam freneticamente determinar quem era o chefe mais importante. Sem conseguir seguir esse caminho de obediência à *verdadeira* autoridade, os participantes acabavam seguindo seus instintos e interrompiam os choques. Como em outras variantes da experiência, um resultado desse tipo não seria esperado se as motivações dos participantes envolvessem alguma forma de sadismo ou agressividade.[2]

Para Milgram, indícios de um fenômeno assustador surgem o tempo todo dos dados por ele acumulados: "É a disposição extrema dos adultos a fazer quase tudo sob o comando de uma autoridade que constitui a principal descoberta do estudo." Existem implicações sérias dessa descoberta para aqueles que se preocupam com a capacidade de uma outra forma de autoridade – o governo – de obter níveis assustadores de obediência dos cidadãos comuns.[3] Além disso, as descobertas nos dizem algo a respeito da força das pressões exercidas pela autoridade sobre o controle de nosso comportamento. Depois de testemunhar os participantes do estudo de Milgram se contorcendo, suando e sofrendo para executar suas tarefas, será que podemos duvidar do poder da força que os manteve lá?

Para quem ainda tem alguma dúvida, a história de S. Brian Willson poderá ser instrutiva. Em 1º de setembro de 1987, para protestar contra o envio de equipamento militar americano para a Nicarágua, o Sr. Willson e dois outros homens deitaram atravessados sobre os trilhos da estrada de ferro que saía da Estação de Armas Navais de Concord, Califórnia. Os manifestantes estavam confiantes de que seu ato iria interromper a viagem do trem programada para aquele dia, pois haviam notificado oficiais da Marinha e da ferrovia três dias antes, mas a tripulação civil, que havia recebido ordens para não parar, nem reduziu a velocidade do trem, apesar de ter visto os manifestantes duzentos metros à sua frente. Apesar de dois homens terem conseguido sair da frente do trem, o Sr. Willson não foi rápido o bastante para evitar ser atingido e ter ambas as pernas amputadas abaixo do joelho. Como os oficiais médicos da Marinha presentes na cena se recusaram a tratá-lo ou permitir que ele fosse levado ao hospital em sua ambulância, espectadores – inclusive a mulher do Sr. Willson e seu filho – ficaram tentando estancar o sangue durante 45 minutos até que uma ambulância particular chegasse.

Surpreendentemente, o Sr. Willson, que serviu durante quatro anos no Vietnã, não culpa nem os tripulantes do trem nem os oficiais da Marinha por seu infortúnio; em vez disso, ele aponta o dedo para o sistema que forçou aquelas ações por meio da pressão a obedecer: "Eles estavam apenas fazendo o que eu fiz no Vietnã. Estavam cumprindo ordens que fazem parte de uma política insana. Eles são os bodes expiatórios." Apesar de concordar com a avaliação do Sr. Willson que os coloca como vítimas, os tripulantes do trem não compartilham de sua magnanimidade. No que talvez seja o aspecto mais notável do incidente, os tripulantes do trem entraram na justiça contra *ele*, pedindo ressarcimento pela "humilhação, angústia mental e estresse físico" que tiveram de enfrentar porque ele não lhes permitiu cumprir as ordens sem decepar suas pernas.

Sempre que nos deparamos com um motivador de ações humanas tão poderoso, é natural esperar que haja uma boa razão para essa motivação. No caso da obediência à autoridade, até mesmo uma breve avaliação da organização social humana nos oferece muitas justificativas. Um sistema de autoridade com várias camadas e amplamente aceito proporciona uma imensa vantagem sobre uma sociedade. Ele permite o desenvolvimento de estruturas sofisticadas para a produção de recursos, comércio, defesa, expansão e controle social que, de outra maneira, seriam impossíveis. A outra alternativa, a anarquia, é um estado que não é muito conhecido por seus efeitos benéficos sobre grupos culturais e que o filósofo social Thomas Hobbes nos assegura que iria tornar a vida "solitária, pobre, vil, brutal e curta". Consequentemente, nos é incutido desde o nascimento que obedecer à autoridade adequada é correto e que desobedecer é errado. Essa mensagem essencial permeia as lições transmitidas pelos pais, as brincadeiras da creche, as histórias e canções da nossa infância, e é levada adiante nos sistemas Judiciário, militar e político com que nos deparamos na vida adulta. É dado muito valor a noções de submissão e lealdade a um poder legítimo em todos esses casos.

A educação religiosa também contribui. O primeiro livro da Bíblia, por exemplo, descreve como a incapacidade de obedecer à autoridade suprema gerou a perda do Paraíso para Adão, Eva e o resto da raça humana. Caso essa metáfora seja considerada sutil demais, um pouco mais à frente, no Antigo Testamento, podemos ler – no que pode ser a representação bíblica mais próxima à experiência de Milgram – o respeitoso relato da disposição de Abraão a cravar uma adaga no coração de seu jovem filho porque Deus, sem explicação alguma, ordenou. Aprendemos nessa história que a retidão de uma ação não era decretada por considerações tais como a aparente insensatez, a nocividade, a injustiça ou os padrões morais costumeiros, mas pelo mero comando de uma autoridade superior. O atormentado suplício de Abraão era um teste de obediência, e ele – como os indivíduos da experiência de Milgram, que talvez tenham aprendido desde cedo a lição com ele – passaram.

FIGURA 6-2

Treinamento de obediência

Vemos aqui S. Brian Willson alguns minutos após ter sido atingido por um trem que transportava munição em Concord, Califórnia. Ao saber que a tripulação do trem o processou por angústia mental causada pelo incidente, ele disse: "Simpatizo com o fato de eles estarem sofrendo de estresse pós-trauma, que eu acredito derive de um conflito entre seguir ordens ou seguir a própria consciência. Mas me processar não eliminará esse estresse."

(MARIE FELDE, *OAKLAND TRIBUNE*)

Histórias como a de Abraão e do estudo de Milgram podem nos dizer muito a respeito da força e do valor da obediência em nossa cultura. Por outro lado, porém, elas podem estar nos enganando em relação a como a obediência geralmente se dá. Raramente ficamos tão atormentados a respeito dos prós e contras das reivindicações da autoridade. De fato, nossa obediência muitas vezes acontece de modo automático, com pouca ou nenhuma deliberação consciente. As informações de uma autoridade reconhecida pode nos oferecer um valioso atalho para decidirmos como agir em uma situação.

Afinal, como o próprio Milgram sugere, concordar com os ditames de figuras de autoridade sempre nos proporcionou vantagens práticas. Essas pessoas (por exemplo, pais e professores) no início sabiam mais do que nós, e nós achávamos que seguir seus conselhos era benéfico – em parte por causa da sabedoria delas e em parte porque elas controlavam nossas recompensas e punições. Na idade adulta, os mesmos benefícios persistem pelas mesmas razões, mas as figuras de autoridade agora surgem como empregadores, juízes, líderes de governo. Como suas posições indicam maior acesso a informações e poder, faz sentido aceitar os desejos de autoridades apropriadamente constituídas. De fato, faz tanto sentido que nós muitas vezes os aceitamos mesmo quando essa atitude não faz o menor sentido.

O paradoxo, obviamente, é o mesmo de todas as armas de influência. Nesse caso, quando percebemos que a obediência à autoridade é recompensadora na maioria das vezes, é fácil nos permitirmos a conveniência da obediência automática. O caráter mecânico da obediência cega desse tipo é, ao mesmo tempo, sua vantagem e sua desvantagem. Nós não temos de pensar, portanto, não pensamos. Apesar de essa obediência impensada nos levar a ações apropriadas na grande maioria dos casos, existem exceções conspícuas – porque estamos reagindo em vez de pensar.

Vejamos o exemplo de uma faceta de nossas vidas na qual as pressões da autoridade são visíveis e fortes: a medicina. A saúde é imensamente importante para nós, então, os médicos, que têm muito conhecimento e influência nessa área vital, ocupam a posição de autoridades respeitadas. Além disso, o ambiente médico tem uma estrutura de poder e prestígio claramente estratificada. Os vários tipos de profissionais da área de saúde entendem bem o nível de suas funções dentro dessa estrutura e também entendem que o médico está no topo dela. Ninguém pode passar por cima do juízo de um médico sobre um caso, exceto, talvez, outro médico em uma posição mais elevada. Por conseguinte, uma antiga tradição de obediência automática às ordens de um médico se desenvolveu entre os profissionais da área de saúde.

Então, a possibilidade preocupante surge quando um médico comete um erro evidente e ninguém num escalão mais baixo da hierarquia *pensa* em questioná-lo – exatamente porque, quando uma autoridade legítima dá uma ordem, seus subordinados param de *pensar* na situação e começam a reagir. Misture esse tipo de reação *clique, zum* a um complexo ambiente hospitalar e certamente haverá erros. De fato, estudo realizado no início dos anos 1980 pela U.S. Health Care Financing Administration* mostrou que, só nos casos de medicação dos pacientes, um hospital médio apresentava taxa diária de erro de 12%. Uma década mais tarde, as coisas não haviam melhorado: segundo um estudo da Universidade Harvard, 10% de todas as paradas cardíacas nos hospitais podem ser atribuídos a erros de medicação. Erros nos remédios que os pacientes tomam podem acontecer por uma série de razões. Todavia, um livro intitulado *Medication Errors: Causes and Prevention*, escrito por dois professores de farmacologia da Universidade Temple, Michael Cohen e Neil Davis, atribui boa parte do problema à deferência impensada ao "chefão" do caso do paciente: seu médico. Segundo o professor Cohen, "em um caso após o outro, pacientes, enfermeiras, farmacêuticos e outros médicos não questionam a receita". Veja, por exemplo, o estranho caso da "dor de ouvido retal" relatada por Cohen e Davis. Um médico mandou que fossem administradas gotas auriculares no ouvido direito de um paciente que sofria de dores e infecção nessa região, mas, em vez de escrever por extenso "*right ear*" (ouvido direito, em inglês) na receita, o médico usou uma abreviatura e as instruções em inglês ficaram "*place in R ear*" (que, em vez de "pingar no ouvido direito", poderia ser confundido com "pingar atrás", devido à confusão entre "*R ear*" e "*rear*", que significa "parte traseira, atrás"). Ao receber a receita, a enfermeira do turno prontamente pingou as gotas auriculares no ânus do paciente.

Obviamente, tratamento retal para dor de ouvido não faz sentido, mas nem o paciente nem a enfermeira o questionaram. A importante lição dessa história é que, em muitas situações em que uma autoridade legítima se pronunciou, o que em outra situação faria sentido se torna irrelevante. Nesses casos, não analisamos a situação como um todo, mas prestamos atenção e reagimos a apenas um de seus aspectos.[4]

Onde quer que nossos comportamentos sejam governados de maneira tão impensada, podemos ter certeza de que haverá profissionais da persuasão tentando tirar vantagem. Podemos continuar no campo da medicina e ver como os anunciantes muitas vezes manipularam o respeito atribuído aos médicos em nossa cultura ao contratar atores para interpretar médicos e

---

* *Nota do Tradutor*: Órgão federal americano que administra os programas de saúde estatais.

elogiar seus produtos. Meu exemplo preferido é um comercial de televisão com o ator Robert Young advertindo as pessoas sobre os perigos da cafeína e recomendando o café descafeinado da marca Sanka. O comercial foi um grande sucesso e vendeu tanto café que foi veiculado durante anos em várias versões. Mas por que esse comercial foi tão eficaz? Por que acreditamos no que Robert Young diz sobre as consequências do café descafeinado para a saúde? Porque – como a agência de publicidade que o contratou sabia muito bem –, na cabeça do público americano, ele está associado ao Dr. Marcus Welby, o médico que ele interpretava em um seriado de televisão. Objetivamente, não faz sentido ser influenciado pelos comentários de um homem que sabemos que é apenas um ator que costumava interpretar um médico, mas, na prática, aquele homem vendeu o café Sanka.

FIGURA 6-3

Dr. Welby, presumimos

Um exemplo da clássica campanha publicitária da marca Sanka com o ator Robert Young

(CORTESIA DA GENERAL FOODS CORPORATION)

CONOTAÇÃO, NÃO CONTEÚDO

Desde a primeira vez que o vi, a característica mais intrigante do comercial da Sanka com Robert Young foi sua habilidade de usar a influência do princípio da autoridade sem nem mesmo apresentar uma autoridade verdadeira. A aparência de autoridade foi suficiente. Isso nos revela algo importante sobre reações impensadas a figuras de autoridade. Quando operamos no modo *clique, zum*, muitas vezes ficamos tão vulneráveis aos *símbolos* da autoridade quanto à sua *substância*.

Existem vários tipos de símbolos que podem desencadear confiavelmente o consentimento na ausência da substância legítima da autoridade. Consequentemente, eles são utilizados por aqueles profissionais da persuasão que têm pouca substância. Vigaristas, por exemplo, se cobrem de títulos, roupas e ornamentos de autoridade. Nada lhes agrada mais do que saírem elegantemente vestidos de um belo carro e se apresentarem a seus "alvos" em potencial como doutor, juiz, professor ou comissário Fulano de Tal. Eles entendem que, quando estão equipados dessa maneira, suas chances de obter consentimento aumentam muito. Cada um desses três tipos de símbolo de autoridade tem sua própria história e merece ser analisado separadamente.

Títulos

Títulos são, ao mesmo tempo, os símbolos de autoridade mais difíceis e mais fáceis de serem adquiridos. Para ganhar um título, normalmente são necessários anos de trabalho e conquistas, porém, é possível que alguém que não fez todo esse esforço adote o simples rótulo e receba um tipo de deferência automática. Como vimos, atores de comerciais de televisão e vigaristas fazem isso com sucesso o tempo todo.

Recentemente, falei com um amigo – um membro do corpo docente de uma renomada universidade do leste dos Estados Unidos – que me deu um exemplo revelador de como nossas ações são frequentemente mais influenciadas por um título do que pela natureza da pessoa que o está reivindicando. Meu amigo viaja muito e, muitas vezes, acaba conversando com estranhos em bares, restaurantes e aeroportos. Ele diz que aprendeu com muita experiência a nunca usar o seu título – professor – durante essas conversas. Ele diz que, quando faz isso, o teor da interação muda imediatamente. As pessoas que haviam sido interlocutores espontâneos e interessantes na meia hora anterior se tornam respeitosas, deferentes e enfadonhas. As opiniões dele, que antes poderiam ter produzido um diálogo animado, agora geralmente geram longas (e altamente rebuscadas) declarações de concordância. Entediado e ligeiramente perplexo por causa desse fenômeno – pois, como ele diz, "Ainda sou o mesmo cara com quem eles conversaram nos últimos trinta minutos, certo?" – meu amigo agora mente regularmente sobre sua ocupação em situações desse tipo.

Trata-se de uma bela mudança em relação ao padrão mais típico no qual certos profissionais da persuasão mentem a respeito de títulos que na verdade *não* possuem. Entretanto, em ambas as direções, tal desonestidade confirma o argumento a respeito da suficiência de um mero símbolo de autoridade para influenciar o comportamento.

Eu me pergunto se meu amigo professor – que, fisicamente, é um pouco baixo – ficaria tão ávido por esconder seu título se soubesse que, além de tornar os estranhos mais concordantes, também o faz parecer mais alto. Estudos sobre a maneira como o status de autoridade afeta a percepção do tamanho descobriram que títulos de prestígio levam a distorções de altura. Em uma experiência realizada em cinco turmas de estudantes universitários australianos, um homem foi apresentado como um visitante da Universidade de Cambridge, na Inglaterra. Contudo, seu status em Cambridge era apresentado de maneira diferente em cada uma das turmas. Para uma turma, ele foi apresentado como um aluno; para uma segunda turma, como monitor; para outra, como professor assistente; para mais outra, como professor adjunto; e, para a quinta turma, como professor titular. Depois de ele sair da sala, cada turma devia estimar a sua altura. Descobriu-se que, com cada aumento de status, a estatura percebida do mesmo homem crescia em média pouco mais de um centímetro, de forma que o "professor titular" era visto como se tivesse sete centímetros a mais do que o "aluno".[5]

Vale a pena fazermos um pequeno desvio para investigar essa interessante conexão entre status e tamanho percebido, já que ela aparece de várias maneiras. Ao julgar o tamanho das moedas, por exemplo, as crianças superestimam o tamanho das de maior valor. E os adultos são igualmente culpados por essas distorções. Em um estudo, universitários pegaram cartões com valores monetários impressos que variavam de US$3,00 a –US$3,00. Eles ganhavam ou perdiam o valor mostrado nos cartões retirados. Depois, eles tinham de dizer qual era o tamanho de cada cartão. Apesar de todos os cartões serem exatamente do mesmo tamanho, aqueles que tinham os valores mais extremos – positivos ou negativos – eram percebidos como fisicamente maiores. Então, não é necessariamente o prazer ligado a alguma coisa que a faz parecer maior para nós, mas, sim, sua importância.[6]

Como vemos a altura e o status como se estivessem relacionados, é possível para alguns indivíduos se beneficiarem da substituição desses dois fatores. Em algumas sociedades animais, nas quais o status de um macho é atribuído com base no domínio, o tamanho é um fator importante para se determinar qual macho irá conquistar qual nível de status dentro do grupo.[7] Geralmente, no combate com um rival, o macho maior e mais poderoso vence, porém, para evitar efeitos prejudiciais ao grupo provocados por tais conflitos físicos, muitas espécies adotaram métodos que costumam envolver mais do que apenas disputas barulhentas. Os dois machos se enfrentam alardeando demonstrações de agressividade que, invariavelmente, incluem truques para fazê-los parecer maiores. Vários mamíferos arqueiam as costas e escovam sua pelagem; peixes estendem suas barbatanas e se inflam com água; aves abrem e agitam suas asas. Muitas vezes, essa exibição por si só é suficiente para fazer com que um dos combatentes histriônicos recue, deixando a posição de status disputada para o rival aparentemente maior e mais forte.

Pelos, barbatanas e penas. Não é interessante como essas partes tão delicadas podem ser exploradas para causar a impressão de substância e peso? Existem duas lições para nós aqui. Uma é específica à associação entre tamanho e status. A ligação entre essas duas coisas pode ser utilizada lucrativamente por indivíduos que são capazes de simular a primeira para assumir a aparência da segunda. É exatamente por isso que os vigaristas, até mesmo os de estatura média ou ligeiramente acima da média, geralmente usam saltinhos em seus sapatos.

A outra lição é mais genérica: os sinais externos de poder e autoridade muitas vezes podem ser falsificados com o mais frágil dos materiais. Voltemos ao reino dos títulos para vermos um exemplo – um exemplo que envolve o que, de várias maneiras, é a experiência mais assustadora que conheço. Um grupo de pesquisadores, composto de doutores e enfermeiras ligados a três hospitais do Meio-Oeste dos Estados Unidos, ficou cada vez mais preocupado com o alcance da obediência mecânica às ordens dos médicos por parte das enfermeiras. Para os pesquisadores, parecia que até mesmo enfermeiras altamente treinadas e competentes não estavam usando suficientemente seu treinamento ou sua competência para verificar a opinião dos médicos. Em vez isso, quando estavam diante das instruções de um médico, simplesmente obedeciam.

Vimos anteriormente como esse processo foi o responsável pelo caso de administração retal de gotas auriculares, mas os pesquisadores do Meio-Oeste foram muito além disso. Primeiro, eles queriam descobrir se tais casos eram incidentes isolados ou representavam um fenômeno difuso. Segundo, queriam examinar o problema no contexto de um erro sério de tratamento – a prescrição excessiva de um medicamento não autorizado para um paciente do hospital. Por fim, eles queriam ver o que aconteceria se retirassem fisicamente a figura de autoridade da situação e a substituíssem por uma voz desconhecida ao telefone, oferecendo apenas o mais frágil dos indícios de autoridade – o suposto título de "doutor".

Um dos pesquisadores telefonou para 22 enfermarias diferentes de várias alas cirúrgicas, médicas, pediátricas e psiquiátricas se identificando como um médico do hospital e fazendo com que a enfermeira que havia respondido administrasse 20mg de um medicamento (Astrogen) a um paciente daquela ala. Havia quatro ótimas razões para a enfermeira ser cautelosa ao reagir a essa ordem: (1) A prescrição foi transmitida por telefone, numa violação direta da política do hospital. (2) A medicação era não autorizada; Astrogen não havia sido liberado para uso nem colocado no estoque da ala do hospital. (3) A posologia prescrita era óbvia e perigosamente excessiva. Os frascos do medicamento diziam claramente que "a dose máxima diária" era de apenas 10mg, metade do que havia sido ordenado. (4) A ordem havia sido dada por um homem que a enfermeira nunca tinha encontrado ou visto e com o qual ela jamais havia falado ao telefone. Todavia, em 95% dos casos, as enfermeiras foram diretamente até o armário de remédios da ala, onde prepararam a dose pedida de Astrogen e começaram a se dirigir ao quarto do paciente para administrá-la. E a essa altura eram detidas por um observador secreto que revelava a natureza da experiência.

Os resultados são mesmo assustadores. O fato de 95% das enfermeiras terem acatado sem hesitar uma instrução claramente imprópria nos deixa muito preocupados como potenciais pacientes de hospitais. Dada a recente estimativa da U.S. Health Care Financing Administration, de uma taxa de

12% de erro nas medicações diárias nos hospitais americanos, no caso de uma internação de mais de uma semana, nos tornamos prováveis vítimas de um erro desse tipo. O que o estudo no Meio-Oeste demonstrou é que os erros não se limitam a lapsos triviais na administração de gotas auriculares inócuas ou coisas desse tipo, mas podem ser erros grosseiros com consequências graves e perigosas.

Ao interpretarem essas descobertas inquietantes, os pesquisadores chegaram a uma conclusão instrutiva:

> Em uma situação real correspondente à da experiência, haveria, em teoria, duas inteligências profissionais, a do médico e a da enfermeira, trabalhando para assegurar que dado procedimento fosse adotado para beneficiar o paciente ou, pelo menos, para não prejudicá-lo. Entretanto, a experiência sugere fortemente que uma dessas inteligências, na prática, não entra em funcionamento.[8]

Parece que, diante das ordens de um médico, as enfermeiras desativaram a "inteligência profissional" e passaram para uma reação do tipo *clique, zum*. Nenhuma parte de seu considerável treinamento médico ou sabedoria foi utilizada na decisão do que fazer. Em vez disso, como a obediência a uma autoridade legítima sempre foi a ação preferida e mais eficiente no ambiente de trabalho, elas ficaram dispostas a adotar a obediência automática. E a propensão nesse sentido foi tão forte que o erro não aconteceu como uma reação a uma autoridade legítima, mas a seu símbolo mais facilmente falsificável – um simples título.[9]

Roupas

Um segundo tipo de símbolo de autoridade que pode desencadear nossa concordância são as roupas. Apesar de ser mais tangível do que um título, o manto de autoridade também pode ser facilmente falsificado. Os arquivos da polícia estão cheios de prontuários de vigaristas cujo talento artístico inclui mudança rápida de aparência. Em um estilo camaleônico, eles adotam o branco hospitalar, o preto sacerdotal, o verde militar ou o azul policial conforme necessário para tirar o máximo proveito da situação. Suas vítimas só percebem tarde demais que o traje de autoridade não é uma garantia.

Uma série de estudos realizados pelo psicólogo social Leonard Bickman indica como é difícil resistir a solicitações de figuras em trajes de autoridade. O procedimento básico de Bickman consistia em pedir a transeuntes na rua para realizar algum tipo de solicitação estranha (pegar um saco de papel jogado fora, ficar do outro lado do sinal de uma parada de ônibus). Em metade dos casos, o solicitante – um jovem – estava usando um uniforme de vigia. A despeito do tipo de solicitação, muito mais pessoas obedeceram ao solicitante quando ele estava usando a fantasia de vigia.

Particularmente reveladora foi uma versão da experiência na qual um solicitante parava pedestres e apontava para um homem que estava de pé ao lado de um parquímetro a 15 metros de distância. O solicitante, estivesse ele vestido normalmente ou de vigia, sempre dizia a mesma coisa ao pedestre: "Está vendo aquele sujeito ali ao lado do parquímetro? Ele estourou o tempo de estacionamento, mas está sem trocado. Dê uma moeda de dez centavos para ele!" Depois, o solicitante virava a esquina e ia embora, de modo que, quando o pedestre chegava ao parquímetro, ele já havia sumido. Porém, o poder do seu uniforme durava mesmo após ele já ter ido embora havia muito tempo. Quase todos os pedestres cumpriram a sua ordem quando ele usou o seu uniforme de vigia, mas menos da metade o fez quando ele estava vestido normalmente. É interessante notar que, mais tarde, Bickman viu que os universitários eram capazes de adivinhar com precisão considerável o percentual de concordância que havia ocorrido na experiência quando o solicitante usou roupas normais (50% contra 42% da pesquisa); mas os estudantes subestimaram muito o percentual de concordância quando ele estava usando o uniforme (63% contra 92% da pesquisa).[10]

Menos espalhafatoso em sua conotação do que um uniforme, mas mesmo assim eficaz, é um outro tipo de traje que tradicionalmente evidencia autoridade em nossa cultura: o bem cortado terno social. Ele também pode evocar uma reveladora forma de deferência em estranhos. Pesquisas conduzidas no Texas, por exemplo, colocaram um homem de 31 anos atravessando a rua com o sinal fechado para ele em várias ocasiões. Em metade dos casos, ele estava usando um terno bem passado e uma gravata; no restante dos casos, ele estava usando uma camisa e calças de trabalho. Os pesquisadores observaram a distância e contaram o número de pedestres que estavam esperando na esquina e que seguiram o homem que atravessava a rua. Como as crianças de Hamelin que seguiam o flautista, 3,5 vezes mais pessoas entraram no meio do tráfego atrás do pedestre distraído de terno e gravata. Nesse caso, porém, a magia não provinha de sua flauta, mas de seu terno.[11]

Vale a pena notar que os dois tipos de traje que as pesquisas demonstraram ser influentes – o uniforme de vigia e o terno – são usados com destreza por vigaristas em uma fraude chamada de golpe do perito bancário. O alvo do golpe pode ser qualquer um, mas pessoas idosas que vivem sozinhas são as preferidas. O golpe começa quando um homem vestido em um conservador terno de três peças aparece à porta de uma vítima. Tudo naquele traje emite uma mensagem de distinção e responsabilidade. O terno não é moderno, mas clássico: as lapelas têm 7,5cm de largura – nem mais, nem menos; o tecido é pesado, mesmo que seja verão; os tons são sóbrios, azul-marinho, cinza-escuro, preto.

Ele explica à sua vítima em potencial – talvez uma viúva que ele seguiu secretamente do banco até a casa um ou dois dias antes – que ele é um perito bancário profissional que, durante a auditoria dos livros do banco dela, encontrou algumas supostas irregularidades. Ele acha que identificou um culpado, um funcionário do banco que está adulterando relatórios de transações de certas contas. Ele diz que a conta da viúva pode ser uma delas, mas que ele só poderá ter certeza quando tiver provas concretas. Portanto, ele foi até lá pedir para que ela coopere. Será que ela poderia ajudar sacando suas economias para que uma equipe de peritos e funcionários do banco possa rastrear a transação quando ela passar pela mesa do suspeito?

Muitas vezes, a aparência e a apresentação do "perito bancário" são tão impressionantes que a vítima nunca pensa em verificar a identidade deles nem mesmo com um simples telefonema. Em vez disso, ela vai até o banco, saca todo o dinheiro e volta para casa com ele para esperar, com o "perito", o aviso de que a armadilha foi bem-sucedida. Quando a mensagem chega, ela é anunciada por um segurança uniformizado do banco, que chega depois do horário de funcionamento para dizer que está tudo bem – aparentemente a conta da viúva não era uma das que estavam sendo defraudadas. Muito aliviado, o "perito" agradece gentilmente e, já que o banco está convenientemente fechado, instrui o guarda a colocar o dinheiro da senhora de volta no cofre, para poupar a ela o trabalho de fazer isso no dia seguinte. Com sorrisos e apertos de mão, o guarda pega o montante e deixa que o "perito" expresse sua gratidão por mais alguns minutos antes de sair. Naturalmente, como a vítima acaba por descobrir, o "guarda" era tão falso quando o "perito". Eles não passavam de dois vigaristas que reconheceram a capacidade de uniformes falsificados nos fazer obedecer automaticamente a uma "autoridade".

Ornamentos

Além de suas funções em uniformes, as roupas podem simbolizar um tipo mais generalizado de autoridade quando elas têm um propósito ornamental. Roupas finamente confeccionadas e caras contêm uma aura de status e posição, assim como ornamentos tais como joias e carros. O último desses símbolos de status é particularmente interessante nos Estados Unidos, onde "o amor dos americanos pelos automóveis" lhe confere importância incomum.

Segundo descobertas de um estudo realizado na área da baía de São Francisco, proprietários de automóveis prestigiosos recebem de nós um tipo especial de deferência. Os pesquisadores descobriram que motoristas esperam bem mais antes de buzinar para um carro de luxo novo parado na frente de um sinal verde do que para um carro mais velho e de modelo econômico. Os motoristas tinham pouca paciência com quem estava dirigindo o carro econômico: quase todos buzinaram, e a maioria buzinou mais de uma vez; dois simplesmente encostaram no para-choque traseiro, porém, a aura do carro de luxo era tão intimidadora que 50% dos motoristas esperaram respeitosamente atrás dele, sem nunca tocar em suas buzinas, até que ele partisse.[12]

Mais tarde, os pesquisadores perguntaram a estudantes universitários o que eles teriam feito naquelas situações. Comparados aos dados reais da experiência, os estudantes subestimaram de maneira consistente o tempo que levariam para buzinar para o carro de luxo. Os estudantes de sexo masculino foram especialmente imprecisos, achando que buzinariam mais rápido para o motorista do carro de luxo do que para o motorista do carro de modelo econômico. Evidentemente, o estudo em si demonstrou o contrário. Note a semelhança entre esse padrão e o de muitas outras pesquisas sobre as pressões da autoridade. Como na pesquisa de Milgram, no estudo com as enfermeiras do Meio-Oeste dos Estados Unidos e na experiência com o uniforme de vigia, as pessoas não conseguiram prever corretamente como elas mesmas ou os outros iriam reagir à influência da autoridade. Em cada exemplo, o efeito dessa influência foi grosseiramente subestimado. Essa propriedade do nível de autoridade pode ser responsável por seu sucesso como um dispositivo de concordância. Seu efeito sobre nós é não apenas forte, mas também inesperado.

COMO DIZER NÃO

Uma tática de proteção que podemos usar contra a autoridade é remover seu elemento surpresa. Como costumamos ter uma percepção errônea do profundo impacto da autoridade (e de seus símbolos) em nossas ações, ficamos em desvantagem por nos tornarmos demasiadamente cautelosos sobre sua presença em situações que requerem nossa concordância. Uma forma fundamental de defesa contra esse problema é, portanto, uma maior consciência a respeito do poder da autoridade. Quando juntamos a essa consciência o reconhecimento de como os símbolos de autoridade podem ser facilmente falsificados, somos beneficiados por uma abordagem adequadamente cautelosa de situações que envolvem tentativas de utilização da influência da autoridade.

Parece simples, certo? E, de certa forma, é. Um melhor entendimento dos mecanismos de influência da autoridade deverá nos ajudar a resistir a ela, porém, existe uma complicação perversa – a complicação inerente a todas as armas de influência: não devemos resistir totalmente, ou na maior parte do tempo. Geralmente, as figuras de autoridade sabem do que estão falando. Médicos, juízes, executivos, líderes legislativos e personagens desse tipo chegaram a suas posições porque têm mais conhecimento e juízo. Então, via de regra, suas disposições constituem recomendações excelentes. O pulo do gato é conseguir reconhecer sem muita dificuldade ou vigilância quando é melhor seguir as ordens de uma autoridade e quando é melhor opor-se a elas.

Há duas perguntas que podemos fazer a nós mesmos que podem nos ajudar muito a dar esse pulo do gato. Quando nos vemos diante do que parece ser uma tentativa de exploração da influência de uma figura de autoridade, a primeira pergunta que devemos nos fazer é: "Essa autoridade é realmente um especialista?" Essa pergunta é útil porque concentra nossa atenção em duas informações cruciais: as credenciais da autoridade e a relevância dessas credenciais para o tópico em questão. Ao nos concentrarmos, com esse artifício simples, no *indício* do status de autoridade, podemos evitar as maiores ciladas da deferência automática.

Vamos analisar sob essa luz o bem-sucedido comercial do café Sanka com Robert Young. Se, em vez de responder à associação de Young com seu personagem, o "Dr. Marcus Welby", as pessoas tivessem se concentrado em seu status real como autoridade, tenho certeza de que o comercial não teria tido vida tão longa e produtiva. Obviamente, Robert Young não tem treinamento nem saber médico. Todos nós sabemos disso. O que ele tem, porém, é um *título* médico, "Dr.". Obviamente, se trata de um título oco, ligado a ele em nossas mentes por um dispositivo de interpretação. Todos nós sabemos disso também. Mas não é fascinante como, quando estamos agindo automaticamente, o que é óbvio não interessa a menos que nos concentremos especificamente naquilo?

É por isso que a pergunta "Será que essa autoridade é realmente um especialista?" pode ser tão valiosa. Ela desvia nossa atenção para o que é óbvio. Ela desvia facilmente nossa atenção de símbolos possivelmente sem sentido para uma análise de credenciais legítimas de autoridade. Além disso, a pergunta nos incita a distinguir entre autoridades relevantes e irrelevantes. E essa é uma distinção que é fácil de esquecer quando a pressão da autoridade está aliada à pressa da vida moderna. Os pedestres do Texas que saíram andando no meio do tráfego atrás de um transeunte imprudente que usava terno são um ótimo exemplo. Mesmo que o homem fosse a autoridade do mundo dos negócios que seus trajes sugeriam, quando o assunto era atravessar a rua, era improvável que ele tivesse mais autoridade do que qualquer outra pessoa, inclusive as que o seguiram.

Mesmo assim, elas o seguiram, como se seu rótulo de "autoridade" eliminasse a diferença vital entre o que era relevante e o que não era. Se aquelas pessoas tivessem se dado ao trabalho de perguntar a si mesmas se ele representava um verdadeiro especialista naquela situação, acho que o resultado teria sido bem diferente. O mesmo processo pode ser aplicado a Robert Young, um homem que tem lá as suas competências. Ele construiu uma longa carreira com várias conquistas em um ramo de negócios difícil, mas ele possui competências e conhecimento como ator, não como médico. Quando, ao ver o famoso comercial de café, nos concentramos em suas verdadeiras credenciais, percebemos rapidamente que não devemos dar a ele mais crédito do que a qualquer outro ator de sucesso que disser que o café Sanka é saudável.

Suponha, porém, que estamos diante de uma autoridade que *é* um especialista relevante. Antes de nos submetermos à influência da autoridade, seria inteligente fazer uma segunda pergunta: "Até que ponto podemos esperar que o especialista seja sincero aqui?" As autoridades, até mesmo as mais bem informadas, podem não nos apresentar suas informações com franqueza, por isso, precisamos avaliar sua integridade naquela situação. De fato, na maioria das vezes, é o que fazemos. Nós nos permitimos ser muito mais influenciados por especialistas que parecem imparciais do que por aqueles que podem ter algum benefício se nos convencerem de algo; e as pesquisas provam que isso é verdade em todo o mundo.[13] Perguntando-nos como um especialista pode se beneficiar de nossa concordância, estendemos embaixo de nós mesmo uma outra rede de segurança contra a influência indevida e automática. Nem mesmo autoridades competentes em um campo de atuação irão nos persuadir até que tenhamos certeza de que suas mensagens representam fielmente os fatos.

Quando perguntamos a nós mesmos sobre a integridade de uma pessoa desse tipo, devemos ter em mente uma pequena tática que os profissionais da persuasão geralmente usam para nos certificar de sua sinceridade: eles aparentemente irão argumentar até certo ponto contra os próprios interesses. Empregado corretamente, esse pode ser um dispositivo eficaz para provar a honestidade deles. Talvez eles mencionem uma pequena deficiência em sua posição ou produto ("Ah, as desvantagens da Benson & Hedges"). Invariavelmente, porém, a desvantagem é algo secundário e que pode ser facilmente compensado por vantagens mais significativas – "Listerine, o gosto que você odeia três vezes por dia"; "Avis: estamos em segundo lugar, mas tentamos com mais afinco"; "L'Oréal, um pouco mais caro, mas vale a pena". Depois de estabelecer sua sinceridade básica com questões de menor importância, os profissionais da persuasão que usam essa artimanha podem inspirar mais credibilidade ao salientar os aspectos importantes de seus argumentos.[14]

Já vi essa abordagem ser usada com efeito devastador em um lugar que poucos de nós reconhecem como um cenário de manipulação da concordância: um restaurante. Não é nenhum segredo que, por causa de salários vergonhosamente baixos, os garçons têm de suplementar seus ganhos com gorjetas. Deixando de lado a condição indispensável do bom serviço, os garçons e garçonetes mais bem-sucedidos conhecem certos truques para aumentar as gorjetas. Eles também sabem que, quanto maior a conta do cliente, maior será a gorjeta que eles provavelmente receberão, portanto, nesses dois aspectos – aumentar o valor da conta do cliente e aumentar a porcentagem da conta que é deixada como gorjeta – os garçons agem como agentes persuasores.

Esperando descobrir como eles agem, me candidatei a vagas de garçom em vários restaurantes razoavelmente caros. Todavia, por não ter experiência, o melhor que pude conseguir foi um emprego de cumim que, no final das contas, me proporcionou uma boa posição para observar e analisar a ação. Logo aprendi o que os outros funcionários já sabiam – que o garçom de maior sucesso no local era Vincent, que de alguma maneira fazia com que os clientes fizessem pedidos maiores e deixassem para ele gorjetas mais altas do que para todos os outros garçons. De fato, os ganhos dos outros garçons não chegavam nem perto dos dele.

Então, comecei a demorar mais a realizar minhas tarefas quando estava perto das mesas de Vincent para observar seu estilo. Logo aprendi que seu estilo era não ter um único estilo. Ele tinha vários, cada um pronto para ser utilizado nas circunstâncias apropriadas. Quando os clientes eram uma família, ele era exuberante – até um pouco palhaço – dirigindo suas observações tanto às crianças quanto aos adultos. Com um jovem casal num encontro romântico, ele se tornava formal e um pouco imperioso, numa tentativa de intimidar o jovem (ao qual ele se dirigia com exclusividade) a pedir com mais abundância e deixar uma gorjeta maior. Com um casal mais velho, casado, ele se mantinha formal, mas abandonava o ar superior em favor de uma orientação respeitosa a ambos os integrantes do casal. Caso o cliente estivesse jantando sozinho, Vincent escolhia uma atitude amistosa – cordial, social e afável.

Mas Vincent reservava o truque de aparentemente se pronunciar contra os seus próprios interesses para os grupos grandes, de oito a doze pessoas. Nesse caso, sua técnica era genial. Quando estava na hora da primeira pessoa, geralmente uma mulher, fazer o pedido, ele começava o seu número. A despeito do que ela escolhesse, Vincent reagia sempre da mesma maneira: sua fronte se franzia, sua mão pairava sobre o bloco de pedidos e, depois de olhar rapidamente por cima do ombro à procura do gerente, ele se inclinava sobre a mesa como um conspirador para dizer a quem quisesse ouvir: "Temo que hoje esse prato não esteja tão bom como de costume. Posso recomendar em vez dele o ________ ou o ________?" (Aqui, Vincent sugeria dois itens do cardápio que eram um pouquinho menos caros do que o que havia sido inicialmente escolhido pela cliente.) "Ambos estão excelentes hoje."

Com essa única manobra, Vincent ativava vários importantes princípios de influência. Primeiro, até mesmo quem não aceitava suas sugestões achava que Vincent havia feito um favor ao oferecer informações valiosas para ajudá-los a escolher. Todos se sentiam gratos e, por conseguinte, a regra da reciprocidade iria funcionar a seu favor quando fosse o momento de decidir a sua gratificação, mas, além de aumentar a porcentagem da sua gorjeta, a manobra de Vincent também o colocava em uma posição favorável para aumentar o tamanho do pedido da mesa. Isso o colocava na posição de autoridade sobre os suprimentos da casa; ele evidentemente sabia o que estava e o que não estava bom naquela noite. Além disso – e é aqui que a aparente argumentação contra seus próprios interesses entrava em ação – ficava provado que ele era um informante íntegro, pois ele recomendava pratos que eram ligeiramente *menos* caros do que o que havia sido pedido originariamente. Em vez de tentar encher seu próprio bolso, ele parecia estar cuidando dos interesses dos clientes.

Ao que tudo indicava, ele era ao mesmo tempo bem informado e honesto, uma combinação que lhe conferia grande credibilidade. Quando o grupo terminava de fazer os pedidos, ele dizia: "Muito bem, e gostariam que eu sugerisse ou selecionasse um vinho para acompanhar sua refeição?" Eu via essa cena se repetir quase toda noite, e havia uma coerência notável nas reações dos clientes – sorrisos, acenos e, na maioria das vezes, aquiescência geral.

Apesar da distância do meu ponto de observação, era possível ler os pensamentos em seus rostos. "Claro", eles pareciam dizer, "você sabe o que é bom aqui e, obviamente, está do nosso lado. Diga-nos o que pedir". Satisfeito, Vincent, que realmente conhecia as safras, respondia com escolhas excelentes (e caras). Ele era igualmente persuasivo quando chegava a hora de escolher as sobremesas. Os clientes que, em outras circunstâncias, teriam pulado a sobremesa ou dividido uma com um amigo, eram induzidos a se servir plenamente por causa das arrebatadoras descrições de Vitor para o Baked Alaska* e a mousse de chocolate. Quem, afinal, tem mais credibilidade do que um especialista comprovadamente honesto?

Ao combinar os fatores de reciprocidade e autoridade fidedigna em uma manobra única e elegante, Vincent era capaz de aumentar substancialmente tanto a porcentagem de sua gorjeta quanto o valor da conta sobre a qual ela era calculada. De fato, ele auferia abundantes ganhos graças a esse truque. Mas note que boa parte de seu lucro provinha de uma aparente falta de interesse em seus ganhos pessoais. Ao aparentemente argumentar contra seus interesses financeiros, ele os estava favorecendo e muito.

RELATO DO LEITOR
De um jovem executivo

"Há cerca de dois anos, eu estava tentando vender meu carro velho porque já havia comprado um novo. Um dia, passei na frente de uma loja de carros usados com um cartaz que dizia: VENDEMOS O SEU CARRO POR UM PREÇO MAIOR. 'Exatamente o que eu queria', pensei. Então, fui lá conversar com o dono. Disse a ele que queria receber por volta de US$3 mil pelo meu carro, e ele disse que achava que eu deveria pedir muito mais porque ele valia no mínimo US$3.500. Aquilo foi uma grande surpresa para mim, pois, da maneira como o sistema de consignação deles funcionava, quanto mais dinheiro eu pedisse pelo carro, menor seria o valor que restaria para eles quando o carro fosse vendido. Portanto, ao me dizer para pedir mais do que US$3 mil, eles estavam reduzindo seu próprio lucro. Assim como no exemplo de Vincent, o garçom, eles pareciam estar argumentando contra os próprios interesses para que eu os

---

* *Nota do Tradutor*: Sobremesa feita de bolo e sorvete com cobertura de suspiro.

considerasse autoridades íntegras, mas só percebi isso muito mais tarde. De qualquer forma, acatei a ideia do dono da loja de que meu carro valia mais do que eu havia imaginado e fixei o preço em US$3.500.

Depois que meu carro já estava no estacionamento deles havia dois dias, ele me ligaram dizendo que havia uma pessoa muito interessada, mas que o preço era um pouco alto demais. Perguntaram se eu estava disposto a abaixar meu preço em US$200 para vender o carro. Convencido de que eles estavam cuidando de meus interesses, concordei. No dia seguinte, eles ligaram outra vez para dizer que o financiamento do comprador havia sido negado e que ele não ia mais poder comprar o carro. Nas duas semanas seguintes, recebi mais dois telefonemas da loja, pedindo-me para abaixar o preço em US$200 para fechar negócio com um cliente. Nas duas vezes, aceitei porque ainda acreditava que eles fossem confiáveis, mas, nas duas vezes, o negócio não se concretizou. Fiquei bastante desconfiado, a ponto de ligar para um amigo cuja família estava no ramo de venda de automóveis. Ele disse que esse era um velho truque cujo objetivo era fazer com que vendedores como eu reduzissem o preço até chegar a níveis extremamente baixos, proporcionando à loja de automóveis grandes lucros quando eles finalmente vendessem o carro.

Então, fui até lá e peguei meu carro. Ao sair, eles ainda tentaram me convencer a deixá-lo lá porque tinham "um bom comprador em potencial" e estavam confiantes de que ele iria fechar o negócio se eu concordasse em abaixar mais US$200 do preço."

Mais uma vez podemos ver a influência do princípio do contraste combinado com o princípio do interesse primário. Nesse caso, depois que o valor de US$3.500 foi fixado, cada uma das reduções de US$200 parecia pequena.

Capítulo 7

ESCASSEZ

A regra dos poucos

A maneira para amar qualquer coisa é perceber que podemos perdê-la.

– G.K. CHESTERTON

A CIDADE DE MESA, ARIZONA, É UM BAIRRO AFLUENTE NA periferia de Phoenix, onde moro. Talvez as características mais notáveis de Mesa sejam sua considerável população mórmon – com a de Salt Like City, a maior do mundo – e um enorme templo mórmon localizado em uma área muito bem cuidada no centro da cidade. Apesar de apreciar o paisagismo e a arquitetura a distância, nunca havia me interessado o bastante pelo templo para entrar lá, até o dia em que li um artigo de jornal que falava de um setor interno especial dos templos mórmons ao qual apenas os fiéis da igreja têm acesso. Durante alguns dias, logo após a construção de um novo templo, pessoas que não fazem parte da igreja recebem permissão para visitar toda a estrutura, inclusive a área restrita.

A matéria do jornal dizia que o templo de Mesa havia sido reformado recentemente e que as obras haviam sido extensas o bastante para classificá-lo como um templo "novo", de acordo com as regras da igreja. Então, apenas durante os dias a seguir, visitantes que não fossem mórmons poderiam ver a área do templo tradicionalmente proibida para eles. Lembro-me bastante bem do efeito que o artigo surtiu em mim: resolvi imediatamente fazer uma visita, mas, quando liguei para um amigo para perguntar se ele queria ir comigo, entendi algo que me fez mudar minha decisão com a mesma rapidez.

Depois de recusar o convite, meu amigo perguntou por que *eu* estava tão interessado em fazer uma visita. Fui forçado a admitir que, não, eu nunca antes quisera visitar o templo, que eu não tinha nenhuma pergunta sobre a religião mórmon a ser respondida, que eu não tinha um interesse geral pela arquitetura de locais de culto e que eu não esperava encontrar nada mais espetacular ou emocionante do que em qualquer outro templo, igreja ou catedral naquela região. Enquanto eu falava, ficou claro que a atração especial do templo tinha uma única causa: se eu não visse o setor restrito logo, nunca mais teria aquela chance. Algo que, por seus próprios méritos, não era muito atraente para mim havia se tornado mais atraente porque logo se tornaria indisponível.

Desde aquele encontro com o princípio da escassez – as oportunidades parecem mais valiosas para nós quando sua disponibilidade é limitada – comecei a perceber a influência que ela exerce sobre toda uma gama de minhas ações. Por exemplo, costumo interromper uma conversa ao vivo para responder o chamado telefônico de alguém desconhecido. Em uma situação desse tipo, a pessoa que está chamando tem uma característica atrativa que a pessoa que está diante de mim não tem: a possível indisponibilidade. Se eu não atendo o telefonema, posso perdê-la (assim como a informação que ela transmite) de uma vez por todas. Não interessa se a conversa que está se desenrolando é altamente interessante ou importante – muito mais do que eu poderia esperar em média de um telefonema. Com cada toque não respondido, a interação do telefone se torna menos recuperável. Por esse motivo, e naquele momento, eu a desejo mais do que a outra.

A ideia da perda em potencial desempenha papel importante na tomada de decisão humana. De fato, as pessoas parecem ser mais motivadas pelo pensamento de perder algo do que pelo pensamento de ganhar algo do mesmo valor. Por exemplo, os proprietários de imóveis que ficam sabendo quanto dinheiro podem perder com um sistema de isolamento térmico inadequado têm maior propensão a isolar suas casas do que aqueles que ficam sabendo quanto dinheiro podem poupar. Resultados semelhantes foram obtidos por pesquisadores do campo da saúde: panfletos que encorajam as mulheres jovens a verificar a presença de câncer de mama através do autoexame têm muito mais sucesso se utilizam como argumento o que elas têm a perder (por exemplo, "você pode perder vários benefícios de saúde em potencial por não gastar cinco minutos por mês fazendo o autoexame dos seios") em vez do que elas têm a ganhar (por exemplo, "você pode ganhar muitos benefícios de saúde em potencial gastando apenas cinco minutos por mês fazendo o autoexame do seio").[1]

Colecionadores de qualquer coisa, desde figurinhas de beisebol até antiguidades, têm plena consciência da influência do princípio da escassez para determinar o valor de um item. Em geral, se uma coisa é rara ou está se tornando rara, ela vale mais. Especialmente esclarecedora quanto à importância da escassez no mercado de artigos de coleção é o fenômeno do "erro precioso". Itens com falhas – um selo borrado ou uma moeda cunhada duas vezes – às vezes são os mais valiosos de todos. Então, um selo com uma imagem de George Washington com três olhos é anatomicamente incoerente, esteticamente desagradável, mas, ainda assim, é muito procurado. Existe uma ironia instrutiva nisso: as imperfeições, que em outras situações significariam lixo, se tornam possessões valiosas quando trazem consigo uma escassez permanente.

Com o princípio da escassez agindo com tanta força sobre o valor que atribuímos às coisas, é natural que os profissionais da persuasão coloquem em funcionamento algo relacionado a ele. Provavelmente, o uso mais direto do princípio da escassez ocorre na tática do "número limitado", quando o cliente é informado de que o fornecimento de um certo produto é pequeno e que não é possível garantir que ele durará muito tempo. Durante o período em que eu estava pesquisando estratégias de persuasão me infiltrando em várias organizações, vi a tática do número limitado ser utilizada repetidamente em uma série de situações: "Não restam mais do que cinco conversíveis com esse motor no estado e, quando forem vendidos, acabou, porque não vamos mais fabricá-los." "Esse é um dos dois únicos terrenos de esquina que não foram vendidos em todo o loteamento. Você não vai querer o outro; ele tem uma exposição ruim à luz, no sentido leste-oeste." "Talvez você deva pensar seriamente em comprar mais do que uma caixa hoje porque a produção está atrasada e não sabemos quando receberemos mais."

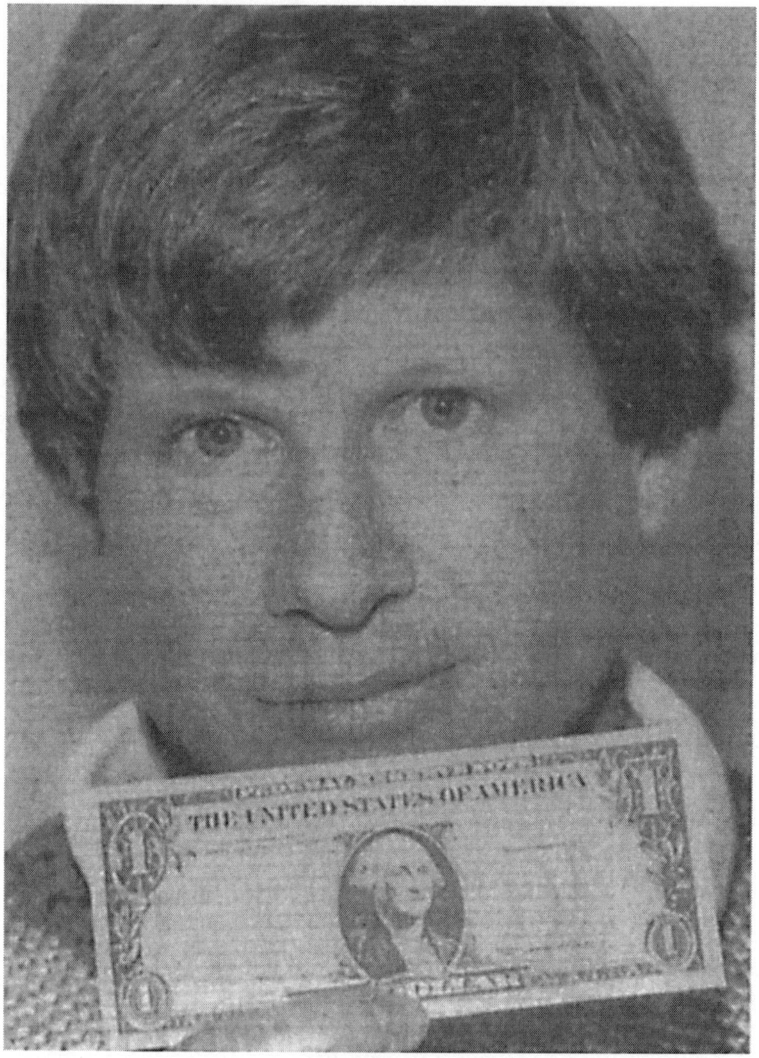

FIGURA 7-1

Erros de sorte

Barry Faintich está segurando uma nota de US$1 que ele comprou de um caixa de banco por US$400. Faintich, coproprietário da Midwest Money Co., não é um tolo. Essa nota foi impressa por engano sem números de série ou selos do governo, tornando-a muito mais valiosa do que a quantia que ele pagou.

(UPI)

Às vezes, as informações sobre os números limitados eram verdadeiras; às vezes, totalmente falsas, mas, em cada um dos casos, a intenção era convencer os clientes da escassez de um item e, assim, aumentar seu valor imediato a seus olhos. Admito ter desenvolvido uma admiração relutante pelos profissionais que fizeram esse dispositivo simples funcionar de inúmeras maneiras e em vários estilos. No entanto, o que mais me impressionou foi uma versão em particular que estendia a abordagem básica a seu extremo lógico, ao vender uma mercadoria em seu ponto máximo de escassez – quando ela aparentemente não poderia mais ser obtida. A tática foi usada com perfeição em uma loja de eletrodomésticos que investiguei, na qual de 30% a 50% do estoque era regularmente listado como em liquidação. Imagine que um casal que estivesse dentro da loja parecesse, a distância, mostrar algum interesse por um certo item em liquidação. Existem inúmeros tipos de dicas que revelam esse interesse – examinar o aparelho mais de perto do que de costume, olhar casualmente qualquer manual de instrução associado com o aparelho, conversas na frente do aparelho, mas nenhuma tentativa de chamar um vendedor para obter mais informações. Depois de observar um casal que age dessa maneira, um vendedor pode se aproximar e dizer: "Vejo que vocês estão interessados nesse modelo aqui, e posso entender o motivo. Trata-se de uma máquina excelente e o preço está ótimo, mas, infelizmente, eu a vendi para outro casal há não mais de vinte minutos. E, se não me engano, era o último que tínhamos."

A decepção dos clientes transparece inequivocamente. Por causa de sua indisponibilidade, o aparelho se torna repentinamente mais atraente. Geralmente, um dos clientes pergunta se há alguma possibilidade de ainda existir algum exemplar daquele modelo no estoque, depósito ou qualquer outro lugar, "Bem", diz o vendedor, "é possível e estou disposto a verificar, mas entendo que esse é o modelo que vocês querem e, se eu consegui-lo a esse preço, vocês vão levar?". Aí reside a beleza dessa técnica. De acordo com o princípio da escassez, é pedido aos clientes que eles se comprometam a comprar o aparelho quando ele parece estar menos disponível – e, portanto, mais desejável. Muitos clientes concordam em realizar a compra nesse momento particularmente vulnerável, portanto, quando o vendedor (invariavelmente) volta com a notícia de que um exemplar adicional do aparelho foi encontrado, ele já traz junto uma caneta e o contrato de venda. A informação de que há um bom estoque do modelo desejado pode, na verdade, fazer com que alguns clientes o achem novamente menos atraente.[2] Até lá, a transação comercial já terá ido longe demais para que a maioria das pessoas desista. A decisão de compra e o compromisso assumido publicamente em um momento crucial anterior ainda são válidos. Eles compram.

Relacionada à técnica do número limitado é a tática do "prazo", na qual algum limite temporal oficial é estabelecido para a oportunidade do cliente de obter o que o profissional da persuasão está oferecendo. Da mesma maneira que com minha experiência com o santuário interno do templo mórmon, as pessoas muitas vezes se pegam fazendo algo de que não gostariam particularmente de fazer só porque o tempo para fazer aquilo está diminuindo. O negociante hábil faz com que essa tendência funcione estabelecendo e divulgando prazos para os clientes – veja a colagem de anúncios de jornal desse tipo na Figura 7-3 – que geram interesse onde talvez ele não existisse antes. Inúmeros exemplos dessa abordagem acontecem muitas vezes na publicidade de cinemas. De fato, recentemente vi que o dono de uma sala de cinema, com notável simplicidade, conseguiu invocar o princípio da escassez três vezes em apenas cinco palavras: "Exclusivo, a oferta limitada terminará logo!"

Uma variação da tática do prazo é muito utilizada por alguns vendedores presenciais que usam muita pressão porque esta traz consigo a forma mais pura de decisão dentro de um prazo: agora mesmo. Os clientes ouvem que, a menos que eles decidam comprar imediatamente, terão de comprar aquele item a um preço mais alto ou não poderão comprá-lo de maneira alguma. Um cliente em potencial de uma academia ou o comprador em potencial de um carro pode vir a saber que a oferta feita pelo vendedor só é válida naquele momento; se o cliente sair do estabelecimento, a oferta é cancelada. Uma grande empresa de fotografia infantil exorta os pais a comprar todas as cópias e poses que puderem porque "limitações de estoque nos forçam a queimar em 24 horas as fotos de seus filhos que não forem vendidas". Um representante de uma revista que vai de porta em porta pode dizer que os vendedores estarão na região do cliente só naquele dia; depois, eles – e a oportunidade do cliente de fazer o pacote de assinaturas – não estarão mais disponíveis. Uma empresa de aspiradores de pó na qual me infiltrei, instruía seus trainees de vendas a dizer: "Tenho tantas outras pessoas para ver que só posso visitar cada família uma vez. É política da empresa que, mesmo se você decidir mais tarde que quer esta máquina, eu não poderei voltar

Ludibriado

De Peter Kerr
New York Times

Nova York – Daniel Gulban não se lembra como as economias de toda a sua vida desapareceram.

Ele se lembra da voz suave de um vendedor ao telefone. Ele se lembra de ter sonhado com uma fortuna em petróleo e prata no mercado a futuro, mas, até hoje, o aposentado de 81 anos não entende como os golpistas o convenceram a entregar seus US$18 mil.

"Eu só queria melhorar minha vida nos meus últimos dias", disse Gulban, morador de Holden, na Flórida. "Mas, quando descobri a verdade, não conseguia comer ou dormir. Perdi 15 quilos. Ainda não consigo acreditar que fiz algo assim."

Gulban foi vítima do que as forças da lei chamam de "operação *boiler room*", um ardil que costuma envolver dezenas de vendedores que falam rápido ao telefone espremidos em uma pequena sala da qual ligam para milhares de clientes todo dia. As empresas ganham centenas de milhões de dólares todo ano com clientes ingênuos, segundo uma subcomissão investigativa do Senado dos Estados Unidos que emitiu relatório sobre esse assunto ano passado.

"Eles usam um endereço importante em Wall Street, mentem e enganam para fazer com que os indivíduos joguem seu dinheiro em vários esquemas aparentemente glamourosos", diz Robert Abrams, procurador-geral do estado de Nova York, que já processou mais de uma dúzia de casos do tipo *boiler room* nos últimos quatro anos. "As vítimas às vezes são persuadidas a investir as economias de toda uma vida."

Orestes J. Mihaly, vice-procurador-geral de Nova York encarregado do gabinete de proteção aos investidores, disse que empresas muitas vezes operam em três estágios. Primeiro, disse Mihaly, acontece o "telefonema inicial", no qual um vendedor se identifica como representante de uma empresa com um nome e um endereço que soam importantes. Ele simplesmente pedirá ao cliente em potencial que receba material impresso sobre a empresa.

Uma segunda ligação envolve um discurso de vendas, Mihaly diz. O vendedor primeiro descreve os grande lucros a serem obtidos e depois diz ao cliente que não é mais possível investir. A terceira ligação dá ao cliente a chance de entrar no negócio e, segundo Mihaly, a oferta é feita com muita urgência.

"A ideia é balançar uma cenoura na frente do cliente e depois retirá-la", disse Mihaly. "O objetivo é fazer com que a pessoa queira comprar rapidamente, sem pensar muito a respeito." Às vezes, segundo Mihaly, o vendedor está sem fôlego na terceira ligação e diz ao cliente que ele "acabou de sair do pregão".

Essas táticas convenceram Gulban a entregar as economias que juntou durante toda sua vida. Em 1979, um estranho ligou para ele várias vezes e o convenceu a transferir US$1.756 para Nova York para comprar prata, Gulban disse. Depois de uma outra série de telefonemas, o vendedor persuadiu Gulban a transferir mais US$6 mil para a compra de petróleo. Ele acabou enviando mais US$9.740, mas os rendimentos nunca chegaram.

"Fiquei desolado", Gulban recorda. "Eu não era ganancioso. Só esperava ver dias melhores." Gulban nunca recuperou suas perdas.

FIGURA 7-2
O golpe da escassez

Note como o princípio da escassez foi empregado durante o segundo e o terceiro telefonemas para fazer com que o Sr. Gulban "comprasse rapidamente, mas sem pensar muito a respeito". Clique, zero.

(PETER KERR, *THE NEW YORK TIMES*)

e vendê-la a você." Isso, é claro, é conversa fiada; a empresa e seus representantes estão no ramo de vendas, e qualquer cliente que pedisse uma outra visita seria atendido com prazer. Como o gerente de vendas da empresa incutiu em seus trainees, o verdadeiro propósito de dizer que ele não pode voltar nada tem a ver com a redução da programação supercarregada dos vendedores. O verdadeiro motivo é "evitar que os clientes em potencial parem para analisar outra vez o negócio, fazendo com que eles acreditem que não poderão comprar o aparelho depois, o que faz com que eles o queiram naquele momento".

REATÂNCIA PSICOLÓGICA

O indício, portanto, é claro. A utilização que os profissionais da persuasão fazem da escassez como uma arma de influência é frequente, abrangente, sistemática e diversificada. Sempre que isso acontece com uma arma de influência, podemos ter certeza de que o princípio envolvido tem um poder notável para direcionar as ações humanas. No caso do princípio da escassez, esse poder vem de duas fontes principais. A primeira é conhecida. Como as outras armas de influência, o princípio da escassez se aproveita de nossa fraqueza por atalhos. Trata-se, como antes, de uma fraqueza iluminada. Nesse caso, como sabemos que as coisas que são difíceis de possuir são geralmente melhores do que as que são fáceis de ter, podemos muitas vezes usar a disponibilidade de um item para nos ajudar a determinar corretamente e com rapidez sua qualidade. Portanto, uma razão para a força do princípio da escassez é que, ao segui-lo, estamos geralmente certos.[3]

Além disso, existe uma fonte secundária singular de poder no princípio da escassez. À medida que as oportunidades se tornam menos disponíveis, perdemos liberdades; e odiamos perder as liberdades que já temos. Esse desejo de preservar nossas prerrogativas estabelecidas é a peça central da teoria da reatância psicológica, desenvolvida pelo psicólogo Jack Brehm para explicar a reação humana à diminuição do controle pessoal. Segundo essa teoria, sempre que uma escolha livre é limitada ou ameaçada, a necessidade de conservar nossas liberdades nos faz desejá-las (assim como os bens e serviços associados a elas) muito mais do que antes. Então, quando a crescente escassez – ou qualquer outra coisa – interfere em nosso acesso anterior a al-

FIGURA 7-3

Não espere!

A última chance de ler isso agora, antes de você virar a página.

(ROBERT B. CIALDINI)

gum item, iremos reagir contra a interferência querendo e tentando possuir o item mais do que antes.[4]

Por mais simples que pareça o núcleo da teoria, suas ramificações e raízes se infiltram por boa parte do ambiente social. Do jardim do amor jovem à selva da revolução armada, passando pelos frutos do mercado, parte impressionante de nosso comportamento pode ser explicada por meio do exame das gavinhas da reatância psicológica. Antes de começar um exame desse tipo, porém, seria útil saber quando as pessoas demonstram pela primeira vez o desejo de lutar contra restrições às suas liberdades.

Psicólogos infantis rastrearam essa tendência até o começo do terceiro ano de vida – período identificado pelos pais como um problema e amplamente conhecido por eles como "os terríveis dois anos". A maior parte dos pais pode atestar o desenvolvimento de uma contrariedade maior em seus filhos por volta desse período. Crianças de dois anos parecem dominar a arte da resistência a pressões externas, principalmente dos pais: diga a elas uma coisa, elas farão o inverso; dê-lhes um brinquedo, elas irão querer outro; pegue-as sem que elas queiram, elas irão se contorcer e debater para serem colocadas no chão; coloque-as no chão sem que elas queiram, elas irão fazer de tudo para serem carregadas.

Um estudo realizado na Virgínia captou bem o estilo dos dois anos terríveis entre meninos que tinham em média 24 meses de idade. Os meninos acompanharam suas mães até um quarto com dois brinquedos igualmente atraentes. Os brinquedos estavam dispostos de maneira que um sempre ficasse perto de uma barreira de acrílico transparente e o outro, atrás dessa barreira. Para alguns dos meninos, a lâmina de acrílico tinha apenas 30 centímetros de altura – não formando, assim, uma barreira real de acesso ao brinquedo, pois os meninos podiam facilmente alcançá-lo por cima dela. Entretanto, para os outros meninos, a lâmina de acrílico tinha 60cm, o que bloqueava o acesso deles a um brinquedo, a menos que eles a contornassem. Os pesquisadores queriam ver com que rapidez as crianças fariam contato com os brinquedos nessas circunstâncias. Os resultados foram claros. Quando a barreira era pequena demais para restringir o acesso ao brinquedo por trás dela, os meninos não mostravam preferência especial por nenhum dos dois brinquedos; em média, o brinquedo perto da barreira era tocado com a mesma rapidez que o que estava atrás dela. Quando a barreira era suficientemente grande para ser um verdadeiro obstáculo, os meninos iam direto para o brinquedo obstruído, fazendo contato com ele três vezes mais rápido do que com o brinquedo não obstruído. Em geral, os meninos nesse estudo demonstraram a reação clássica dos "terríveis dois anos" a uma limitação de sua liberdade: um desafio claro.[5]

Por que a reatância psicológica surge aos dois anos de idade? Talvez a resposta tenha a ver com a mudança crucial pela qual a maioria das crianças passa por volta desse período. É nesse momento que elas têm o primeiro reconhecimento de si mesmas como indivíduos. Elas não veem mais a si mesmas como meras extensões do ambiente social, mas como indivíduos identificáveis, singulares e separados.[6] Esse conceito em desenvolvimento de autonomia traz naturalmente consigo o conceito de liberdade. Um ser independente tem escolhas; e uma criança com a recém-descoberta percepção de que ele ou ela é um ser desse tipo irá querer explorar amplamente as opções. Portanto, talvez não devamos ficar nem surpresos nem perturbados quando nossas crianças de dois anos se opõem incessantemente aos nossos desejos. Elas acabaram de descobrir uma perspectiva recente e divertida sobre si mesmas como seres humanos independentes. Perguntas vitais sobre volição, direitos e controle agora precisam ser feitas e respondidas em suas pequenas mentes. A tendência a lutar por todas as liberdades e contra cada restrição talvez seja mais bem entendida como busca de informações. Ao testarem severamente os limites de suas liberdades (e, coincidentemente, a paciência de seus pais), as crianças estão descobrindo em que partes de seu mundo elas podem esperar ser controladas e em que partes podem esperar ter controle. Como veremos mais à frente, o pai sábio fornece informações altamente coerentes.

Apesar de os "terríveis dois anos" serem a idade em que a reatância psicológica está mais evidente, demonstramos forte tendência a reagir contra restrições à nossa liberdade de ação ao longo de nossa vida. Uma outra idade que se destaca, porém, é um período em que essa tendência assume forma particularmente rebelde: a adolescência. Como os dois anos de idade, esse é um período caracterizado por crescente sensação de individualidade. Para os adolescentes, eles estão saindo do papel de crianças, com todos os respectivos controles dos pais, e entrando no papel de adultos, com todos os seus respectivos direitos e deveres. Não é de surpreender que os adolescentes tenham a tendência a se concentrar menos nos deveres do que nos direitos que eles acham que têm como jovens adultos. Novamente, não é de surpreender que impor a autoridade parental nesses momentos é muitas vezes contraproducente; o adolescente irá se esquivar, tramar e lutar para resistir a essas tentativas de controle.

Nada exemplifica o efeito bumerangue da pressão dos pais sobre o comportamento adolescente tão claramente quanto um fenômeno conhecido como o "efeito Romeu e Julieta". Como todos sabem, Romeu Montecchio e Julieta Capuleto eram os desafortunados personagens shakespearianos cujo amor estava condenado devido a uma rixa entre suas famílias. Desafiando todas as tentativas dos pais de mantê-los afastados, os adolescentes conquistaram uma união duradoura em seu trágico ato de suicídio duplo, uma asserção extrema do livre-arbítrio.

A intensidade dos sentimentos e ações do casal sempre foi fonte de admiração e surpresa para quem assiste à peça. Como devoção tão imoderada podia se desenvolver tão rapidamente em um casal tão jovem? Um romântico pode sugerir um amor raro e perfeito. Todavia, um cientista social pode indicar o papel da interferência dos pais e a reatância psicológica que ela pode produzir. Talvez a paixão de Romeu e Julieta não tenha sido tão arrebatadora no início a ponto de transcender as amplas barreiras erigidas pelas famílias. Talvez, em vez disso, ela tenha sido alimentada pela colocação dessas barreiras. Será que, se tivesse sido permitido aos jovens fazer o que quisessem, sua acalorada devoção não teria sido apenas uma centelha ou uma paixão fugaz?

Como se trata de uma história de ficção, essas perguntas são, evidentemente, hipotéticas, e as respostas são especulativas. Contudo, é possível perguntar e responder com mais certeza questões semelhantes sobre os Romeus e Julietas de nossos dias. Será que os casais que sofrem interferência dos pais reagem se comprometendo e se apaixonando ainda mais? Segundo estudo realizado com 140 casais no Colorado, é exatamente isso que eles fazem. De fato, os pesquisadores descobriram que, apesar da interferência dos pais estar ligada a alguns problemas no relacionamento – os parceiros tinham uma visão mais crítica um do outro e relatavam um número maior de comportamentos negativos no outro – essa interferência também fazia com que o par sentisse mais amor e desejo de se casar. Durante o estudo, à medida que a interferência dos pais se intensificava, também aumentava a experiência amorosa; e, quando a interferência diminuía, os sentimentos românticos na verdade arrefeciam.[7]

Apesar de o efeito Romeu e Julieta entre os adolescentes modernos poder parecer gracioso – para observadores externos – outras manifestações de reatância adolescente podem se revelar trágicas. Durante mais de uma década, a maior mensagem de uma campanha publicitária maciça dos cigarros Virgina Slims tem sido a de que as mulheres de hoje "trilharam um longo caminho" desde os velhos dias em que eram obrigadas pelas normas sociais a serem recatadas, decorosas e distintas. Esses anúncios sugerem que uma mulher não deve mais se sentir subjugada por convenções chauvinistas e fora de moda que limitam sua independência e, especificamente, sua liberdade de fumar cigarros. Será que a mensagem foi bem-sucedida em desencadear desafio às velhas restrições junto ao público-alvo? Uma surpreendente estatística sugere resposta lamentável: durante a longa vida dessa campanha, a porcentagem de fumantes aumentou em apenas um grupo demográfico nos Estados Unidos – mulheres adolescentes.

Para crianças de dois anos e adolescentes, a reatância psicológica atravessa a ampla superfície da experiência, sempre turbulenta e violenta. Para a maior parte do resto de nós, o reservatório de energia de reatância permanece calmo e encoberto, explodindo em erupções semelhantes a de um gêiser apenas em certas ocasiões. Todavia, essas erupções se manifestam em uma fascinante multiplicidade de maneiras que são do interesse não apenas daqueles que estudam o comportamento humano, mas também dos juristas e elaboradores de políticas.

Por exemplo, existe o estranho caso de Kennesaw, Geórgia, a cidade que promulgou uma lei exigindo que todo residente adulto possuísse uma arma e munição. A pena para quem não cumprisse a lei seria de seis meses de encarceramento e uma multa de US$200. Todas as características da lei sobre armas de Kennesaw a tornam alvo certeiro da reatância psicológica: a liberdade que a lei restringe é importante e antiga, à qual todo cidadão americano se sente autorizado. Além disso, a lei foi aprovada pelo Conselho Municipal de Kennesaw com participação pública mínima. A teoria da reatância preveria que, nessas circunstâncias, poucos adultos na cidade de 5.400 pessoas obedeceriam, porém, os relatos dos jornais declararam que entre três e quatro semanas depois da aprovação da lei, as vendas de armas de fogo em Kennesaw estavam aumentando vertiginosamente.

Como podemos dar sentido a essa aparente contradição do princípio da reatância? Olhando um pouco mais de perto as pessoas que estavam comprando as armas em Kennesaw. Entrevistas com os comerciantes de Kennesaw revelaram que os compradores de armas não eram moradores da cidade, mas visitantes, muitos dos quais atraídos pela publicidade para comprar sua primeira arma em Kennesaw. Donna Green, proprietária de uma loja descrita em matéria de jornal como praticamente uma "quitanda de armas de fogo", resumiu a questão: "Os negócios estão indo muito bem, mas quase todas as armas estão sendo compradas por pessoas de fora da cidade. Só duas ou três pessoas daqui mesmo compraram uma arma para cumprir a lei." Após a promulgação da lei, portanto, o comércio de armas havia se tornado atividade frequente em Kennesaw, mas não entre as pessoas que deveriam ser seu público-alvo. Elas descumpriam maciçamente a lei. Apenas aqueles indivíduos cuja liberdade não havia sido restringida pela lei tiveram a inclinação de acatá-la.

Situação semelhante surgiu uma década mais cedo e vários quilômetros ao sul de Kennesaw, quando o condado Dade (que engloba Miami), na Flórida, baixou um decreto antifosfato proibindo o uso – e a posse! – de produtos de lavanderia ou higiene pessoal que contivessem fosfatos. Estudo realizado para determinar o impacto social da lei descobriu duas reações paralelas por parte dos residentes de Miami. Primeiro, no que parece ser uma tradição da Flórida, muitos moradores de Miami passaram ao contrabando. Às vezes, em grandes caravanas formadas por vizinhos e amigos, eles se dirigiam a condados próximos para se abastecer de detergentes com fosfato. A armazenagem ilegal logo se desenvolveu e, em meio à obsessão que costuma caracterizar essa atividade, houve relatos de famílias que se vangloriavam de ter um estoque de detergentes com fosfato para vinte anos.

A segunda reação à lei foi mais sutil e mais generalizada do que o desafio deliberado dos contrabandistas e açambarcadores. Estimulada pela tendência a querer o que não mais podiam ter, a maioria dos consumidores de Miami passou a perceber os detergentes com fosfato como produtos melhores do que eram antes. Comparados aos moradores de Tampa, que não foram afetados pelo decreto do condado Dade, os cidadãos de Miami qualificaram os detergentes com fosfato como mais suaves, mais eficazes em água fria, com mais poder de branqueamento e aroma, mais poderosos contra as manchas. Depois da promulgação da lei, em comparação com os moradores de Tampa, eles até passaram a achar que os detergentes com fosfato podiam ser despejados com mais facilidade.[8]

Esse tipo de reação é típica de indivíduos que perderam uma liberdade adquirida e é crucial para a compreensão de como a reatância psicológica e a escassez funcionam em nós. Quando nossa liberdade de ter algo é limitada, esse item se torna menos disponível, e sentimos desejo maior por ele. Contudo, raramente reconhecemos que a reatância psicológica nos fez querer mais esse item; tudo o que sabemos é que o queremos. Ainda assim, precisamos dar sentido a nosso desejo pelo item, então começamos a atribuir a ele qualidades positivas que justificam o desejo, afinal, é natural supor que, se nos sentimos atraídos por algo, é por causa de seu mérito. No caso da lei antifosfato do condado Dade – e em outros casos de disponibilidade recém-limitada -, trata-se de uma suposição falha. Os detergentes com fosfato não limpam, branqueiam e fluem melhor depois de serem proibidos. Supomos simplesmente que isso aconteça porque achamos que os desejamos mais.

A tendência a querer o que foi proibido e, portanto, a supor que aquilo é mais valioso, não se limita a bens como detergentes. De fato, a tendência não se limita apenas a bens, mas se estende a restrições à informação. Em uma era em que a habilidade de adquirir, armazenar e gerir informações está se tornando cada vez mais o determinante de riqueza e poder, é importante compreender como geralmente reagimos a tentativas de censura ou limitação de nosso acesso à informação. Apesar de haver muitos dados em nossas reações a vários tipos de material potencialmente censurável – violência na mídia, pornografia, retórica política radical – existe quantidade surpreendentemente pequena de indícios a respeito de nossas reações ao ato de censurá-los. Felizmente, os resultados dos poucos estudos que foram realizados sobre esse assunto são altamente coerentes. Quase invariavelmente, nossa reação à proibição de informações é um desejo maior de receber aquelas informações e uma atitude mais favorável em relação a elas do que antes da proibição.[9]

A questão intrigante a respeito dos efeitos da censura de informações não é o fato de os membros do público quererem obter a informação mais do que antes; isso parece natural, mas o fato de as pessoas passarem a acreditar mais na informação, apesar de não a terem recebido. Por exemplo, quando os estudantes da Universidade do Norte da Califórnia souberam que um discurso contra os dormitórios mistos no *campus* seria proibido, passaram a se opor mais à ideia de dormitórios mistos. Portanto, sem nem mesmo ouvir o discurso, eles se tornaram mais favoráveis a seu argumento. Isso gera a preocupante possibilidade de que indivíduos particularmente inteligentes que defendem uma opinião impopular podem nos fazer concordar com essa opinião dando um jeito de tornar sua mensagem restrita. A ironia é que, para essas pessoas – membros de grupos políticos periféricos, por exemplo – a estratégia mais eficaz pode não ser divulgar suas opiniões impopulares, mas fazer com que essas opiniões sejam oficialmente censuradas e, depois, divulgar a censura. Talvez os autores da Constituição dos Estados Unidos estivessem agindo tanto como psicólogos sociais sofisticados quanto como libertários civis resolutos quando redigiram a disposição notavelmente permissiva da Primeira Emenda. Ao se recusarem a restringir a liberdade de palavra, eles podiam estar tentando minimizar a chance de novas noções políticas ganharem apoio por meio do curso irracional da reatância política.

É claro, as ideias políticas não são as únicas que estão suscetíveis a restrições. O acesso a material sobre sexo é limitado com frequência. Apesar de não ser tão sensacional quanto as batidas policiais em livrarias e teatros para "adultos", os pais e os grupos de cidadãos exercem pressão permanente para que seja proibido o conteúdo sexual de material educacional que vai desde educação sexual e textos sobre higiene até livros nas prateleiras das bibliotecas escolares. Ambos os lados parecem ser bem-intencionados e as questões não são simples, já que envolvem questões como moralidade, arte, controle dos pais sobre as escolas e as liberdades da Primeira Emenda. A partir de um ponto de vista puramente psicológico, as pessoas que são a favor de uma censura rígida talvez devam examinar minuciosamente os resultados de um estudo realizado com estudantes de graduação da Universidade Purdue.[10] Foram exibidos aos alunos alguns anúncios de um romance. Para metade dos estudantes, a cópia do anúncio incluía a frase "Um livro apenas para adultos, restrito aos maiores de 21 anos"; a outra metade dos estudantes não leu a respeito de tais restrições etárias no livro. Quando os pesquisadores pediram mais tarde aos estudantes para indicar seus sentimentos a respeito do livro, eles descobriram as duas mesmas reações que notamos com as outras proibições: os estudantes que haviam sido informados da restrição etária (1) tinham mais vontade de ler o livro e (2) acreditavam que fossem gostar mais do livro do que os estudantes que achavam que seu acesso ao livro era ilimitado.

É possível argumentar que, apesar de esses resultados serem válidos para uma pequena amostragem de estudantes universitários, eles não se aplicariam a estudantes do Ensino Médio, em que as batalhas sobre os currículos que incluem sexo estão atualmente sendo travadas. Dois fatores me fazem duvidar de um argumento desse tipo. Primeiro, psicólogos do desenvolvimento relatam que, em geral, o desejo de se opor ao controle dos adultos começa bastante cedo na adolescência, por volta dos primeiros anos dessa fase da vida. Observadores não científicos também notaram o aumento precoce dessas fortes tendências à oposição. Os estudiosos nos dizem que Shakespeare atribui a Romeu e Julieta as idades de 15 e 13 anos, respectivamente. Segundo, o padrão das reações exibidas pelos estudantes da Universidade Purdue não é único e, portanto, não pode ser atribuído a nenhuma grande preocupação com sexo que os estudantes pudessem ter. Esse padrão é comum a restrições impostas externamente. A limitação do acesso ao livro surtiu os mesmos efeitos que a proibição do detergente com fosfato na Flórida ou a censura de um discurso na Carolina do Norte: as pessoas envolvidas passaram a querer mais o item restrito e, consequentemente, passaram a se sentir mais favoráveis a ele.

Os indivíduos que apoiam a proibição oficial de material sobre sexo nos currículos escolares têm como propósito a redução da orientação da sociedade, especialmente de sua juventude, para o erotismo. À luz do estudo da Universidade Purdue e no contexto de outras pesquisas sobre os efeitos de restrições impostas, devemos nos perguntar se a censura oficial como recurso não irá de encontro ao objetivo. Se aceitarmos as implicações da pesquisa, então a censura provavelmente aumentará o desejo dos estudantes por material de teor sexual e, consequentemente, fará com que eles se vejam como indivíduos que gostam desse tipo de material.

O termo "censura oficial" geralmente nos faz pensar em proibições de material de teor político ou sexual; porém existe um outro tipo comum de censura oficial sobre a qual não pensamos da mesma maneira, provavelmente porque ela acontece depois do fato consumado. Muitas vezes, em um júri, uma prova ou testemunho é introduzido só para ser julgado inadmissível pelo juiz, que pode, então, advertir os jurados para desconsiderar aquela prova. A partir dessa perspectiva, o juiz pode ser visto como censor, apesar de a forma da censura ser estranha. A apresentação da informação ao júri não é proibida – é tarde demais para isso – é o uso da informação pelo júri que é proibida. Até que ponto essas instruções por parte de um juiz são eficazes? E será possível que, para os membros do júri que acham que têm o direito de levar em consideração todas as informações disponíveis, declarações de inadmissibilidade possam realmente causar reatância psicológica, fazendo com que os jurados usem a prova com um peso ainda maior?

Essas foram algumas das perguntas feitas em um projeto de pesquisa sobre júris conduzido pela Faculdade de Direito da Universidade de Chicago. Um dos motivos que faz com que os resultados do estudo da Universidade de Chicago sejam informativos é que os participantes eram indivíduos que estavam atuando como jurados naquele momento e concordaram em participar de "júris experimentais" formados pelos pesquisadores. Esses júris experimentais ouviram como prova fitas de julgamentos anteriores e deliberaram como se estivessem decidindo o caso. No estudo mais relevante para nós sobre censura oficial, trinta júris ouviram o caso de uma mulher que havia sido ferida por um carro dirigido por um réu negligente. A primeira descoberta do estudo não foi surpresa: quando o motorista disse que tinha seguro, os jurados deram à vítima em média US$4 mil a mais do que quando ele disse que não tinha seguro (US$37 mil contra US$33 mil). Portanto, como as seguradoras já suspeitam há muito tempo, os jurados dão indenizações maiores a vítimas se uma seguradora tiver de pagar. A segunda descoberta do estudo é a mais fascinante. Se o motorista dizia que tinha seguro e o juiz considerava essa prova inadmissível (dizendo para que o júri a desconsiderasse), a instrução para desconsiderá-la tinha efeito bumerangue, fazendo com que a indenização média fosse de US$46 mil. Então, quando certos júris sabiam que o motorista tinha seguro, eles aumentavam a indenização em US$4 mil. Quando era dito aos outros júris que eles não deveriam usar essa informação, eles a usavam ainda mais, aumentando a indenização em US$13 mil. Portanto, parece que mesmo uma censura oficial em um tribunal gera problemas para o censor. Reagimos à restrição de informação, nesse caso, como de costume, atribuindo mais valor do que nunca à informação.[11]

A percepção de que valorizamos as informações limitadas nos permite aplicar o princípio da escassez a outros campos além do de bens materiais. O princípio funciona para mensagens, comunicações e conhecimento também. Se adotamos essa perspectiva, podemos ver que talvez a informação não tenha de ser censurada para que passemos a lhe atribuir mais valor; basta que ela seja escassa. De acordo com o princípio da escassez, portanto, acharemos uma informação mais persuasiva se acharmos que não podemos obtê-la em nenhum outro lugar. Essa ideia de que uma informação exclusiva é uma informação persuasiva é central para o pensamento de dois psicólogos, Timothy Brock e Howard Fromkin, que desenvolveram uma "teoria das commodities" para analisar a persuasão.[12]

O maior respaldo que conheço para a teoria de Fromkin e Brock vem de uma pequena experiência realizada por um aluno meu. Na época, o aluno era também um homem de negócios de sucesso, proprietário de uma firma de importação de carne que havia voltado à universidade para estudar marketing avançado. Depois de termos conversado em meu escritório um dia sobre a escassez e a exclusividade das informações, ele resolveu realizar um estudo usando seus vendedores. Os clientes da empresa – compradores de supermercados ou varejistas de alimentos – receberam, como sempre, um telefonema de um vendedor que pedia de três maneiras diferentes que eles fizessem uma compra. Um grupo de clientes ouviu uma apresentação de vendas padrão antes da solicitação de um pedido. Outro grupo de clientes ouviu a apresentação de vendas padrão mais a informação de que o fornecimento de carne importada provavelmente iria ser escasso nos meses seguintes. Um terceiro grupo recebeu a apresentação de vendas padrão e a informação sobre um fornecimento escasso de carne também, mas também foram informados que, em geral, a informação sobre a escassez de carne não era uma informação divulgada – ela foi passada por causa de certos contratos exclusivos que eles tinham. Então, os clientes que receberam essa última apresentação de vendas souberam que não apenas a disponibilidade do produto era limitada, mas também as informações a respeito – dupla escassez.

Os resultados da experiência logo ficaram aparentes quando o pessoal de vendas da empresa começou a exortar o dono a comprar mais carne porque não havia o suficiente no estoque para atender todos os pedidos que eles estavam recebendo. Comparados com os clientes que ouviram apenas o discurso padrão de vendas, aqueles que também foram informados da futura escassez de carne compraram mais do que o dobro. Contudo, o aumento nas vendas realmente aconteceu entre os clientes que souberam da iminente escassez por meio de informações "exclusivas". Eles compraram uma quantidade de carne seis vezes maior do que a dos clientes que ouviram apenas o discurso padrão de vendas. Aparentemente, o fato de as próprias notícias sobre a escassez serem escassas as tornou mais persuasivas.[13]

CONDIÇÕES ÓTIMAS

Assim como as outras eficientes armas de influência, o princípio da escassez é mais eficaz em certos momentos do que em outros. Um problema prático importante, portanto, é descobrir quando a escassez funciona melhor conosco. É possível aprender muito a esse respeito a partir de uma experiência criada pelo psicólogo social Stephen Worchel.[14] O procedimento básico usado por Worchel e sua equipe de pesquisa era simples: os participantes de um estudo sobre as preferências dos consumidores recebiam um biscoito com gotas de chocolate retirado de um pote e deviam prová-lo e classificar sua qualidade. Para metade dos participantes, o pote continha dez biscoitos; para a outra metade, apenas dois. Como era de se esperar por causa do princípio da escassez, quando o biscoito era um dos dois disponíveis, a sua classificação foi mais favorável do que quando era um em dez. O biscoito mais escasso foi classificado como mais desejável a se comer no futuro, mais atraente como item para o consumidor e mais caro do que o biscoito idêntico disponível em quantidades maiores.

Apesar de esse padrão de resultados fornecer uma confirmação surpreendente do princípio da escassez, ele não nos revela nada que já não saibamos. Mais uma vez, vemos que um item menos disponível é mais desejado e valorizado. O verdadeiro valor do estudo com os biscoitos deriva de duas descobertas adicionais. Vamos analisá-las uma por vez, pois cada uma merece ser minuciosamente examinada.

O primeiro desses resultados digno de nota envolvia uma pequena variação no procedimento básico da experiência. Em vez de classificar os biscoitos sob condições de escassez constante, alguns participantes receberam antes um pote com dez biscoitos, substituído posteriormente por um pote com dois biscoitos, portanto, antes de provar, certos participantes viram seu estoque abundante de biscoitos reduzido a um estoque escasso. No entanto, outros participantes só conheceram estoques escassos desde o início, pois, em seus potes, sempre houve apenas dois biscoitos. Com esse procedimento, os pesquisadores estavam tentando responder uma pergunta sobre tipos de escassez: será que damos mais valor às coisas que se tornaram menos disponíveis recentemente ou às coisas que sempre foram escassas? Na experiência com os biscoitos, a resposta foi clara. A queda da abundância para a escassez produziu reação muito mais positiva aos biscoitos do que a escassez constante.

A ideia de que uma nova escassez é mais forte se aplica a situações que vão muito além dos limites do estudo com os biscoitos. Por exemplo, os cientistas sociais determinaram que esse tipo de escassez é causa primária de agitações e violência política. Talvez o proponente mais proeminente desse argumento seja James C. Davies, que afirma que é mais provável que encontremos revoluções onde um período de melhoria das condições econômicas e sociais é seguido por reversão brusca dessas condições. Assim, não são os povos tradicionalmente mais sofridos – que passaram a ver sua privação como parte da ordem natural das coisas – que estão mais sujeitos a revoltas. Em vez disso, é mais provável que os revolucionários sejam aqueles que tiveram a oportunidade de experimentar uma vida melhor. Quando as melhorias econômicas e sociais que eles vivenciaram e passaram a esperar se tornam repentinamente menos disponíveis, eles as desejam mais do que nunca e, muitas vezes, reagem violentamente para assegurá-las.[15]

Davies colheu indícios persuasivos para sua inovadora tese a partir de uma série de revoluções, revoltas e guerras intestinas, dentre as quais as revoluções francesa, russa e egípcia, assim como levantes domésticos tais como a rebelião de Dorr em Rhode Island no século XIX, a Guerra Civil Americana e os conflitos raciais urbanos nos Estados Unidos nos anos 1960. Em cada um dos casos, um período de maior bem-estar precedeu uma série de reveses que terminaram em violência.

O conflito racial nas cidades dos Estados Unidos durante meados dos anos 1960 representa um caso em questão do qual muitos de nós se lembram. Na época, não era incomum ouvir a pergunta: "Por que agora?" Parecia não fazer sentido que, em sua história de 300 anos, dos quais a maioria havia sido de servidão e privações, os negros americanos tivessem escolhido os anos 1960, socialmente progressistas, para se revoltarem. De fato, como Davies salienta, as duas décadas depois do início da Segunda Guerra Mundial haviam trazido importantes ganhos políticos e econômicos para a população negra. Em 1940, os negros enfrentavam severas restrições legais em assuntos como habitação, transporte e educação; além disso, mesmo com a mesma quantidade de instrução, a família negra média ganhava pouco mais da metade do que uma família branca. Quinze anos mais tarde, muitas coisas haviam mudado. Leis federais haviam julgado inaceitáveis as tentativas formais e informais de segregar os negros em questões relativas a escolas, lugares públicos, habitação e emprego. Grandes avanços econômicos haviam sido feitos também. A renda das famílias negras havia subido de 56% para 80% da renda de uma família branca com um nível educacional comparável.

Então, segundo a análise de Davies em relação às condições sociais, esse rápido progresso foi bloqueado por eventos que deterioraram o otimismo escancarado dos anos precedentes. Primeiro, as mudanças políticas e jurídicas se mostraram muito mais fáceis de implementar do que as mudanças sociais. Apesar de todas as leis progressistas dos anos 1940 e 1950, os negros percebiam que a maioria dos bairros, empregos e escolas permaneciam segregados. Então, as vitórias em Washington passaram a ser percebidas como derrotas em casa, por exemplo, nos quatro anos que se seguiram à decisão de 1954 da Corte Suprema dos Estados Unidos de integrar todas as escolas públicas, os negros foram alvo de 530 atos de violência (intimidação direta de crianças e pais negros, bombas e incêndios), cujo objetivo era evitar a integração nas escolas. Essa violência gerou a percepção de um outro tipo de retrocesso no progresso dos negros. Pela primeira vez desde muito antes da Segunda Guerra Mundial, uma média de 78 linchamentos ocorria todo ano e os negros ficaram preocupados com a segurança de suas famílias. A nova violência também não se limitava à questão educacional. Manifestações pacíficas pelos direitos civis eram muitas vezes confrontadas por multidões – e forças policiais – hostis.

E um outro tipo de revés aconteceu – no progresso dos recursos financeiros. Em 1962, a renda de uma família negra havia se reduzido a 74% da renda de uma família branca com nível educacional semelhante. Segundo o argumento de Davies, o aspecto mais esclarecedor dessa cifra de 74% não é o fato de ela representar aumento a longo prazo da prosperidade em relação aos níveis de antes de 1940, mas o fato de ela representar declínio a curto prazo dos prósperos níveis de meados dos anos 1950. No ano seguinte, aconteceram os tumultos de Birmingham e, logo após, várias manifestações violentas que culminaram nos maiores levantes em Watts, Newark e Detroit.

De acordo com um padrão histórico marcante de revolução, os negros nos Estados Unidos foram mais rebeldes quando seu prolongado progresso foi reduzido do que antes de ele começar. Esse padrão oferece lição valiosa para os aspirantes a governantes: quando o assunto são liberdades, é mais perigoso tê-las dado por um período de tempo do que nunca tê-las dado. O problema para um governo que tenta melhorar o status político e econômico de um grupo tradicionalmente oprimido é que, ao fazer isso, ele estabelece liberdades para o grupo em um espaço onde antes não havia liberdade alguma. Caso essas liberdades agora estabelecidas se tornem menos disponíveis, vários problemas sérios surgirão.

Podemos analisar eventos muito mais recentes na ex-União Soviética para buscar indícios de que essa regra básica ainda é válida. Depois de décadas de repressão, Mikhail Gorbachev começou a dar ao povo soviético novas liberdades, privilégios e escolhas por meio das políticas da *glasnost* e da *perestroika*. Alarmado pelo rumo que a nação estava tomando, um pequeno grupo de funcionários do governo, militares e oficiais da KGB armou um golpe, colocando Gorbachev em prisão domiciliar e anunciando em 19 de agosto de 1991 que eles haviam assumido o poder e iam restaurar a antiga ordem. A maior parte do resto do mundo imaginou que o povo soviético, conhecido por sua característica aquiescência à subjugação, iria ceder passivamente como sempre havia feito. O editor da revista *Time*, Lance Morrow, descreveu sua própria reação de maneira semelhante: "Primeiro, o golpe parecia confirmar a regra. As notícias transmitiam um choque negativo, seguido imediatamente por uma deprimente noção de resignação: é claro, é claro, os russos devem se voltar para seu eu essencial, para sua própria história. Gorbachev e a *glasnost* eram uma aberração, agora voltamos à normalidade fatal."

FIGURA 7-4

Nada de tanques

Estimulados pelas notícias de que o presidente soviético Mikhail Gorbachev havia sido substituído em favor de conspiradores que planejavam cancelar as liberdades recém-instituídas, os moscovitas enfrentaram os tanques, desafiaram o golpe e venceram.

(BORIS YURCHENKO, ASSOCIATED PRESS)

Mas aqueles não seriam tempos normais, e por uma razão: Gorbachev não havia governado seguindo a tradição dos czares, de Stalin ou de qualquer outra linha de governantes opressores do pós-guerra que não permitiram liberdade alguma para as massas. Ele havia dado a elas certos direitos e escolhas e, quando essas liberdades que haviam então sido estabelecidas foram ameaçadas, as pessoas atacaram da mesma maneira que um cachorro faria se alguém tentasse tirar um osso de sua boca. Horas depois do anúncio da junta militar, milhares de pessoas estavam nas ruas, erguendo barricadas, enfrentando tropas armadas, cercando tanques e desafiando toques de recolher. O levante foi tão rápido, maciço e coeso em sua oposição a qualquer recuo em relação aos ganhos da *glasnost* que, depois de apenas três dias de tumultos, os oficiais perplexos esmoreceram, entregando o poder e pedindo clemência ao presidente Gorbachev. Se os conspiradores fracassados fossem estudantes de história – ou de psicologia –, não teriam ficado tão surpresos com a grande onda de resistência popular que engoliu o golpe. A partir da perspectiva de qualquer uma dessas disciplinas, eles poderiam ter aprendido uma lição invariável: uma vez que liberdades são concedidas, elas não podem ser retiradas sem luta.

Essa lição também pode ser aplicada tanto à política familiar quanto à política de um país. O pai que concede privilégios ou aplica regras de maneira desordenada estimula a rebeldia, estabelecendo inconscientemente liberdades para o filho. O pai que só proíbe algumas vezes doces entre as refeições pode criar para a criança a liberdade de comer essas guloseimas. A essa altura, aplicar a regra se torna uma questão muito mais difícil e explosiva porque a criança não está simplesmente sentindo falta de um direito que ela nunca teve, mas está perdendo um direito estabelecido. Como vimos no caso das liberdades políticas e dos biscoitos (exemplo especialmente pertinente à presente discussão), as pessoas consideram uma coisa mais desejável quando ela recentemente se tornou menos disponível do que quando ela sempre foi escassa. Não devemos ficar surpresos, portanto, quando uma pesquisa mostra que os pais que impõem a disciplina de maneira inconsistente geralmente geram crianças rebeldes.[16]

Voltemos a analisar o estudo sobre os biscoitos para fazer outra descoberta sobre a maneira como reagimos à escassez. Já vimos, a partir dos resultados desse estudo, que biscoitos escassos obtiveram uma classificação mais alta do que os biscoitos abundantes e que os biscoitos que haviam se tornado escassos recentemente obtiveram uma classificação ainda mais alta. Dentro do quadro dos biscoitos que haviam se tornado escassos recentemente, houve um certo biscoito que foi o que obteve a classificação mais alta de todas: aqueles que se tornaram menos disponíveis por serem muito procurados.

Lembre-se de que, na experiência, os participantes que passaram por uma escassez recente receberam um pote com dez biscoitos que, posteriormente, foi substituído por um pote com apenas dois biscoitos. Na verdade, os pesquisadores fizeram isso de duas maneiras. Para alguns participantes, foi explicado que alguns de seus biscoitos tiveram de ser dados a outros avaliadores para suprir a demanda de biscoitos no estudo. Para outro grupo de participantes, foi explicado que o número de biscoitos teve de ser reduzido porque o pesquisador simplesmente havia cometido um erro e dado a eles o pote errado. Os resultados mostraram que os participantes cujos biscoitos se tornaram escassos por causa de um processo de demanda social gostavam muito mais dos biscoitos do que os outros, cujos biscoitos haviam se tornado escassos por engano. De fato, aqueles que se tornaram menos disponíveis por causa da demanda social foram classificados como os mais desejáveis de todos no estudo.

Essa descoberta destaca a importância da competição na busca de recursos limitados. Nós não apenas queremos mais o mesmo item quando ele é escasso, mas o queremos mais ainda quando estamos competindo para obtê-lo. Anunciantes muitas vezes tentam explorar essa nossa tendência. Em seus anúncios, ficamos sabendo que a "demanda do público" por um produto é tão grande que temos de "correr para comprá-lo", ou vemos uma multidão comprimida contra as portas de uma loja antes do começo de uma liquidação, ou assistimos a uma porção de mãos rapidamente esvaziar a prateleira de um supermercado. Essas imagens mostram mais do que a ideia da prova social ordinária. A mensagem não é apenas a de que o produto é bom porque outras pessoas acham que ele é bom, mas também a de que estamos competindo diretamente com essas pessoas para obtê-lo.

A sensação de estar competindo por recursos escassos possui propriedades altamente motivadoras. O ardor de um amante indiferente surge com a aparição de um rival. Portanto, muitas vezes é por causa de um motivo estratégico que parceiros românticos revelam (ou inventam) as atenções de um novo admirador. Os vendedores aprendem a usar o mesmo jogo com clientes indecisos. Por exemplo, um corretor de imóveis que está tentando vender uma casa a um cliente que está "em cima do muro" poderá ligar para esse cliente em potencial dizendo que há outro comprador em potencial que viu a casa, gostou e marcou para voltar no dia seguinte para falar sobre as condições da venda. Quando esse novo interessado é pura invenção, ele geralmente é descrito como alguém de fora e como muito dinheiro: "um investidor de outro estado que está comprando por razões fiscais" e "um médico e sua mulher que estão se mudando para a cidade" são as descrições favoritas. A tática, chamada em alguns círculos de "tirá-los de cima do muro", pode funcionar muito bem. A ideia de perder para um rival muitas vezes transforma um comprador hesitante em um comprador ávido.

Existe algo quase físico a respeito do desejo de possuir um item disputado. Consumidores em liquidações de fim de estoque dizem que ficam emocionalmente envolvidos pelo evento. Impulsionados pela pressão dos competidores, eles se aglomeram e disputam mercadorias que, em outra situação, desdenhariam. Tal comportamento nos faz pensar no "frenesi alimentar" entre grupos animais. Pescadores profissionais exploram esse fenômeno jogando iscas soltas para grandes cardumes de certos peixes. A água rapidamente se torna uma grande extensão de barbatanas e bocas competindo pelo alimento. A essa altura, os pescadores poupam tempo e dinheiro jogando linhas sem isca na água, já que os peixes ensandecidos irão morder qualquer coisa a esse ponto, inclusive anzóis de metal sem nada.

É possível notar um paralelo entre a maneira como os pescadores e as lojas de departamentos geram uma fúria competitiva entre os peixes e as pessoas que eles querem fisgar, respectivamente. Para atrair e excitar os peixes, os pescadores espalham iscas soltas. Por razões semelhantes, as lojas de departamentos que estão fazendo uma liquidação fixam alguns preços excepcionalmente bons para produtos amplamente anunciados. Se a isca, de qualquer tipo, faz seu trabalho, uma grande multidão ávida se forma para abocanhá-la. Logo, na corrida para se dar bem, a multidão fica agitada, quase cega, pela natureza competitiva da situação. Humanos e peixes perdem a perspectiva do que querem e começam a atacar qualquer coisa que esteja sendo disputada. Você fica se perguntando se o atum que está se debatendo em um convés seco com apenas um anzol puro em sua boca está

FIGURA 7-5
Competitividade contagiosa
Uma funcionária atônita caminha em meio ao final de uma liquidação de sapatos esportivos na qual, segundo relatos, os clientes "ficaram ensandecidos, lutando uns com os outros para pegar tênis cujo tamanho às vezes nem tinham visto".
(UPI)

tão perplexo quanto o consumidor que chega em casa com um monte de bobagens compradas em uma loja de departamentos.

Para não acreditarmos que a febre competitiva por recursos limitados acontece apenas em formas de vida tão pouco sofisticadas quanto atuns e consumidores ávidos por liquidações, temos de analisar a história por trás de uma notável decisão de compra tomada em 1973 por Barry Diller, que era então vice-presidente da programação de horário nobre da American Broadcasting Company (ABC), mas que, desde então, foi apelidado de "magnata milagroso" pela revista *Time* por causa de seu admirável sucesso como chefe da Paramount Pictures e da Fox Television Network. Ele concordou em pagar US$3,3 milhões por uma única exibição do filme *O Desti-*

no do Poseidon. O valor é digno de nota porque excede em muito o preço mais alto jamais pago até então por uma única exibição de um filme: US$2 milhões por *Patton, Rebelde ou Herói?* De fato, o pagamento foi tão desmedido que a ABC calculou que perderia US$1 milhão na exibição de *Poseidon*. Como o vice-presidente de programas especiais da NBC, Bill Stroke, declarou na época: "Não há como eles recuperarem esse dinheiro."

Como um executivo astuto e experiente como Diller pôde fechar um contrato que iria gerar perda presumida de US$1 milhão? A resposta pode estar no segundo aspecto digno de nota da venda: era a primeira vez que um filme havia sido oferecido às redes de televisão em um leilão aberto. As três grandes redes de televisão comercial nunca haviam sido forçadas a travar batalha por um recurso escasso daquela maneira. A ideia inovadora de um leilão competitivo foi do excêntrico produtor do filme, Irwin Allen, e de um vice-presidente da 20th Century Fox, William Self, que devem ter ficado extasiados com o resultado. Contudo, como ter certeza de que era o formato do leilão o gerador do espetacular preço de venda e não a própria popularidade do filme?

Alguns comentários dos participantes do leilão nos fornecem indícios impressionantes. Primeiro, o vencedor Barry Diller fez uma declaração com o objetivo de estabelecer a política de sua rede no futuro. Como se estivesse falando com os seus dentes cerrados, ele disse: "A ABC decidiu que sua política para o futuro será a de nunca mais entrar em outro leilão." Ainda mais instrutivas foram as observações do rival de Diller, Robert Wood, então presidente da CBS Television, que quase perdeu a cabeça e deu lance maior do que seus concorrentes da ABC e da NBC.

> Fomos muito racionais no início. Estabelecemos um preço para o filme em termos do que ele podia nos trazer, depois, adicionamos um certo valor para explorá-lo.
>
> Então, começaram os lances. A ABC abriu com US$2 milhões. Eu ofereci US$2,4 milhões. A ABC chegou a US$2,8 milhões. E aquela febre tomou conta de nós. Como um sujeito que enlouqueceu, continuei a fazer lances. Finalmente, cheguei a US$3,2 milhões; e houve um momento em que disse a mim mesmo: "Minha nossa, se eu comprar o filme, o que vou fazer com ele?" Quando a ABC finalmente me superou, minha principal sensação foi de alívio.
>
> Foi muito instrutivo.[17]

De acordo com o repórter Bob MacKenzie, quando Wood disse "Foi muito instrutivo", ele estava sorrindo. Podemos ter certeza de que, quando Diller, da ABC, anunciou que "nunca mais" participaria de um leilão, ele não estava sorrindo. Os dois homens haviam evidentemente aprendido algo com o "Grande Leilão de *Poseidon*", mas, para um deles, o custo foi de US$1 milhão. Felizmente, também existe uma lição valiosa, mas muito menos custosa, para nós. É instrutivo notar que o homem sorridente foi o que havia *perdido* o prêmio tão cobiçado. Como regra geral, sempre que a poeira baixa e vemos perdedores que falam como vencedores (e vice-versa), devemos ter muita cautela em relação às condições que fizeram a poeira subir – neste caso, a competição aberta por um recurso escasso. Como os executivos das redes de televisão agora sabem, é bom ter muita cautela sempre que topamos com a construção demoníaca de escassez mais rivalidade.

FIGURA 7-6
Barry Diller
Nem mesmo o "magnata milagroso", cujas decisões normalmente astutas criaram uma série de grandes sucessos na televisão (*Raízes, Taxi, Cheers, Os Simpsons*) e no cinema (*Grease – Nos Tempos da Brilhantina, Flashdance, Esqueceram de Mim*), não foi páreo para a mistura certa de competição e escassez.
(JAMES SMEAL, GALELLA LTD.)

COMO DIZER NÃO

É bastante fácil se sentir adequadamente avisado contra as pressões da escassez, mas é muito mais difícil transformar esse aviso em ação. Parte do problema é que nossa reação típica à escassez atrapalha nossa capacidade de pensar. Quando vemos algo que queremos se tornar cada vez menos disponível, uma agitação física tem início, especialmente nos casos que envolvem competição direta. O sangue sobe, a concentração fica mais direcionada e as emoções aumentam. À medida que essa corrente visceral avança, o lado cognitivo, racional, recua. No impulso da excitação, é difícil ficar calmo e estudar nossa abordagem. Como o presidente da CBS Television, Robert Wood, comentou após sua aventura com *Poseidon*, "Você se deixa levar pela obsessão e pela aceleração do momento. A lógica é deixada de lado".

Então, aqui está nossa difícil situação: conhecer as causas e mecanismos das pressões da escassez pode não ser suficiente para nos proteger delas, pois conhecer é um processo cognitivo e os processos cognitivos são suprimidos por nossa reação emocional à escassez. De fato, esse pode ser o motivo da grande eficácia das táticas de escassez. Quando elas são aplicadas adequadamente, nossa primeira linha de defesa contra um comportamento tolo – uma análise racional da situação – se torna menos provável.

Se, por causa da excitação que obscurece nosso cérebro, não podemos depender de nosso conhecimento a respeito do princípio da escassez para estimular um comportamento adequadamente cauteloso, o que podemos usar? Talvez, em bom estilo jiu-jítsu, possamos usar a própria excitação como nosso primeiro indício. Dessa maneira, podemos usar a força do inimigo a nosso favor. Em vez de depender de uma análise racional, cognitiva de toda a situação, podemos simplesmente nos sintonizar com o nosso ímpeto interno, visceral, para obter um aviso. Ao aprendermos a sinalizar a experiência da excitação crescente em uma situação de persuasão, podemos alertar a nós mesmos sobre a possível presença de táticas de escassez e a necessidade de agir com precaução.

Vamos supor que consigamos colocar em prática esse truque de usar o aumento da excitação como um sinal para nos acalmarmos e prosseguirmos com cuidado. E depois? Existe alguma outra informação que podemos usar para nos ajudar a tomar uma decisão apropriada diante da escassez? Afinal, o simples fato de reconhecer que temos de nos mexer com cuidado não nos indica em que direção devemos ir; apenas nos fornece o contexto necessário para uma decisão ponderada.

Felizmente, existem informações disponíveis nas quais podemos basear decisões ponderadas sobre itens escassos. Mais uma vez, elas provêm do estudo sobre os biscoitos, no qual os pesquisadores descobriram algo que parece estranho, mas que é verdade no que diz respeito à escassez: apesar de os biscoitos escassos terem sido considerados significativamente mais desejáveis, seu gosto não foi considerado melhor do que o dos biscoitos abundantes. Portanto, apesar do aumento do desejo provocado pela escassez (os participantes disseram que queriam mais biscoitos escassos no futuro e pagariam mais por eles), isso não tornou o gosto dos biscoitos nem um pouco melhor. Aí está um insight importante. O prazer não está em *desfrutar* de algo escasso, mas em *possuí-lo*. É importante não confundirmos as duas coisas.

Sempre que enfrentarmos as pressões da escassez em torno de um item, também temos de enfrentar a questão do que queremos desse item. Se a resposta é que queremos aquele item por causa dos benefícios sociais, econômicos ou psicológicos de possuir algo raro, então, tudo bem; as pressões da escassez nos darão uma boa indicação de quanto estaríamos dispostos a pagar por ele – quanto menos disponível, mas valioso ele será. No entanto, muitas vezes não queremos uma coisa simplesmente pelo prazer de possuí-la. Em vez disso, nós a queremos por seu valor utilitário; queremos comê-la, bebê-la, tocá-la, ouvi-la, dirigi-la ou *usá-la* de alguma maneira. Nesses casos, é vital lembrar que coisas escassas não têm um gosto ou uma sensação melhor por causa de sua disponibilidade limitada.

Apesar de esse ser um argumento simples, ele pode muitas vezes nos escapar quando vivenciamos o desejo exacerbado que os itens escassos naturalmente acarretam. Posso citar um exemplo conhecido. Meu irmão Richard se sustentava durante a faculdade usando um truque de persuasão que se aproveitava dessa tendência de a maioria das pessoas esquecer tal argumento simples. De fato, sua tática era tão eficaz que ele tinha de trabalhar apenas algumas horas por fim de semana para ganhar seu dinheiro, deixando o resto do tempo livre para os estudos.

Richard vendia carros, mas não em um showroom ou em uma concessionária. Ele comprava alguns carros usados de privados por meio de anúncios de jornal num fim de semana e, sem adicionar nada além de água e sabão, os vendia com lucro por meio de anúncios de jornal no fim de semana seguinte. Para fazer isso, ele precisava conhecer três coisas. Primeiro, ele tinha de saber bastante sobre carros para comprar os que eram oferecidos pelo preço mínimo de mercado, mas que podiam ser legitimamente revendidos por um preço mais alto. Segundo, depois de pegar o carro, ele tinha de saber como redigir um anúncio de jornal que estimulasse o interesse dos compradores. Terceiro, depois da chegada de um comprador, ele tinha de saber como usar o princípio da escassez para gerar mais desejo pelo carro do que talvez ele merecesse. Richard sabia como fazer todas essas três coisas. Para nosso objetivo, porém, precisamos analisar sua destreza apenas no terceiro item.

Ele colocava um anúncio no jornal de domingo para um carro que ele havia comprado no fim de semana anterior. Como ele sabia como redigir um bom anúncio, geralmente recebia muitos telefonemas de compradores em potencial na manhã de domingo. Para cada comprador que estivesse suficientemente interessado em ver o carro, era marcada uma visita – *todos na mesma hora*. Então, se estavam marcadas seis visitas, todas eram para, digamos, 14 horas. Esse artifício de marcar as visitas para o mesmo horário preparava o caminho para a posterior persuasão, porque criava uma atmosfera de competição por um recurso limitado.

Em geral, o primeiro comprador em potencial a chegar começava fazendo um exame minucioso do carro e adotava um comportamento típico de compradores de carros, do tipo apontar os pequenos defeitos ou deficiências, ou perguntar se o preço podia ser negociado. A psicologia da situação mudava radicalmente, porém, quando o segundo comprador chegava. A disponibilidade do carro para qualquer um dos compradores em potencial repentinamente se tornava limitada pela presença do outro. Muitas vezes, o comprador em potencial que havia chegado mais cedo atiçava inadvertidamente a rivalidade afirmando ter prioridade. "Espere um minuto, eu cheguei primeiro." Se ele não afirmava esse direito, Richard o fazia em seu lugar. Dirigindo-se ao segundo comprador, Richard dizia: "Com licença, mas esse outro cavalheiro chegou antes. Por favor, o senhor poderia esperar ali um minuto até ele terminar de examinar o carro? Então, se ele decidir que não quer o carro ou não conseguir tomar uma decisão, eu o mostro para o senhor."

Richard diz que era possível observar a agitação crescendo no rosto do primeiro comprador. Sua avaliação descompromissada dos prós e contras havia repentinamente se tornado uma corrida do tipo "agora ou nunca" ou "por tempo limitado" para tomar uma decisão a respeito de um recurso disputado. Se ele não se decidisse pelo carro – no preço pedido por Richard – nos minutos seguintes, ele poderia perdê-lo para sempre para aquele... aquele... novato à espreita ali do outro lado. O segundo comprador, por outro lado, também estaria igualmente agitado pela combinação de rivalidade e disponibilidade restrita. Ele ficava andando ali por perto, esforçando-se visivelmente para chegar até aquele pedaço de metal que agora era mais desejável. Caso o comprador número um não quisesse comprar ou não conseguisse se decidir com rapidez, o comprador número dois estava pronto para atacar.

Se só essas condições não fossem suficientes para garantir uma decisão de compra favorável imediatamente, a armadilha certamente funcionava assim que o terceiro comprador em potencial chegava ao local. Segundo Richard, o primeiro comprador em potencial não conseguia suportar a competição acumulada. Ele dava cabo da pressão rapidamente concordando com o preço ou indo embora abruptamente. No último caso, o comprador que havia chegado em segundo lugar aproveitava a oportunidade de comprar graças a uma sensação de alívio combinada com um novo sentimento de rivalidade com aquele... aquele... novato à espreita ali do outro lado.

Todos aqueles compradores que contribuíram para a educação universitária de meu irmão não conseguiram reconhecer um fato fundamental acerca de suas compras. O desejo exacerbado que os estimulava a comprar pouco tinha a ver com os méritos do carro. A incapacidade de reconhecer esse fato acontecia por dois motivos. Primeiro, a situação que Richard criava para eles produzia uma reação emocional que tornava difícil para eles pensar com clareza. Segundo, como consequência, eles nunca paravam para pensar que o motivo primário pelo qual eles queriam o carro era para usá-lo, não apenas para tê-lo. E as pressões de uma competição por um recurso escasso que Richard exercia afetavam apenas o desejo deles de ter o carro no sentido de possuí-lo. Essas pressões não afetavam o valor do carro em termos do propósito real para o qual eles o queriam.

Se por acaso nos encontrarmos acossados por pressões de escassez em uma situação de persuasão, nossa melhor resposta acontecerá em uma sequência de dois estágios. Assim que sentimos a onda de excitação emocional que deriva de influências exercidas pela escassez, devemos usar esse aumento da excitação como um sinal para parar. Reações de pânico, exaltadas, não têm lugar em decisões racionais de concordância. Depois disso, podemos passar para o segundo estágio perguntando a nós mesmos por que queremos o item que está sendo considerado. Se a resposta for que nós o queremos sobretudo para possuí-lo, então, devemos usar a sua disponibilidade para nos ajudar a determinar quanto queremos gastar para obtê-lo. Contudo, se a resposta for que o queremos, sobretudo por causa de sua função (ou seja, queremos algo bom para dirigir, beber, comer etc.), então, devemos nos lembrar de que o item em questão funcionará tão bem se for escasso quanto se for abundante. Em suma, precisamos lembrar que os biscoitos escassos não têm um gosto melhor.

RELATO DO LEITOR

De uma mulher de Blacksburg, Virgínia

"No Natal passado, conheci um homem de 27 anos. Apesar de ele realmente não fazer o meu tipo, saí com ele - provavelmente porque era uma questão de status sair com um homem mais velho -, mas só fui ficar interessada por ele quando meus pais disseram que estavam preocupados por causa da idade dele. Quanto mais eles se intrometiam, mais apaixonada eu ficava. Nossa história só durou cinco meses, mas durou uns quatro meses a mais do que teria durado se meus pais não tivessem dito nada."

Apesar de Romeu e Julieta já terem morrido há muito tempo, parece que o "efeito Romeu e Julieta" está vivo, bem e continua aparecendo em lugares como Blacksburg, Virgínia.

Conclusão

INFLUÊNCIA INSTANTÂNEA

Consentimento instantâneo para uma era automática

Todo dia, de todas as maneiras, estou melhorando.

– Emile Coué

Todo dia, de todas as maneiras, estou ficando mais ocupado.

– Robert Cialdini

NOS ANOS 1960, UM HOMEM CHAMADO JOE PINE APRESENTOU UM notável *talk-show* na televisão, transmitido a partir da Califórnia. O programa se tornou célebre por causa do estilo cáustico e desafiador de Pine em relação a seus entrevistados – em sua maioria, representantes de organizações políticas ou sociais periféricas. O objetivo da abordagem sarcástica do apresentador era provocar discussões com os entrevistados, fazer com que eles admitissem fatos constrangedores e, geralmente, fazê-los passar por bobos. Era uma prática comum de Pine apresentar seu convidado e imediatamente começar a atacar as crenças, o talento ou a aparência do indivíduo. Algumas pessoas diziam que o estilo pessoal ácido de Pine era causado em parte pela amputação de uma perna que o havia tornado amargo em relação à vida; outros diziam que não, que ele era simplesmente afrontoso por natureza.

Uma noite, o roqueiro Frank Zappa era um dos convidados do programa. Naquela época, homens de cabelo muito comprido ainda eram algo estranho e polêmico. Assim que Zappa foi apresentado e se sentou, o seguinte diálogo foi travado:

PINE: Acho que o seu cabelo comprido faz de você uma garota.

ZAPPA: Acho que a sua perna de pau faz de você uma mesa.

Além de conter o que talvez seja minha improvisação favorita, o diálogo acima exemplifica o tema fundamental deste livro: muitas vezes, ao tomar uma decisão sobre alguém ou alguma coisa, não sugamos todas as informações relevantes à nossa disposição; em vez disso, usamos apenas uma parte única e muito significativa do todo. Uma informação isolada, apesar de normalmente nos transmitir um conselho correto, pode nos levar a erros evidentemente tolos – erros que, quando explorados por pessoas inteligentes, nos fazem parecer bobos ou algo pior.

Ao mesmo tempo, um tema complicador associado esteve presente ao longo deste livro: apesar da suscetibilidade a decisões tolas que caracterizam a confiança em uma única característica dos dados disponíveis, o ritmo da vida moderna exige que nós utilizemos esse atalho com frequência. Lembre-se de que, no início do Capítulo 1, nosso atalho foi comparado à reação automática de animais inferiores, cujos elaborados padrões de comportamento podiam ser desencadeados pela presença de um único estímulo – o som de um pio, a tonalidade vermelha de uma pena ou uma sequência específica de lampejos. A razão pela qual os animais inferiores aos seres humanos muitas vezes precisam depender de tais estímulos solitários é sua capacidade mental restrita. Seus pequenos cérebros não conseguem gravar e processar todas as informações relevantes em seus ambientes, então, essas espécies desenvolveram sensibilidades especiais a certos aspectos da informação. Como esses aspectos selecionados da informação são normalmente suficientes para dar a dica para uma reação correta, o sistema é geralmente muito eficiente: sempre que uma perua ouve aquele pio, *clique, zum,* o comportamento materno adequado é ativado de maneira mecânica, conservando boa parte de sua capacidade de pensar para lidar com as inúmeras outras situações e escolhas que ela precisa enfrentar durante o seu dia.

Nós, obviamente, temos mecanismos cerebrais muito mais eficazes do que as peruas, ou qualquer outro grupo animal. Nossa capacidade de levar em consideração uma série relevante de fatos e, consequentemente, de tomar boas decisões, é incontestada. De fato, essa vantagem em relação às outras espécies no processamento de informações é que nos ajudou a nos tornarmos a forma de vida dominante no planeta.

Ainda assim, também temos nossas limitações de capacidade e, em nome da eficiência, às vezes precisamos nos afastar dessa tomada de decisão demorada, sofisticada e complexa e reagir de maneira mais automática, primitiva e unívoca. Por exemplo, ao se decidir dizer sim ou não a um solicitante, é claro que muitas vezes prestamos atenção a apenas uma parte das informações relevantes naquela situação. Exploramos vários dos tipos de informação mais populares que usamos em nossas decisões de concordância. Eles são os mais populares exatamente porque são os mais confiáveis, aqueles que geralmente nos direcionam para uma escolha correta. É por isso que utilizamos os fatores de reciprocidade, consistência, prova social, simpatia, autoridade e escassez com tanta frequência e de maneira tão automática para tomar nossas decisões relativas à concordância. Cada um deles, por si só, fornece indicação altamente confiável de quando será melhor para nós dizer sim ou não.

Tendemos a usar essas indicações quando não temos propensão, tempo, energia ou recursos cognitivos para realizar uma análise completa da situação. Quando estamos com pressa, estressados, em dúvida, indiferentes, distraídos ou cansados, tendemos a nos concentrar em uma porção menor das informações a nosso dispor. Quando tomamos decisões nessas circunstâncias, muitas vezes revertemos para a abordagem do tipo "um único bom indício", bastante primitiva, mas necessária. Tudo isso nos leva a um insight dissonante: com o sofisticado aparato mental que usamos para construir nossa proeminência mundial como espécie, criamos um ambiente tão complexo, rápido e carregado de informações que temos cada vez mais de lidar com ele como os animais que superamos há muito tempo.

John Stuart Mill, o economista, pensador político e filósofo da ciência britânico, morreu há mais de cem anos. O ano da sua morte (1873) é importante porque se diz que ele foi o último homem a saber tudo o que havia para se saber no mundo. Hoje, a ideia de que um de nós pode ter ciência de todos os fatos conhecidos é apenas risível. Depois de séculos de lenta acumulação, o conhecimento humano tornou-se uma bola de neve em uma era de expansão acelerada, multiplicativa e monstruosa. Vivemos agora em um mundo em que a maioria das informações tem menos de 15 anos. Em alguns campos da ciência (por exemplo, a física), diz-se que o conhecimento dobra a cada oito anos. E a explosão da informação científica não está limitada a arenas tão misteriosas quanto à química molecular ou à física quântica, mas se estende a áreas de conhecimento usadas no quotidiano, nas quais lutamos para nos manter atualizados – saúde, desenvolvimento infantil, nutrição e coisas desse tipo. E mais, é provável que o rápido crescimento continue, já que 90% de todos os cientistas que já viveram estão trabalhando hoje.

Além do avanço desenfreado da ciência, as coisas estão mudando muito mais perto de nós. Em seu livro *O choque do futuro*, Alvin Toffler apresentou os primeiros exemplos da rapidez crescente e sem precedentes da vida quotidiana moderna: viajamos mais e mais rápido; mudamo-nos com mais frequência para novas residências, que são construídas e demolidas mais rapidamente; entramos em contato com mais pessoas e temos relacionamentos mais curtos com elas; no supermercado, na concessionária de automóveis e no shopping center, nos deparamos com uma série de escolhas entre estilos e produtos que eram desconhecidos no ano anterior e que provavelmente estarão obsoletos ou serão esquecidos no ano seguinte. Novidade, transitoriedade, diversidade e aceleração são considerados a melhor descrição da existência civilizada.

Essa avalanche de informações e escolhas é tornada possível por um vertiginoso progresso tecnológico. A abrir caminho são os progressos em nossa capacidade de coletar, armazenar, encontrar e comunicar informações. Primeiro, os frutos de tais avanços eram limitados a grandes organizações – agências governamentais ou empresas poderosas. Por exemplo, falando como diretor do conselho do Citicorp, Walter Wriston podia dizer de sua companhia: "Montamos uma base de dados no mundo que é capaz de dizer a quase todas as pessoas quase tudo imediatamente." Agora, com o maior desenvolvimento das telecomunicações e da informática, o acesso a quantidades tão incríveis de informação está ficando ao alcance de cidadãos individuais. Grandes sistemas de televisão via cabo e satélite proporcionam um caminho para que essas informações cheguem às casas.

O outro importante caminho é o computador pessoal. Em 1972, Norman Macrae, editor da *The Economist*, especulava profeticamente sobre o futuro:

> A perspectiva é, afinal, a de que iremos entrar numa era em que qualquer pateta sentado na frente de um terminal de computador em um laboratório, escritório, biblioteca pública ou casa poderá se embrenhar por montanhas inimagináveis de informação em bancos de dados coletados maciçamente com poderes mecânicos de concentração e cálculo que serão dezenas de milhares de vezes maiores do que os que jamais estiveram disponíveis para o cérebro humano, até mesmo de um Einstein.

Apenas uma década mais tarde, a revista *Time* assinalava que a era do futuro de Macrae havia chegado e elegeu como Homem do Ano uma máquina, o computador pessoal. Os editores da *Time* defenderam sua escolha citando a "corrida" dos consumidores para comprar pequenos computadores e argumentando que: "Os Estados Unidos [e], numa perspectiva mais ampla, o mundo inteiro nunca mais serão os mesmos." A visão de Macrae está se concretizando agora. Milhões de "patetas" estão sentados na frente de máquinas com o potencial de apresentar e analisar uma quantidade de dados que seria suficiente para enterrar Einstein.

Como a tecnologia pode evoluir muito mais rápido do que nós, é provável que nossa capacidade natural de processar informações esteja cada vez mais inadequada para lidar com o excesso de mudanças, escolhas e desafios que caracterizam a vida moderna. Cada vez com mais frequência, nos vemos na posição dos animais inferiores – com um aparato mental inadequado para lidar completamente com a complexidade e a riqueza de nosso ambiente externo. Ao contrário dos animais, cujos poderes de cognição sempre foram relativamente deficientes, nós criamos nossa própria deficiência ao construir um mundo radicalmente mais complexo. Mas a consequência de nossa nova deficiência é a mesma deficiência antiga dos animais. Ao tomarmos uma decisão, desfrutaremos cada vez menos do luxo de uma análise ponderada da situação como um todo e lançaremos mão cada vez mais do artifício de nos concentrarmos em sua característica única e geralmente confiável.

Quando essas características únicas são realmente confiáveis, não há nada inerentemente errado com o atalho representado por uma abordagem do tipo estreitamento da atenção e reação automática a uma informação em especial. O problema surge quando indícios normalmente confiáveis nos aconselham mal, nos levam a executar ações erradas e a tomar decisões equivocadas. Como vimos, uma causa desse tipo é a esperteza de certos profissionais da persuasão que procuram lucrar com a natureza bastante impensada e mecânica desse tipo de reação. Se, ao que parece, a frequência de reações automáticas está aumentando junto com o ritmo e a forma da vida moderna, podemos ter certeza de que a frequência dessa esperteza também está fadada a aumentar.

O que podemos fazer a respeito dessa esperada intensificação de ataques a nosso sistema de atalhos? Mais do que ações evasivas, aconselho um

FIGURA E-1

Calouros e máquina

Calouros em Dartmouth com todo o poder de que precisam para "enterrar um Einstein".

(TED THAI, *TIME*)

vigoroso contra-ataque. No entanto, existe uma qualificação importante. Profissionais da persuasão que respeitam bastante as regras das reações automáticas não devem ser considerados o inimigo; pelo contrário, eles são nossos aliados em um processo eficiente e adaptativo de troca. Os alvos do contra-ataque são apenas aqueles indivíduos que falsificam, forjam ou deturpam o indício que naturalmente guia nossas reações automáticas.

Vejamos um exemplo que mostra o que talvez seja nosso atalho usado com mais frequência. Segundo o princípio da prova social, muitas vezes decidimos fazer o que as pessoas como nós estão fazendo. Isso tem muito sentido já que, na maioria das vezes, uma ação que é popular em dada situação também é funcional e apropriada, portanto, um anunciante que, sem usar estatísticas enganadoras, fornece a informação de que uma marca de pasta de dentes é a que mais vende ou a que mais cresce nos forneceu indício valioso sobre a qualidade do produto e a probabilidade de que iremos gostar dele. Se estivermos no mercado procurando uma boa pasta de dentes, talvez queiramos confiar nessa única informação, popularidade, para nos decidirmos a experimentá-la. Essa estratégia provavelmente irá nos guiar corretamente e conservará nossas energias cognitivas para que possamos lidar com o resto de nosso ambiente cada vez mais cheio de informações e sobrecarregado de decisões. O anunciante que nos permite usar com eficácia essa eficiente estratégia não é nosso antagonista e deve ser considerado um parceiro cooperador.

Todavia, a história se torna bem diferente se um profissional da persuasão tenta estimular uma reação automática, nos fornecendo um sinal fraudulento. O inimigo é o anunciante que procura criar uma imagem de popularidade para uma marca de pasta de dentes encenando, digamos, uma série de comerciais com "entrevistas espontâneas" nas quais vários atores que se passam por cidadãos comuns elogiam o produto. Nesse caso, no qual os indícios de popularidade são forjados, nós, o princípio da prova social e nossa reação automática a ele estamos sendo explorados. Em um capítulo precedente, recomendei que se evitasse a compra de qualquer produto que aparecesse em um comercial com uma "entrevista espontânea" e exortei o envio de cartas aos fabricantes desses produtos sugerindo que eles dispensassem sua agência de publicidade. Recomendo estender essa postura agressiva a qualquer situação em que um profissional da persuasão abuse dessa maneira do princípio da prova social (ou de qualquer outra arma de influência). Devemos nos recusar a assistir programas de televisão que usam risadas gravadas. Se vemos um *barman* começar seu turno incrementando o pote de gorjetas com uma ou duas notas, não devemos dar gorjeta alguma. Se, após ficar esperando na fila de uma boate, descobrimos, pelo espaço disponível, que nossa espera teve como objetivo impressionar os transeuntes com indícios falsos sobre a popularidade do local, devemos ir embora imediatamente e contar o motivo para quem ainda está na fila. Em suma, devemos estar dispostos a usar o boicote, a ameaça, a confrontação, a censura, a crítica, quase tudo, para retaliar.

Não me considero brigão por natureza, mas defendo ativamente essas ações beligerantes porque, de certa forma, estão em guerra contra os exploradores – todos nós estamos. Entretanto, é importante reconhecer que seu desejo por lucros não é a causa das hostilidades; esse desejo, afinal, é algo que todos nós compartilhamos até certo ponto. A verdadeira deslealdade, e aquilo que não podemos tolerar, são as tentativas de lucrar de uma maneira que ameace os nossos atalhos. O ataque da vida quotidiana moderna exige que tenhamos atalhos confiáveis, regras de ouro sólidas para conseguirmos lidar com tudo. Eles não são mais luxos; são necessidades absolutas que deverão se tornar cada vez mais vitais à medida que o ritmo da vida quotidiana se torna mais acelerado. É por isso que devemos estar dispostos a retaliar sempre que vemos alguém traindo uma de nossas regras de ouro em nome do lucro. Queremos que essa regra seja eficaz tanto quanto possível, mas, na medida em que sua conveniência for solapada pelos truques de um aproveitador, iremos naturalmente usá-la menos e seremos menos capazes de enfrentar de forma eficaz o peso das decisões do nosso dia. Não podemos permitir isso sem lutar. As apostas se tornaram altas demais.

NOTAS

Capítulo 1

1. É verdade, o nome desse pesquisador de animais é Fox ("raposa" em inglês). Ver sua monografia de 1974 para uma descrição completa da experiência da perua e da doninha.
2. Fontes de informações sobre tordos e piscos-de-peito-azul são Lack (1943) e Peiponen (1960), respectivamente.
3. Apesar de existirem muitas semelhanças importantes entre esse tipo de reação automática nos humanos e nos animais inferiores, existem também algumas diferenças importantes. As sequências de comportamento automático dos humanos tendem a ser aprendidas em vez de inatas, mais flexíveis do que os padrões imutáveis dos animais inferiores, e reagentes a um maior número de desencadeadores.
4. Talvez a reação comum "porque... só porque" das crianças quando pedimos que expliquem seu comportamento possa ser identificada em seu astuto reconhecimento da excepcional quantidade de poder que os adultos parecem atribuir à palavra porquê.

   O leitor que quiser se aprofundar mais no estudo de Langer sobre a fotocopiadora e sua conceitualização, pode fazê-lo em Langer (1989).
5. Fontes de informação para o vaga-lume *Photuris* e o peixe *Plagiotremus azaleus* são Lloyd (1965) e Eibl-Eibesfeldt (1958), respectivamente. Por mais exploradoras que essas criaturas pareçam, elas são superadas nesse aspecto por um inseto conhecido como besouro estafilinídeo. Ao usarem uma série de desencadeadores que envolvem olfato e tato, os besouros

estafilinídeos fazem com que duas espécies de formigas os protejam, limpem e alimentem como larvas e os abriguem durante o inverno como adultos. Ao responder mecanicamente às características desencadeadoras falsas dos besouros, as formigas os tratam como se eles fossem formigas. Nos ninhos das formigas, os besouros reagem à hospitalidade das anfitriãs comendo os seus ovos e sua prole, mas nunca são atacados (Hölldobler, 1971).

6. Esses estudos são relatados por Kenrick e Gutierres (1980), que alertam que as pessoas irrealisticamente atraentes retratadas pela mídia popular (por exemplo, atores, atrizes, modelos) podem fazer com que fiquemos menos satisfeitos com a aparência das possibilidades românticas genuinamente disponíveis à nossa volta. Um trabalho mais recente desses autores leva o argumento um pouco mais adiante, mostrando que a exposição à atratividade exagerada dos corpos nus dos modelos (em revistas como *Playboy* e *Playgirl*) faz com que as pessoas fiquem menos satisfeitas com o desejo sexual de seu cônjuge ou parceiro atual (Kenrick, Gutierres e Goldberg, 1989).

Capítulo 2

1. Uma descrição formal do estudo dos cartões de Boas-festas é fornecida em Kunz e Woolcott (1975).
2. Certas sociedades formalizaram a regra em um ritual. Considere por exemplo o "Vartan Bhanji", um costume institucionalizado de troca de presentes comum em partes do Paquistão e da Índia. Ao comentar sobre o "Vartan Bhanji", Gouldner (1960) observa:

   É... notável que o sistema evita a duras penas a eliminação total de obrigações pendentes. Portanto, na ocasião de um casamento, os convidados que estão indo embora recebem doces de presente. Ao distribuí-los, a anfitriã pode dizer: "Estes cinco são seus", o que significa que "Isto é uma retribuição pelo que você formalmente me deu", e depois ela adiciona uma medida extra dizendo "Estes são meus". Na próxima ocasião, ela irá recebê-los como retribuição com uma medida adicional que ela irá subsequentemente retribuir e assim por diante.

3. A citação é de Leakey e Lewin (1978).
4. Para uma discussão mais completa, ver Tiger e Fox (1971).
5. A experiência é relatada formalmente em Regan (1971).
6. A afirmação aparece em Mauss (1954).
7. A surpresa em si mesma é um fator eficaz na geração de complacência. As pessoas que são surpreendidas por uma solicitação geralmente irão satisfazê-la porque se sentem momentaneamente inseguras em relação a si mesmas e, consequentemente, são facilmente influenciáveis. Por exemplo, os psicólogos sociais Stanley Milgram e John Sabini (1975) demonstraram que a probabilidade de os usuários do metrô de Nova York cederem o seu assento a uma pessoa que os surpreendia com a solicitação "Com licença. Posso me sentar no seu lugar?" era duas vezes maior do que no caso de um passageiro que os avisava de antemão, mencionando a um amigo que estava pensando em pedir para se sentar no lugar de outra pessoa (56% no primeiro caso, 28% no segundo caso).
8. É interessante que um estudo transcultural mostrou que aqueles que infringem a regra da reciprocidade no sentido inverso – dando sem dar ao recipiente a possibilidade de retribuir –

também são antipatizados por isso. Esse resultado se aplicava a cada uma das três nacionalidades investigadas – americana, sueca e japonesa. Ver Gergen et al. (1975) para um relato do estudo.

9. O estudo de Pittsburgh foi conduzido por Greenberg e Shapiro. Os dados sobre o compromisso sexual das mulheres foram coletados por George, Gournic e McAfee (1988).
10. Para nos convencermos de que esse resultado não era um acaso, conduzimos duas outras experiências testando a eficácia da tática de recusa e retrocesso posterior. Ambos mostraram resultados semelhantes à primeira experiência. Ver Cialdini et al. (1975) para os detalhes de todas as três experiências.
11. O estudo israelense foi realizado em 1979 por Schwarzwald, Raz e Zvibel.
12. O artigo da *TV Guide* foi publicado em dezembro de 1978.
13. A fonte das citações é Magruder (1974).
14. *Consumer Report*, janeiro de 1975, p. 62
15. Outra maneira de medir a eficácia de uma técnica de solicitação é examinar a proporção final de indivíduos que, após terem recebido um pedido, o aceitaram. Ao usar tal medida, a eficácia do procedimento de recusa e retrocesso posterior foi mais do que quatro vezes superior à do procedimento de fazer apenas o pedido menor. Ver Miller et al. (1976) para uma descrição completa do estudo.
16. O estudo de doação de sangue foi relatado por Cialdini e Ascani (1976).
17. O estudo da UCLA foi realizado por Benton, Kelley e Liebling em 1972.
18. Uma série de outras operações comerciais usam a oferta de informação gratuita de forma extensiva. Empresas de dedetização, por exemplo, descobriram que a maioria das pessoas que aceita uma inspeção gratuita de sua casa contratam a empresa que fez a inspeção para realizar a desinfestação, desde que estejam convencidas de que ela é necessária. Elas aparentemente se sentem obrigadas a dar o trabalho à empresa que prestou o serviço inicial gratuitamente. Sabendo que, por esse motivo, é pouco provável que tais clientes comparem preços, empresas de dedetização inescrupulosas tiram partido da situação, fornecendo preços mais elevados para serviços solicitados dessa maneira.

Capítulo 3

1. O estudo das corridas de cavalo foi realizado duas vezes com os mesmos resultados por Knox e Inkster (1968). Ver Rosenfeld, Kennedy e Giacalone (1986) para analisar as provas de que a tendência a acreditar mais nas escolhas depois de elas terem sido feitas também se aplica a palpites em um jogo de loteria.
2. É importante notar que a colaboração nem sempre era intencional. Os investigadores americanos definiram colaboração como "qualquer tipo de comportamento que ajudasse o inimigo", o que incluía, portanto, atividades tão diversas quanto assinar petições de paz, realizar tarefas, fazer apelos via rádio, aceitar favores especiais, fazer confissões falsas, delatar prisioneiros amigos ou divulgar informações militares.
3. A citação de Schein faz parte do seu artigo de 1956 "The Chinese Indoctrination Program for Prisoners of War: A Study of Attempted Brainwashing".
4. Ver Greene (1965) para a fonte desse conselho.
5. Freedman e Fraser publicaram seus dados no *Journal of Personality and Social Psychology* em 1966.

6. A citação vem de Freedman e Fraser (1966).
7. Ver Segal (1954) para o artigo que deu origem a essa citação.
8. Ver Jones e Harris (1967).
9. Vale a pena notar que as donas de casa desse estudo (Kraut, 1971) ouviram que eram consideradas caridosas pelo menos uma semana antes que lhes fosse pedida uma doação para a Multiple Sclerosis Association.
10. De "How to Begin Retailing", Amway Corporation.
11. Ver Deutsch e Gerard (1955) e Kerr e MacCoun (1985) para os detalhes desses estudos.
12. De Whiting, Kluckhohn e Anthony (1958).
13. De Gordon e Gordon (1963).
14. A pesquisa foi realizada por Walker (1967).
15. A experiência dos choques elétricos foi publicada por Gerard e Mathewson (1966) sete anos depois do estudo de Aronson e Mills (1959).
16. Young (1965) realizou essa pesquisa.
17. O estudo do robô é relatado integralmente em Freedman (1965).
18. O leitor que desejar ter provas mais fortes em relação à ação da tática de suavização do preço além de minhas observações subjetivas nas concessionárias de automóveis pode consultar artigos que atestam a sua eficácia em condições controladas e experimentais: Cialdini et al. (1978), Burger e Petty (1981), Brownstein e Katzev (1985) e Joule (1987).
19. Um relatório formal do projeto de economia de energia aparece em Pallak et al. (1980).
20. Não é incomum que até mesmo as nossas citações mais conhecidas sejam truncadas pelo tempo, modificando, em muito, o seu caráter original. Por exemplo, não é o *dinheiro* que a Bíblia afirma ser a raiz de todo mal, mas *o amor pelo dinheiro*. Então, para não ser culpado do mesmo tipo de erro, devo assinalar que a citação de Emerson tirada de "Self-Reliance" é mais comprida e muito mais articulada do que o que relatei. Em sua totalidade, ela diz: "Uma coerência tola é o bicho-papão das mentes pequenas adoradas pelos pequenos estadistas, filósofos e clérigos."
21. Ver Zajonc (1980) para um resumo dessa evidência.
22. Isso não quer dizer que o que sentimos a respeito de uma questão é sempre diferente do que pensamos nem que devemos sempre confiar mais em nosso sentimento do que em nossa razão. Todavia, os dados são claros quando dizem que nossas emoções e crenças muitas vezes não apontam para a mesma direção. Logo, em situações que envolvem um compromisso decisivo que provavelmente gerou racionalizações de apoio, os sentimentos podem fornecer o conselho mais verdadeiro. Isso pode acontecer especialmente quando, como no caso da felicidade de Sara, a questão fundamental diz respeito a uma emoção (Wilson, 1989).

Capítulo 4

1. A prova geral a respeito do efeito facilitador do riso gravado sobre as reações ao humor provém de estudos tais como os de Smyth e Fuller (1972), Fuller e Sheehy-Skeffinton (1974) e Nosanchuk e Lightstone (1974). O último deles contém indicações de que o riso gravado é mais eficaz no caso de material ruim.
2. Os pesquisadores que se infiltraram na Cruzada de Graham e que forneceram a citação são Altheide e Johnson (1977).

3. Ver Bandura, Grusec e Menlove (1967) e Bandura e Menlove (1968) para descrições completas do tratamento para cinofobia.

   Qualquer leitor que duvidar que a aparente conveniência de uma ação é influenciada pelo número de outras pessoas que a estão executando pode tentar fazer uma pequena experiência. Fique parado em uma calçada movimentada, escolha um lugar vazio no céu ou em um edifício alto e observe-o por um minuto. Pouca coisa acontecerá à sua volta durante esse intervalo – a maioria das pessoas irá passar por você sem olhar para cima e praticamente ninguém vai parar para olhar para você. Agora, no dia seguinte, vá ao mesmo lugar e leve quatro amigos para olhar para cima junto com você. Em sessenta segundos, uma multidão de transeuntes terá parado para esticar o pescoço em direção ao céu junto com o grupo. Para aqueles pedestres que não se juntaram a vocês, a pressão para olhar para cima nem que seja brevemente irá ser quase irresistível. Se sua experiência alcançar os mesmos resultados do que a realizada por três psicólogos sociais de Nova York, você e seus amigos farão com que 80% de todos os transeuntes levantem seu olhar para o ponto vazio (Milgram, Bickman e Berkowitz, 1967).
4. Outra pesquisa além da de O'Connor (1974), porém, sugere que há dois lados da moeda no caso da prova social filmada. O efeito dramático de representações filmadas sobre o que as crianças acham adequado foi a fonte de grande preocupação para as pessoas envolvidas com os exemplos frequentes de violência e agressão na televisão. Apesar de as consequências da violência televisionada sobre as ações agressivas das crianças não serem nada simples, os dados de uma experiência bem controlada realizada pelos psicólogos Robert Liebert e Robert Baron (1972) parecem muito negativos. Algumas crianças assistiram a trechos de um programa de televisão no qual as pessoas machucavam intencionalmente as outras. Depois, essas crianças foram significativamente mais violentas em relação a outra criança do que as crianças que haviam assistido a um programa de televisão não violento (uma corrida de cavalos). A descoberta de que ver outras pessoas realizando ações agressivas levava a mais agressão por parte dos jovens expectadores se manteve válida nos dois grupos testados (crianças entre cinco e seis anos e entre oito e nove anos) e tanto em meninos quanto meninas.
5. Um relatório escrito de todas as descobertas é apresentado no livro *When Prophecy Fails*, de Festinger, Riecken e Schachter (1956).
6. Talvez devido ao desespero com que eles abraçaram sua tarefa, os crentes não obtiveram sucesso algum. Nenhum novo adepto foi incorporado. A essa altura, diante do duplo fracasso das provas física e social, o culto rapidamente se desintegrou. Menos de três semanas depois da data da enchente prevista, os membros do grupo se espalharam e mantiveram apenas comunicações esporádicas entre si. Em um desmentido final – e irônico – da profecia, foi o movimento que morreu na enchente.

   Todavia, a ruína nem sempre tem sido o destino de grupos que anunciam o Juízo Final e cujas previsões se revelaram inconsistentes. Quando tais grupos conseguiram construir uma prova social de suas crenças por meio de esforços de recrutamento bem-sucedidos, eles cresceram e prosperaram. Por exemplo, quando os anabatistas holandeses viram o ano de sua profetizada destruição, 1533, passar sem que nada acontecesse, eles começaram a buscar fervorosamente novos adeptos, dedicando a essa causa uma quantidade de energia nunca antes vista. Diz-se que um missionário extraordinariamente eloquente, Jakob van Kampen, batizou cem pessoas em um só dia. A crescente prova social a favor da posição dos anabatistas era tão poderosa que ela rapidamente suplantou a prova física desabonadora e transformou dois terços da população das grandes cidades da Holanda em adeptos.

7. De *Thirty-Eight Witnesses*, de Rosenthal, 1964.
8. A citação vem do premiado livro de Latané e Darley (1968) no qual eles introduzem o conceito de ignorância pluralista.

As consequências potencialmente trágicas do fenômeno da ignorância pluralista estão claramente ilustradas em uma notícia transmitida pela UPI em Chicago.

Uma estudante universitária estava sendo espancada e estrangulada à luz do dia perto de uma das atrações turísticas mais populares da cidade, a polícia disse no sábado.

O corpo nu de Lee Alexis Wilson, 23 anos, foi encontrado sexta-feira em meio a densos arbustos ao lado de um muro do Instituto de Arte por um garoto de 12 anos que estava brincando por ali.

A polícia teorizou que ela podia estar sentada ou em pé perto de uma fonte na praça meridional do Instituto de Arte quando foi atacada. O agressor aparentemente a arrastou para os arbustos. A polícia diz que ela, aparentemente, foi molestada sexualmente.

A polícia afirmou que milhares de pessoas devem ter passado pelo local e um homem disse que ouviu um grito por volta das 14h, mas não parou para investigar *porque ninguém mais parecia estar prestando atenção.*

9. Os estudos sobre emergência com simulações de "ataques" e "fumaça" realizados em Nova York são relatados por Darley e Latané (1968) e Latané e Darley (1968), respectivamente. A experiência realizada em Toronto foi realizada por Ross (1971). Os estudos realizados na Flórida foram publicados por Clark e Word em 1972 e 1974.
10. Ver um estudo de Latané e Rodin (1969) que mostra que grupos de estranhos ajudam menos em uma emergência do que grupos de pessoas conhecidas.
11. O estudo das carteiras foi realizado por Hornstein et al. (1968); o estudo antitabagismo, por Murray et al. (1984); e o estudo sobre a ansiedade no dentista, por Melamed et al. (1978).
12. As fontes dessas estatísticas são artigos de Phillips em 1979 e 1980.
13. Os dados sobre as histórias publicadas por jornais estão em Phillips (1974), enquanto os dados sobre histórias veiculadas na televisão estão em Bollen e Phillips (1982), Gould e Schaffer (1986), Phillips e Carstensen (1986) e Schmidtke e Hafner (1988).
14. Esses novos dados aparecem em Phillips (1983).
15. A citação é de *The International Cyclopedia of Music and Musicians*, 1964, editada por Sabin.
16. De Hornaday (1887).

Capítulo 5

1. O estudo sobre as eleições canadenses foi relatado por Efran e Patterson (1976). Dados desse tipo dão credibilidade à afirmação de alguns partidários de Richard Nixon de que a falha que mais contribuiu para a derrota nos debates televisivos de 1960 – e, por isso, nas eleições – foi o mau desempenho do maquiador de Nixon.
2. Ver Mack e Rainey (1990).
3. Essa descoberta – que réus atraentes, mesmo quando são condenados, têm menos probabilidade de serem sentenciados à prisão – ajuda a explicar uma das experiências mais fascinan-

tes da criminologia de que já tive conhecimento (Kurtzburg et al., 1968). Alguns detentos de Nova York com faces desfiguradas foram submetidos a cirurgias plásticas enquanto estavam encarcerados; outros, com problemas semelhantes, não foram. Além disso, alguns dos criminosos de cada um desses dois grupos foram submetidos a atividades de reabilitação (aconselhamento e treinamento). Um ano após a libertação, uma verificação nos arquivos revelou que (com exceção dos dependentes de heroína) a probabilidade de voltar à prisão para aqueles que haviam sido submetidos à cirurgia plástica era muito menor. A característica mais interessante dessa descoberta é que ela valia tanto para os criminosos que haviam participado de atividades de reabilitação quanto para os outros. Aparentemente, alguns criminologistas argumentaram então que, no caso de detentos feios, seria melhor para as prisões abandonar os dispendiosos tratamentos de reabilitação geralmente fornecidos e oferecer cirurgias plásticas em seu lugar. A cirurgia parece ser pelo menos tão eficaz e certamente menos cara.

A importância dos dados mais recentes da pesquisa realizada na Pensilvânia (Stewart, 1980) é que ela sugere que o argumento a favor da cirurgia plástica como meio de reabilitação pode estar errado. Tornar um criminoso feio mais atraente pode não reduzir as chances de ele cometer outro crime, mas apenas suas chances de ser preso por isso.

4. O estudo sobre a indenização por negligência foi realizado por Kulka e Kessler (1978), o estudo sobre ajuda foi conduzido por Benson et al. (1976) e o estudo sobre persuasão, por Chaiken (1979).
5. Uma excelente análise dessa pesquisa é apresentada por Eagly et al. (1991)
6. A experiência com a moeda de dez centavos foi conduzida por Emswiller et al. (1971), enquanto a experiência sobre a assinatura de uma petição foi realizada por Suedfeld et al. (1971).
7. Os dados sobre as vendas das seguradoras foram relatados por Evans (1963). A técnica de "espelhar e igualar" vem dos trabalhos de LaFrance (1985), Locke e Horowitz (1990) e Woodside e Davenport (1974). Outros trabalhos sugerem outro motivo para precaução ao lidar com solicitantes desse tipo: geralmente subestimamos até que ponto a semelhança afeta nossa simpatia por outra pessoa (Gonzales et al., 1983).
8. Ver Drachman et al. (1978) para uma descrição completa das descobertas.
9. Bornstein (1989) faz um compêndio dessas provas.
10. O estudo do espelho foi realizado por Mitta et al. (1977).
11. Para provas gerais quanto ao efeito positivo da familiaridade na atração, ver Zajonc (1968). Para provas mais específicas sobre esse efeito em nossa reação a políticos, a pesquisa de Joseph Grush é iluminadora e sensata (Grush et al., 1978; Grush, 1980) ao documentar uma forte relação entre a quantidade de exposição na mídia e as chances de um candidato vencer uma eleição.
12. Ver Bornstein, Leone e Galley (1987).
13. Para uma análise particularmente completa dessa questão, ver Stephan (1978).
14. A prova da tendência dos grupos étnicos a permanecerem fechados entre si nas escolas vem de Gerard e Miller (1975). A prova da aversão causada por coisas apresentadas repetidamente sob condições desagradáveis vem de estudos como os de Burgess e Sales (1971), Zajonc et al. (1974) e Swap (1977).
15. De Aronson (1975).

16. Uma descrição fascinante de todo o projeto da colônia de férias dos garotos chamado "Robbers' Cave Experiment" pode ser encontrado em Sherif et al. (1961).
17. O exemplo de Carlos foi retirado mais uma vez do relatório inicial de Aronson em seu artigo de 1975. Todavia, relatórios adicionais de Aronson e de outros pesquisadores mostraram resultados igualmente encorajadores. Uma lista representativa inclui Johnson e Johnson (1983), DeVries e Slavin (1978), Cook (1990) e Aronson, Bridgeman e Geffner (1978a, b).
18. Para uma análise minuciosa das possíveis ciladas das abordagens de aprendizado cooperativo, ver Rosenfield e Stephan (1981).
19. Na verdade, muito pouco combate acontece quando o vendedor entra no escritório do gerente nessas circunstâncias. Muitas vezes, como o vendedor sabe exatamente até que preço mínimo pode chegar, ele e o chefe nem mesmo se falam. Em uma concessionária de carros na qual me infiltrei enquanto fazia pesquisas para este livro, era um fato comum o vendedor tomar um refrigerante ou fumar um cigarro em silêncio enquanto o chefe continuava a trabalhar em sua escrivaninha. Depois de um intervalo plausível, o vendedor afrouxava a gravata e voltava até seus clientes, parecendo exausto, mas levando consigo o contrato que ele havia "arrancado" de seu chefe para eles – o mesmo contrato que ele tinha em mente antes de entrar no escritório do chefe.
20. Para provas experimentais da validade da observação de Shakespeare, ver Manis et al. (1974).
21. Uma análise das pesquisas que corroboram essa afirmação é feita por Lott e Lott (1963).
22. Ver o estudo de Miller et al. (1966).
23. O estudo foi realizado por Smith e Engel (1968).
24. Os direitos a tais associações não custam pouco. Os patrocinadores gastam milhões para assegurar os patrocínios olímpicos e gastam muitos outros milhões para divulgar sua ligação com o evento, porém, tudo isso pode valer a pena. Um levantamento da revista *Advertising Age* descobriu que um terço de todos os consumidores disse que teria maior propensão a comprar um produto que estivesse associado às Olimpíadas.
25. O estudo da Universidade da Geórgia foi realizado por Rosen e Tesser (1970).
26. De Asimov (1975).
27. Tanto a experiência da camiseta quanto a do pronome estão relatadas integralmente em Cialdini et al. (1976).

Capítulo 6

1. Essa citação é do artigo de Milgram de 1963 publicado no *Journal of Abnormal and Social Psychology*.
2. Todas essas variações da experiência e base, assim como muitas outras, são apresentadas no livro de Milgram *Obedience to Authority*, 1974. Uma análise de boa parte das pesquisas subsequentes sobre obediência pode ser encontrada em Blass (1991).
3. De fato, Milgram começou suas investigações como tentativa para entender como os cidadãos alemães puderam participar na destruição de milhões de inocentes nos campos de concentração durante os anos de poder nazista. Depois de testar seus procedimentos experimentais nos Estados Unidos, ele havia planejado levá-los à Alemanha, um país cuja população ele tinha certeza de que apresentaria obediência suficiente para uma análise científica abrangente do conceito. Entretanto, essa primeira experiência reveladora em New Haven,

Connecticut, deixou claro que ele podia economizar dinheiro e ficar perto de casa. "Encontrei tanta obediência", ele disse, "que mal vi a necessidade de realizar a experiência na Alemanha".

Indícios mais reveladores da disposição dos americanos a se submeter a comandos autorizados talvez provenham de um levantamento nacional realizado após o julgamento do tenente William Calley, que ordenou que seus soldados matassem os habitantes – desde bebês e crianças até seus pais e avós – de Mai Lai, no Vietnã (Kelman e Hamilton, 1989). A maioria dos americanos (51%) respondeu que, se tivessem recebido tal ordem em um contexto semelhante, também teriam matado os habitantes da aldeia vietnamita. Mas os americanos não são os únicos a sentir a necessidade de obedecer. Quando o procedimento básico de Milgram foi repetido na Holanda, Alemanha, Espanha, Itália, Austrália e Jordânia, os resultados foram semelhantes. Ver a análise de Meeus e Raaijmakers.

4. Não somos a única espécie que, às vezes, manifesta deferência equivocada por quem está em uma posição de autoridade. Em colônias de macacos, nas quais há uma rígida hierarquia de dominação, inovações benéficas (como aprender como usar uma vareta para trazer comida para a área da jaula) só se espalham rapidamente pelo grupo se forem ensinadas primeiramente a um animal dominante. Quando um animal de posição inferior aprende o conceito primeiro, o resto da colônia quase ignora o seu valor. Um estudo, citado por Ardry (1970), sobre a apresentação de novos sabores de alimentos para macacos japoneses é um bom exemplo. Em um grupo, foi desenvolvido o gosto por caramelos através da introdução desse novo alimento na dieta de jovens animais periféricos, que ocupavam posição baixa na escala social. O gosto por caramelos foi subindo lentamente os escalões da hierarquia. Um ano e meio mais tarde, apenas 51% da colônia o haviam desenvolvido, e quase nenhum dos líderes. Compare isso com o que aconteceu com um segundo grupo no qual o trigo foi introduzido primeiro através do líder: a ingestão de trigo – até então algo desconhecido para aqueles macacos – se difundiu por toda a colônia em quatro horas.
5. A experiência foi realizada por Wilson (1968).
6. O estudo sobre a opinião das crianças sobre as moedas foi realizado por Bruner e Goodman (1947). O estudo sobre as opiniões dos universitários foi realizado por Dukes e Bevan (1952). Além da relação entre importância (status) e tamanho percebido que essas duas experiências apresentam, há até alguns indícios de que a importância que atribuímos à nossa identidade se reflete no tamanho de um símbolo frequente de nossa identidade: nossa assinatura. Essa descoberta pode nos fornecer uma maneira secreta de descobrir como as pessoas à nossa volta veem o próprio status e importância: simplesmente compare o tamanho de suas assinaturas com um outro texto manuscrito por elas.
7. As espécies subumanas não estão sozinhas nesse aspecto, mesmo nos tempos modernos. Por exemplo, desde 1900, a presidência dos Estados Unidos foi vencida pelo mais alto dos candidatos dos principais partidos em 21 das 24 eleições.
8. De Hofling et al. (1966).
9. Dados adicionais coletados no mesmo estudo sugerem que as enfermeiras podem não estar conscientes da intensidade com que o título de doutor influencia seus julgamentos e ações. Foi perguntado a um outro grupo de 33 enfermeiras e estudantes de enfermagem o que elas teriam feito na situação apresentada na experiência. Contrariamente aos dados reais, apenas duas previram que teriam administrado a medicação como havia sido ordenado.

10. Ver Bickman (1974) para um relato completo dessa pesquisa. Resultados semelhantes foram obtidos quando o solicitante era do sexo feminino (Bushman, 1988).
11. Essa experiência foi conduzida por Lefkowitz, Blake e Mouton (1955).
12. O estudo das buzinas foi publicado em 1968 por Anthony Doob e Alan Gross.
13. Ver Choo (1964) e McGuinnies e Ward (1980).
14. Ver Settle e Gorden (1974), Smith e Hunt (1978) e Hunt, Domzal e Kernan (1981).

Capítulo 7

1. O estudo do isolamento térmico das casas foi realizado por Gonzales, Costanzo e Aronson (1988) no norte da Califórnia; o trabalho sobre o exame dos seios foi conduzido por Meyerwitz e Chaiken (1987) na cidade de Nova York.
2. Ver Schwartz (1980) para provas de um tal processo.
3. Ver Lynn (1989). Sem desejar minimizar as vantagens desse tipo de atalho ou os perigos a ele associados, devo notar que essas vantagens e perigos são essencialmente os mesmos que analisei nos capítulos anteriores. Dessa maneira, não irei me concentrar nesse tema no presente capítulo, exceto para dizer a essa altura que a chave para o uso adequado da característica de atalho da escassez é ficar alerta para a distinção entre a escassez natural e verdadeira e a variante fabricada por certos profissionais da persuasão.
4. A formulação original da teoria da reatância apareceu em Brehm (1966); uma versão subsequente apareceu em Brehm e Brehm (1981).
5. Brehm e Weintraub (1977) realizaram o estudo com a barreira. Devemos notar que meninas de dois anos de idade no estudo não mostraram a mesma reação de resistência à barreira alta que os meninos. Isso não parece se dar porque as meninas não se opõem a tentativas de limitação de suas liberdades. Em vez disso, parece que elas apresentam primariamente reatância a restrições originadas por outras pessoas em vez de barreiras físicas (Brehm, 1983).
6. Para descrições da mudança de autopercepção das crianças de dois anos, ver Mahler et al. (1975), Lewis e Brooks-Gunn (1979), Brooks-Gunn e Lewis (1982) e Levine (1983).
7. A ocorrência do efeito Romeu e Julieta não deve ser interpretada como um aviso para que os pais sempre aceitem as escolhas românticas de seus filhos adolescentes. Novos atores nesse delicado jogo demonstram tendência a errar com frequência e, consequentemente, se beneficiariam da orientação de um adulto com maior perspectiva e experiência. Ao fornecer tal orientação, os pais devem reconhecer que os adolescentes, que veem a si próprios como jovens adultos, não irão reagir bem às tentativas de controle que são típicas dos relacionamentos pais-crianças. Especialmente no campo evidentemente adulto do acasalamento, os instrumentos de influência dos adultos (preferência e persuasão) serão mais eficientes do que as formas tradicionais de controle dos pais (proibições e punições). Apesar de a experiência das famílias Montecchio e Capuleto ser um exemplo extremo, restrições autoritárias a uma jovem aliança romântica podem torná-la clandestina, tórrida e triste.

   Uma descrição completa do estudo com os casais do Colorado pode ser encontrada em Driscoll et al. (1972).
8. Ver Mazis (1975) e Mazis et al. (1973) para relatórios formais sobre o estudo do fosfato.
9. Para as evidências, consultar Ashmore et al. (1971), Wicklund e Brehm (1974), Worchel e Arnold (1973), Worchel et al. (1975) e Worchel (1991).
10. O estudo na Universidade Purdue foi conduzido por Zellinger et al. (1974).

11. A experiência com provas inadmissíveis para júris da Universidade de Chicago foi relatada por Broeder (1959).
12. As afirmações iniciais da teoria das commodities apareceu em Brock (1968) e Fromkin e Brock (1971). Para uma versão atualizada, ver Brock e Bannon (1992).
13. Por razões éticas, as informações fornecidas aos clientes foram sempre verdadeiras. *Havia* uma iminente escassez de carne e a empresa havia realmente recebido essa notícia através de suas fontes exclusivas. Ver Knishinsky (1982) para obter todos os detalhes do projeto.
14. Worchel et al. (1975).
15. Ver Davies (1962, 1969).
16. Ver Lytton (1979), Rosenthal e Robertson (1959).
17. A citação foi tirada de MacKenzie (1974).

Conclusão

1. Provas dessa limitação perceptiva e decisional podem ser encontradas em Berkowitz (1967), Bodenhausen (1990), Cohen (1978), Easterbrook (1959), Gilber e Osborn (1989), Hockey e Hamilton (1970), Mackworth (1965), Milgram (1970) e Tversky e Kahnemann (1974).
2. Citação do documentário da PBS-TV *The Information Society*.

BIBLIOGRAFIA

Altheide, D. L. e J. M. Johnson. "Counting Souls: A Study of Counseling at Evangelical Crusades". *Pacifc Sociological Rcview 20* (1977): 323-48.

Ardry, R. *The Social Contract*. Nova York: Atheneum, 1970. Aronson, E. "The Jigsaw Route to Learning and Liking". *Psychology Today*, fevereiro de 1975.

__________, D. L. Bridgeman e R. Geffner. "The Effects of a Cooperative Classroom Structure on Students' Behavior and Attitudes". In *Social Psychology of Education: Theory and Rcsearch*, D. Bar-Tal e L. Saxe (org.). Nova York: Halstead Press, 1978.

__________. "Interdependent Interactions and Prosocial Behavior", *Journal of Research and Development in Education* 12 (1978): 16-27.

Aronson, E. e D. L. Linder. "Gain and Loss of Esteem as Determinants of Interpersonal Attractiveness", *Journal of Experimental Social Psychology* I (1965): 156-71.

Aronson, E. e J. Mills. "The Effect of Severity of Initiation on Liking for a Group", *Journal of Abnormal and Social Psychology* 59 (1959): 177-81.

Aronson, E. et al. *The Jigsaw Classroom*. Beverly Hills: Sage Publications, 1978.

Ashmore, R. D., V. Ramchandra e R. A. Jones. "Censorship as an Attitude Change Induction", Trabalho apresentado na Eastern Psychological Association, Nova York, abril de 1971.

Asimov, I. "The Miss America Pageant", *TV Guide*, 3 de agosto de 1975.

Bandura, A., J. E. Grusec e F. L. Menlove. "Vicarious Extinction of Avoidance Behavior", *Journal of Personality and Social Psychology* 5 (1967): 16-23.

Bandura, A. e F. L. Menlove. "Factors Determining Vicarious Extinction of Avoidance Behavior Through Symbolic Modeling", *Journal of Personality and Social Psychology* 8 (1968): 99-108.

Benson, P. L., S. A. Karabenic e R. M. Lemer. "Pretty Pleases: The Effects of Physical Attractiveness on Race, Sex, and Receiving Help", *Journal of Experimental Social Psychology* 12 (1976): 409-15.

Benton, A. A., H. H. Kelley e B. Liebling. "Effects of Extremity of Offers and Concession Rate on the Outcomes of Bargaining". *Journal of Personality and Social Psychology* 24 (1972): 73-83.

Berkowitz, L. e R. W. Buck. "Impulsive Aggression: Reactivity to Aggressive Cues Under Emotional Arousal", *Journal of Personality and Social Psychology* 35 (1967): 415-24.

Berry, S. H. e D. E. Kanouse. "Physician Response to a Mailed Survey: An Experiment in Timing of Payment", *Public Opinion Quarterly* 51 (1987): 102-14.

Bickman, L. "The Social Power of a Uniform", *Journal of Applied Social Psychology* 4 (1974): 47-6I.

Blass, T. "Understanding Behavior in the Milgram Obedience Experiment", *Journal of Personality and Social Psychology* 60 (1991):398-413.

Bodenhausen, G. V. "Stereotypes as Judgmental Heuristics: Evidence of Circadian Variations in Discrimination", *Psychological Science* I (1990): 315)-22.

Bollen, K. A. e D. P. Phillips. "Imitative Suicides: A National Study of the Effects of Television News Stories", *American Sociological Review* 47 (1982): 802-09.

Bornstein, R. F. "Exposure and Affect", *Psychological Bulletin* 106 (1989): 265-89.

__________, D. R. Leone e D. J. Galley. "The Generalizability of Subliminal Mere Exposure Effects", *Journal of Personality and Social Psychology* 53 (1987): 1070-79.

Brehm, J. W. *A Theory of Psychological Reactance*. Nova York: Academic Press, 1966.

Brehm, S. S. "Psychological Reactance and the Attractiveness of Unattainable Objects: Sex Differences in Children's Responses to an Elimination of Freedom", *Sex Roles* 7 (1981): 937-49.

__________ e J. W. Brehm. *Psychological Reactance*. Nova York: Academic Press, 198I.

Brehm, S. S. e M. Weintraub. "Physical Barriers and Psychological Reactance: Two-year-olds' Responses to Threats to Freedom", *Journal of Personality and Social Psychology* 35 (1977): 830-36.

Brock, T. C. "Implications of Commodity Theory for Value Change", In *Psychological Foundations of Attitudes*, A. G. Greenwald, T. C. Brock e T. M. Ostrom (orgs.). Nova York: Academic Press, 1968.

__________ e L. A. Brannon. "Liberalization of Commodity Theory", *Basic and Applied Social Psychology* 13 (1992): 135-43.

Broeder, D. "The University of Chicago Jury Project", *Nebraska Law Review* 38 (1959): 760-74.

Brooks-Gunn, J. e M. Lewis. "The Development of Self- Knowledge", In *The Child*, C. B. Kopp e J. B. Krakow (orgs.) Reading, Mass.: Addison-Wesley, 1982.

Brownstein, R. e R. Katzev. "The Relative Effectiveness of Three Compliance Techniques in Eliciting Donations to a Cultural Organization", *Journal of Applied Social Psychology* 15 (1985):564-74.

Bruner, J. S. e C. C. Goodman. "Value and Need as Organizing Factors in Perception", *Journal of Abnormal and Social Psychology* 42 (1947): 33-44.

Burger, J. M. e R. E. Petty. "The Low-Ball Compliance Technique: Task or Person Commitment?" *Journal of Personality and Social Psychology* 40 (1981): 492-500.

Burgess, T. e S. Sales. "Attitudinal Effects of 'Mere Exposure': A Reevaluation", Journal of Experimental Social Psychology 7 (1971): 461:-72.

Bushman, B. A. "The Effects of Apparel on Compliance", *Personality and Social Psychology Bulletin* 14 (1988): 459-67.

Chaiken, S. "Communicator Physical Attractiveness and Persuasion", *Journal of Personality and Social Psychology* 37 (1979): 1387-97.

__________ e C. Stangor. "Attitudes and Attitude Change", *Annual Review of Psychology* 38 (1987): 575-630.

Choo, T. "Communicator Credibility and Communication Discrepancy as Determinants of Opinion Change", *Journal of Social Psychology* 64 (1964): 1-2O.

Cialdini, R. B. "Full Cycle Social Psychology", *Applied Social Psychology Annual,* Vol. 1, L. Beckman (org.). Beverly Hills, Calif.: Sage, 1980.

__________ e K. Ascani. "Test of a Concession Procedure for Inducing Verbal, Behavioral, and Further Compliance with a Request to Give Blood", *Journal of Applied Psychology* 61 (1976): 295-300.

Cialdini, R. B., R. R.Reno e C. A. Kallgren. "A Focus Theory of Normative Conduct: Recycling the Concept of Norms to

Reduce Littering in Public Places", Journal of Personality and Social Psychology 58 (1990): 1015-26.

Cialdini, R. B. et al. "Basking in Reflected Glory: Three (Football) Field Studies", *Journal of Personality and Social Psychology* 34 (1976): 366-75.

Cialdini, R. B. et al. "The Low-Ball Procedure for Producing Compliance: Commitment, Then Cost", *Journal of Personality and Social Psychology* 36 (1978): 463-76.

Cialdini, R. B. et al. "Reciprocal Concessions Procedure for Inducing Compliance: The Door-in-the-Face Technique", *Journal of Personality and Social Psychology* 31(1975): 206-15.

__________. "Why Don't Bystanders Help? Because of Ambiguity?" *Journal of Personality and Social Psychology* 24 (1972): 392-400.

Clark, M. S., J. R. Mills e D. M. Corcoran. "Keeping Track of Needs and Inputs of Friends and Strangers", *Personality and Social Psychology Bulletin* 15 (1989): 533-42.

Clark, R. D. III e L. E. Word. "Where Is the Apathetic Bystander? Situational Characteristics of the Emergency", *Journal of Personality and Social Psychology* 29 (1974): 279-87.

Cohen, M. e N. Davis. *Medication Errors: Causes and Prevention.* Philadelphia: G. F. Stickley, 1981.

Cohen, S. "Environmental Load and the Allocation of Attention", Advances in Environmental Psychology, Vol. 1, A. Baum, J. E. Singer e S. Valins (orgs.). Nova York: Halstead Press, 1978.

Cook, S. W. "Interpersonal and Attitudinal Outcomes in Cooperating Interracial Groups", *Journal of Research and Development in Education* 12 (1978): 97-113.

__________. "Toward a Psychology of Improving Justice", *Journal of Social Issues* 46 (1990): 147-61.

Crane, D. *Invisible Colleges.* Chicago: University of Chicago Press, 1972.

Darley, J. M. e B. Latané. "Bystander Intervention in Emergencies: Diffusion of Responsibility", *Journal of Personality and Social Psychology* 8 (1968): 377-83.

Davies, J. C. "The J-Curve of Rising and Declining Satisfactions as a Cause of Some Great Revolutions and a Contained Rebellion", In *Violence in America*, H. D. Graham e T. R. Gurr (orgs.). Nova York: Signet Books, 1969. .

__________. "Toward a Theory of Revolution", *American Sociological Review* 27 (1962):5-19.

Deutsch, M. e H. B. Gerard, "A Study of Normative and Informational Social Influences upon Individual Judgment", *Journal of Abnormal and Social Psychology* 51 (1955): 629-36.

De Vries, D. L. e R. E. Slavin. "Teams-Games-Tournaments(TGT): Review of Ten Classroom Experiments", *Journal of Research and Development in Education* 12 (1978): 28-38.

Dion, K. K. "Physical Attractiveness and Evaluation of Children's Transgressions", *Journal of Personality and Social Psychology* 24 (1972): 207-13.

Doob, A. N. e A. E. Gross. "Status of Frustrator as an Inhibitor of Horn-Honking Responses", *Journal of Social Psychology* 76 (1968): 213-18.

Drachman, D., A. deCarufel e C. A. Inksa. "The Extra Credit Effect in Interpersonal Attraction", *Journal of Experimental Social Psychology* 14 (1978): 458-67.

Driscall, R., K. E. Davies e M. E. Lipetz. "Parental Interference and Romantic Love: The Romeo and Juliet Effect", *Journal of Personality and Social Psychology* 24 (1972): 1-10.

Dukes, W. F. e W. Bevan. "Accentuation and Response Variability in the Perception of Personally Relevant Objects", *Journal of Personality* 20 (1952): 457-65.

Eagly, A. H. et al. "What Is Beautiful Is Good, but...: A MetaAnalytic Review of Research on the Physical Attractiveness Stereotype", *Psychological Bulletin* 110 (1990): 109-28.

Easterbroak, J. A. "The Effects af Emotion on Cue Utilization and the Organization of Behavior", *Psychological Review* 66 (1959): 183-201.

Efran, M. G. e E.W.J. Patterson. "The Polities of Appearance", Manuscrito não publicado, University of Toronto, 1976.

Eibl-Eibesfeldt, I. "Der Fisch Aspidonttls taeniattls als Machahmer des Putzers *Labroides dimidiatus*", *Zeitschrift für Tierpsychologie* 16 (1959): 19-25.

Emswiller, T., K. Deaux e J. E. Willits. "Similarity, Sex, and Requests for Small Favors", *Journal of Applied Social Psychology* I (1971): 284-91.

Evans, F. B. *American Behavioral Scientist* 6:7 (1963): 76-79. Festinger, L., H. W. Riecken e S. Schachter. When Prophecy Fails. Minneapolis: University of Minnesota Press, 1956.

Fax, M. W. *Concepts in Ethology: Animal and Human Behavior*. Minneapolis: University of Minnesota Press, 1974.

Freedman, J. L. "Long-term Behavioral Effects of Cognitive Dissonance", *Journal of Experimental Social Psychology* 4 (1966): 195-203.

__________ e S. C. Fraser. "Compliance Without Pressure: The Foot-in-the-Door Technique", *Journal of Personality and Social Psychology* 4 (1966): 195-203.

Fromkin, H. L. e T. C. Broek. "A Commodity Theory Analysis of Persuasion", *Representative Research in Social Psychology* 2 (1971): 47-57.

Fuller, R.G.C. e A. Sheehy-Skeffl nton. "Effects of Group Laughter on Responses to Humorous Materials: A Replication and Extension", *Psychological Reports* 35 (1974): 531-34.

George, W. H., S. J. Gournic e M. P. McAfee "Perceptions of Postdrinking Female Sexuality", *Journal of Applied Social Psychology* 18 (1988): 1295-1317.

Gerard, H. B. e G. C. Mathewson. "The Effects of Severity of Initiation on Liking for a Group: A Replication", *Journal of Experimental Social Psychology* 2 (1966): 278-87.

Gerard, H. B. e N. Miller. *School Desegregation*. Nova York: Plenum, 1975.

Gergen, K. et al. "Obligation, Donor Resources, and Reactions to Aid in Three Cultures", *Journal of Personality and Social Psychology* 31. (1975): 390-400.

Gilbert, D. T. e R. E. Osborne. "Thinking Backward: Some Curable and Incurable Consequences of Cognitive Busyness", *Journal of Personality and Social Psychology* 57 (1989): 940-49.

Gonzales, M. H., E. Aronson e M. Costanzo. "Increasing the Effectiveness of Energy Auditors: A Field Experiment", *Journal of Applied Social Psychology* 18 (1988): 1046-66.

Gonzales, M. H. et al. "Interactional Approach to Interpersonal Attraction", *Journal of Personality and Social Psychology* 44 (1983): 1192-97.

Gordon, R. E. e K. Gordon. *The Blight on the Ivy*. Englewood Cliffs, N.J.: Prentice-Hall, 1963.

Gould, M. S. e D. Schaffer. "The Impact of Suicide in Television Movies", *The New England Journal of Medicine* 315 (1986): 690-94.

Gouldner, A. W. "The Norm of Reciprocity: A Preliminary Statement", *American Sociological Review* 25 (1960: 161-78.

Green, F. "The 'Foot-in-the-Door' Technique", *American Salesman* 10 (1965): 14-16.

Greenberg, M. S. e S. P. Shapiro. "Indebtedness: An Adverse
Aspect of Asking for and Receiving Help", *Sociometry* 34 (1971): 290-301.

Greenwald, A. F. et al. "Increasing Voting Behavior by Asking People if They Expect to Vote", *Journal of Applied Psychology* 72, (1987): 315-318.

Grush, J. E. "Impact of Candidate Expenditures, Regionality, and Prior Outcomes on the 1976 Democratic Presidential Primaries", *Journal of Personality and Social Psychology* 38 (1980): 337-47.

__________, K. L. McKeough e R. F. Ahlering. "Extrapolating Laboratory Exposure Experiments to Actual Political Elections", *Journal of Personality and Social Psychology* 36 (1978): 257-70.

Hockey, G.R.J. e P. Hamilton. "Arousal and Information Selection in Short-term Memory", *Nature* 226 (1970): 866-67.

Hofling, C. K. et al. "An Experimental Study of Nurse-Physician Relationships", *Journal of Nervous and Mental Disease* 143 (1966): 171-80.

Hölldobler, B. "Communication Between Ants and Their Guests",
Scientiftc American 198 (Jan.) (1971): 68-76.

Hornaday, W. T. "The Extermination of the American Bison, with a Sketch of Its Discovery and Life History", *Smithsonian Report*, 1887, Parte II, 367-548.

Hornstein, H. A., E. Fisch e M. Holmes. "Influence of a Model's Feeling About His Behavior and His Relevance as a Comparison Other on Observers' Helping Behavior", *Journal of Personality and Social Psychology* 10 (1968): 222-26.

Howard, D. J. "The Influence of Verbal Responses to Common Greetings on Compliance Behavior: The Foot-in-the-Mouth Effect", *Journal of Applied Social Psychology* 20 (1990): 1185-96.

Hunt, J. M., T. J. Domzal e J. B. Kernan. "Causal Attribution and Persuasion: The Case of Disconfirmed Expectancies", *Advances in Consumer Research*, vol. 9, A. Mitchell (org.). Ann Arbor, Mich.: Association for Consumer Research, 1981.

Johnson, D. W. e R. T. Johnson. *Learning Together and Learning Alone*. Englewood Cliffs, N.J.: Prentice-Hall, 1975.

__________. "The Socialization and Achievement Crisis: Are Cooperative Learning Experiences the Solution?" *Applied Social Psychology Annual* Vol. 4, L. Bickman (org.). Beverly Hills, Calif.: Sage, 1983.

Jones, E. E. e V. E. Harris. "The Attribution of Attitudes", *Journal of Experimental Social Psychology* 3 (1967): 1-24.

Jones, E. E. e C. Wortman. Ingratiation: *An Attributional Approach*. Morristown, N.J.: General Learning Corp., 1973.

Joule, R. V. "Tobacco Deprivation: The Foot-in-the-Door Technique Versus the Low-Ball Technique", *European Journal of Social Psychology* 17 (1987): 361-65.

Kelman, H. C. e V. L. Hamilton. *Crimes of Obedience*. New Haven, Conn.: Yale University Press, 1989.

Kelman, J. e L. Lawrence. "Assignment of Responsibility in the Case of Lt. Calley: Preliminary Report on a National Survey", *Journal of Social Issues* 28:1 (1978).

Kenrick, D. T. e S. E. Gutierres. "Contrast Effects in Judgments of Attractiveness: When Beauty Becomes a Social Problem", *Journal of Personality and Social Psychology* 38 (1980): 131-40.

__________ e L. L. Goldberg. "Influence of Popular Erotica on Judgments of Strangers and Mates", *Journal of Experimental Social Psychology* 25 (1989): 159-67.

Kerr, N. L. e R. J. MacCoun. "The Effects of Jury Size and Polling Method on the Process and Product of Jury Deliberation", *Journal of Personality and Social Psychology* 48 (1985): 349-63.

Knishinsky, A. "The Effects of Scarcity of Material and Exclusivity of Information on Industrial Buyer Perceived Risk in Provoking a Purchase Decision", Dissertação de doutorado, Arizona State University, 1982.

Knox, R. E. e J. A. Inkster. "Postdecisional Dissonance at Post Time", *Journal of Personality and Social Psychology* 8 (1968): 319-23.

Kraut, R. E. "Effects of Social Labeling on Giving to Charity", *Journal of Experimental Social Psychology* 9 (1973): 551-62.

Kulka, R. A. e J. R. Kessler. "Is Justice Really Blind? The Effect of Litigant Physical Attractiveness on Judicial Judgment", *Journal of Applied Social Psychology* 4 (1978): 336-81.

Kunz, P. R. e M. Woolcott. "Season's Greetings: From My Status to Yours", *Social Science Research* 5 (1976): 269-78.

Kurtzburg, R. L., H. Safar e N. Cavior. "Surgical and Social Rehabilitation of Adult Offenders", *Procedimentos da 76a. Convenção Annual da American Psychological Association* 3 (1968): 649-50

Lack, D. *The Lift of the Robin*. Londres: Cambridge University Press, 1943.

LaFrance, M. "Postural Mirroring and Intergroup Relations", *Personality and Social Psychology Bulletin* II (1985): 207-17.

Langer, E. J. "Rethinking the Role of Thought in Social Interaction", *New Directions in Attribution Research*, vol. 2., Harvey, Ickes, e Kidd (orgs.). Potomac, Md.: Lawrence Erlbaum Associates, 1978.

__________. "Minding Matters", *Advances in Experimental Social Psychology*, vol. 22, L. Berkowitz (org.). Nova York: Academic Press, 1989.

Latané, B. e J. M. Darley. "Group Inhibition of Bystander Intervention in Emergencies", *Journal of Personality and Social Psychology* 10 (1968): 215-21.

__________. *The Unresponsive Bystander: Why Doesn 't He Help?* Nova York: Appleton-Century-Crofts, 1968.

Latané, B. e J. Rodin. "A Lady in Distress: Inhibiting Effects of Friends and Strangers on Bystander Intervention", *Journal of Experimental Social Psychology* 5 (1969): 189-202.

Leakey, R. e R. Lewin. *People of the Lake*. Nova York: Anchor Press/Doubleday, 1978.

Lefkowitz, M., R. R. Blake e J. S. Mouton. "Status Factors in Pedestrian Violation of Traffic Signals", *Journal of Abnormal and Social Psychology* 5 I (1955): 704-06.

Levine, L. E. "Mine: Self-Definition in Two-Year-Old Boys", *Developmental Psychology* 19 (1983): 544-49.

Lewis, M. e J. Brooks-Gunn. *Social Cognition and the Acquisition of Self*. Nova York: Plenum, 1979.

Liebert, R. e R. A. Baron. "Some Immediate Effects of Televised Violence on Children's Behavior", *Developmental Psychology* 6 (1972): 469-75.

Lloyd, J. E. "Aggressive Mimicry in Photuris: Firefly Femme Fatales", *Science* 149 (1965): 653-54.

Locke, K. S. e L. M. Horowitz. "Satisfaction in Interpersonal Interactions as a Function of Similarity in Level of Dysphoria". *Journal of Personality and Social Psychology* 58 (1990): 823-31.

Lott, A. J. e B. E. Lott. "Group Cohesiveness as Interpersonal Attraction: A Review of Relationships with Antecedent and Consequent Variables", *Psychological Bulletin* 64 (1965): 259-309.

Lytton, J. "Correlates of Compliance and the Rudiments of Conscience in Two-Year-Old Boys", *Canadian Journal of Behavioral Science* 9 (1979): 242-51.

McGuinnies, E. e C. D. Ward. "Better Liked Than Right: Trustworthiness and Expertise as Factors in Credibility", *Personality and Social Psychology Bulletin* 6 (1980): 467-72.

Mack, D. e D. Rainey. "Female Applicants' Grooming and Personnel Selection", *Journal of Social Behavior and Personality* 5 (1990): 399-407.

MacKenzie, B. "When Sober Executives Went on a Bidding Binge", *TV Guide*, 22 de junho de 1974.

Mackworth, N. H. "Visual Noise Causes Tunnel Vision", *Psychonomic Science* 3 (1965): 67-68.

Macrae, N. "Multinational Business." *The Economist* (Londre), 22 de janeiro de 1972.

Magruder, J. S. *An American Life: One Man's Road to Watergate*. Nova York: Atheneum, 1974.

Mahler, M. S., F. Pine e A. Bergman. The Psychological Birth of the Infant. Nova York: Basic Books, 1975.

Manis, M.S., D. Comell e J. C. Moore. "Transmission of Attitude Relevant Information Through a Communication Chain", *Journal of Personality and Social Psychology* 30 (1974): 81-94.

Mauss, Marcel. *The Gift*, traduzido por L G. Cunnison. Londres: Cohen and West, 1954.

Mazis, M. B. "Antipollution Measures and Psychological Reactance Theory: A Field Experiment", *Journal of Personality and Social Psychology* 31 (1975): 654-66.

__________, R. B. Settle e D. C. Leslie. "Elimination of Phosphate Detergents and Psychological Reactance", Journal of Marketing Research 10 (1973): 390-95.

Meeus, W.H.J. e Q.A.W. Raaijmakers. "Administrative Obedience: Carrying Out Orders to Use Psychological-Administrative Violence". *European Journal of Social Psychology* 16 (1986):3 11-24.

Melamed, B. F. et al. "The Effects of Film Modeling on the Reduction of Anxiety-related Behaviors", *Journal of Consulting and Clinical Psychology* 46 (1978): 1357-74.

Milgram, S. "Behavorial Study of Obedience", *Journal of Abnormal and Social Psychology* 67 (1963): 371-78.

__________. "The Experience of Living in Cities", *Science* 13 (1970): 1461-68.

__________. *Obedience to Authority*. Nova York: Harper & Row, 1974.

__________, L. Bickman e O. Berkowitz. "Note on the Drawing

Power of Crowds of Different Size", *Journal of Personality and Social Psychology* 13 (1969): 79-82.

Milgram, S. e J. Sabini. "On Maintaining Norms: A Field Experiment in the Subway", Manuscrito não publicado, City University of New York, 1975.

Miller, N. et al. "Similarity, Contrast, and Complementarity in Friendship Choice", Journal of Personality and Social Psychology 3 (1966): 3-12.

Miller, R. L. et al. "Perceptual Contrast Versus Reciprocal Concession as Mediators of Induced Compliance", *Canadian Journal of Behavioral Science* 8 (1976): 401-09.

Mita, T. H., M. Dermer e J.Knight. "Reversed Facial Images and the Mere Exposure Hypothesis", *Journal of Personality and Social Psychology* 35 (1977): 597-601.

Monahan, F. *Women in Crime*. Nova York: Ives Washburn, 1941. Moriarty, T. "Crime, Commitment, and the Responsive Bystander", *Journal of Personality and Social Psychology* 31 (1975): 370-76.

Murray, D. A. et al. "The Prevention of Cigarette Smoking in Children: A Comparison of Four Strategies", *Journal of Applied Social Psychology* 14 (1984): 274-88.

Nosanchuk, T. A. e J. Lightstone. "Canned Laughter and Public and Private Conformity", Journal *of Personality and Social Psychology* 29 (1974): 153-56.

O'Connor, R. D. "Relative Efficacy of Modeling, Shaping, and the Combined Procedures for Modification of Social Withdrawal", *Journal of Abnormal Psychology* 79 (1972): 327-34.

Packard, V. *The Hidden Persuaders*. Nova York: D. McKay Co., 1957.

Pallak, M. S., D. A. Cook e J. J. Sullivan. "Commitment and Energy Conservation", *Applied Social Psychology Annual* 1 (1980): 235-53.

Peiponen, V. A. "Verhaltensstudien am blaukehlchen", *Ornis Fennica* 37 (1960): 69-83.

Pekkanen, J. *The Best Doctors in the U.S.* Nova York: Seaview Books, 1971.

Pennebaker, J. W. et al. "Don't the Girls Get Prettier at Closing Time", *Personality and Social Psychology Bulletin* 5 (1979): 122-25.

Phillips, D. P. "Airplane Accidents, Murder, and the Mass Media: Towards a Theory of Imitation and Suggestion", *Social Forces* 58 (1980): 1001-24.

__________. "The Impact of Mass Media Violence on U.S. Homicides", *American Sociological Review* 48 (1983): 560-68. .

__________. "The Influence of Suggestion on Suicide: Substantive and Theoretical Implications of the Werther Effect", *American Sociological Review* 39 (1974): 340-54.

__________. "Suicide, Motor Vehicle Fatalities, and the Mass Media: Evidence Toward a Theory of Suggestion", American Journal of Sociology 84 (1979): 1150-74.

_________ e L. L. Carstensen. "The Effect of Suicide Stories on Various Demographic Groups, 1968-1985", *Suicide and Life-Threatening Behavior* 18 (1988): 100- 14.

Razran, G.H.S. "Conditioned Response Changes in Rating and Appraising Sociopolitical Slogans", *Psychological Bulletin* 37 (1940): 481.

_________. "Conditioning Away Social Bias by the Luncheon Technique", *Psychological Bulletin* 35 (1938): 693.

Regan, D. T. "Effects of a Favor and Liking on Compliance", *Journal of Experimental Social Psychology* 7 (1971): 627-39.

Rich, J. "Effects of Children's Physical Attractiveness on Teachers' Evaluations", *Journal of Educational Psychology* 67 (1975): 599-609.

Rosen, S. e A. Tesser. "On the Reluctance to Communicate Undesirable Information: The MUM Effect", *Sociometry* 33 (1970): 253-63.

Rosenfeld, P., J. G. Kennedy e R. A. Giacalone. "Decision Making: A Demonstration of the Postdecision Dissonance Effect", *Journal of Social Psychology* 126 (1986): 663-65.

Rosenfield, D. e W. G. Stephan. "Intergroup Relations Among Children", In *Developmental Social Psychology*, S. Brehm, S. Kassin, e F. Gibbons (orgs.). Nova York: Oxford University Press, 1981.

Rosenthal, A. M. *Thirty-eight Witnesses*. Nova York: McGraw-Hill, 1964.

Rosenthal, M. J., E. N. e R. E. Robertson. "A Study of Mother-Child Relationships in the Emotional Disorders of Children", Genetic Psychology Monographs 60 (1959): 65-116.

Ross, A. S. "Effect of Increased Responsibility on Bystander Intervention: The Presence of Children", *Journal of Personality and Social Psychology* 19 (1971): 306-10.

Russell, D. "Leave It to the Merry Prankster, the Artful Dodger, and the Body Puncher". *TV Guide*, 16 de dezembro de 1978.

Sabin, R. *The International Cyclopedia of Music and Musicians*. Nova York: Dodd, Mead, 1964.

Schein, E. "The Chinese Indoctrination Program for Prisoners of War: A Study of Attempted 'Brainwashing'", *Psychiatry* 19 (1956): 149-72.

Schmidtke, A. e H. Hafner. "The Werther Effect After Television Films: New Evidence for an Old Hypothesis", *Psychological Medicine* 18 (1988): 665-76.

Schwarz, N. "Experimentelle Untersuchungen zur Reduktion durch Freiheitswerderstellung", Dissertação de doutorado, Universität Mannheim, 1980.

Schwarzwald, J., M. Raz e M. Zvibel. "The Efficacy of the Door-in-the-Face Technique When Established Behavioral Customs Exist", *Journal of Applied Social Psychology* 9 (1979): 576-86.

Segal, H. A. "Initial Psychiatric Findings of Recently Repatriated Prisoners of War", *American Journal of Psychiatry* 61 (1954): 358-63.

Settle, R. B. e L. L. Gorden. "Attribution Theory and Advertiser Credibility", *Journal of Marketing Research* II (1974): 181-85.

Sherif, M. et al. *Intergroup Conflict and Cooperation: The Robbers' Cave Experiment*. Norman, Okla.: University of Oklahoma Institute of Intergroup Relations, 1961.

Sherman, S. J. "On the Self-Erasing Nature of Errors of Prediction", *Journal of Personality and Social Psychology* 39 (1980): 211-21.

Smith, G. H. e R. Engel. "Influence of a Female Model on Perceived Characteristics of an Automobile", *Procedimentos da 76a. Convenção Annual da American Psychological Association* 3 (1968): 681-82.

Smith, M. M. e R.G.C. Fuller. "Effects of Group Laughter on Responses to Humorous Materials", *Psychological Reports* 30 (1972): 132-34.

Smith, R. E. e S. D. Hunt. "Attributional Processes in Promotional Situations", *Journal of Consumer Research* 5 (1978): 149-58.

Stephan, W. G. "School Desegregation: An Evaluation of Predictions Made in *Brown vs. Board Education*". *Psychological Bulletin* 83 (1978): 217-38.

Stewart, J. E., II. "Defendant's Attractiveness as a Factor in the Outcome of Trials", *Journal of Applied Social Psychology* 10 (1980): 348-61.

Styron, W. "A Farewell to Arms", *New York Review of Books* 24 (1977): 3-4.

Suedfeld, P., S. Bochner e C. Matas. "Petitioner's Attire and Petition Signing by Peace Demonstrators: A Field Experiment", *Journal of Applied Social Psychology* I (1971): 278-83.

Swap, W. C. "Interpersonal Attraction and Repeated Exposure to Rewards and Punishers", *Personality and Social Psychology Bulletin* 3 (1977): 248-51.

Tiger, L. e R. Fox. *The Imperial Animal*. Nova York: Holt, Rinehart & Winston, 1971.

Toffler, *A Future Shock*. Nova York: Random House, 1970. Tversky,. A, e D. Kahnemann. "Judgment Under Uncertainty: Heuristics and Biases", *Science* 185 (1974): 1124-31.

Walker, M. G. "Organizational Type, Rites of Incorporation, and Group Solidarity: A Study of Fraternity Hell Week", Dissertação de doutorado, University of Washington, 1967.

West, C. K. *The Social and Psychological Distortion of Information*. Chicago: Nelson-Hall, 1981. .

Whiting, J.W.M., R. Kluckhohn e A. Anthony. "The Function of Male Initiation Ceremonies at Puberty", In *Readings in Social Psychology*, E. E. Maccoby, T. M. Newcomb e E. L. Hartley (orgs.). Nova York: Holt, 1958.

Whitney, R. A., T. Hubin e J. D. Murphy. *The New Psychology of Persuasion and Motivation in Selling*. Englewood Cliffs, N.J.: Prentice- Hall, 1965.

Wicklund, R. A. e J. C. Brehm. Citado em Wicklund, R. A., *Freedom and Reactance*. Potomac, Md.: Lawrence Erlbaum Associates, 1974.

Wilson, P. R., "The Perceptual Distortion of Height as a Function of Ascribed Academic Status", *Journal of Social Psychology* 74 (1968):97-102.

Wilson, T. D. et al. "Introspection, Attitude Change, and Behavior Consistency", *Advances in Experimental Social Psychology*, vol. 22, L. Berkowitz (org.). San Diego: Academic Press, 1989.

Wilson, W. R. "Feeling More Than We Can Know: Exposure Effects Without Learning", *Journal of Personality and Social Psychology* 37 (1979): 811-21.

Woodside, A. G. e J. W. Davenport. "Effects of Salesman Similarity and Expertise on Consumer Purchasing Behavior", *Journal of Marketing Research* II (1974): 198-202.

Worchel, S. "Beyond a Commodity Theory Analysis of Censorship: When Abundance and Personalism Enhance Scarcity Effects", *Basic and Applied Social Psychology* 13 (1992): 79-90.

__________ e S. E. Amold. "The Effects of Censorship and the Attractiveness of the Censor on Attitude Change", *Journal of Experimental Social Psychology* 9 (1973): 365-77.

__________ e M. Baker. "The Effect of Censorship on Attitude Change: The Influence of Censor and Communicator Characteristics", *Journal of Applied Social Psychology* 5 (1975): 222-39.

Worchel, S., J. Lee e A. Adewole. "Effects of Supply and Demand on Ratings of Object Value", Journal of Personality and Social Psychology 32 (1975): 906- 14.

Young, F. W. *Initiation Ceremonies*. Nova York: Bobbs-Merrill, 1965.

Zajonc, R. B. "The Attitudinal Effects of Mere Exposure", *Journal of Personality and Social Psychology Monographs* 9:2 (parte 2) (1968).

__________. "Feeling and Thinking: Preferences Need No Inferences", *American Psychologist* 35 (1980): 151-75.

__________, H. Markus e W. R. Wilson. "Exposure Effects and Associative Learning", *Journal of Experimental Social Psychology* 10 (1974): 248-63.

Zellinger, D. A. et al. "A Commodity Theory Analysis of the Effects of Age Restrictions on Pornographic Materials", Institute for Research in the Behavioral, Economic and Management Sciences, Purdue University, Paper n. 440, 1974.

Zweigenhaft, R. L. "Signature Size: A Key to Status Awareness", *Journal of Social Psychology* 81 (1970): 49-54.

ÍNDICE